CB015518

DOS LEITORES QUE TEMOS
AOS LEITORES QUE QUEREMOS.
IDEIAS E PROJECTOS PARA PROMOVER A LEITURA

DOS LEITORES QUE TEMOS AOS LEITORES QUE QUEREMOS.
IDEIAS E PROJECTOS PARA PROMOVER A LEITURA

ORGANIZADORES
IOLANDA RIBEIRO
FERNANDA LEOPOLDINA VIANA

EDITOR
EDIÇÕES ALMEDINA. SA
Av. Fernão Magalhães, n.° 584, 5.° Andar
3000-174 Coimbra
Tel.: 239 851 904
Fax: 239 851 901
www.almedina.net
editora@almedina.net

PRÉ-IMPRESSÃO | IMPRESSÃO | ACABAMENTO
G.C. GRÁFICA DE COIMBRA, LDA.
Palheira – Assafarge
3001-453 Coimbra
producao@graficadecoimbra.pt

Outubro, 2009

DEPÓSITO LEGAL
300828/09

Biblioteca Nacional de Portugal – Catalogação na Publicação

Dos leitores que temos aos leitores que queremos :
ideias e projectos para promover a leitura / org. Iolanda
da Silva Ribeiro, Fernanda Leopoldina Vieira. – (CESC)
ISBN 978-972-40-4011-0

I – RIBEIRO, Iolanda S.
II – VIANA, Fernanda Leopoldina, 1955-

CDU 028

DOS LEITORES QUE TEMOS AOS LEITORES QUE QUEREMOS. IDEIAS E PROJECTOS PARA PROMOVER A LEITURA

IOLANDA RIBEIRO
FERNANDA LEOPOLDINA
(Organizadores)

ÍNDICE

PREFÁCIO

Vivemos um momento da história da humanidade em que assistimos, simultaneamente, ao pleno reconhecimento da leitura como factor decisivo para o desenvolvimento individual e coesão social, mas também ao aparecimento de um tipo de leitor, de características ainda imprevisíveis, que nos alerta para a crescente responsabilidade dos diferentes mediadores de leitura – Família, Escola e outros agentes sociais – para uma intervenção que, necessariamente, se quer mais precoce, e que permita que a formação de leitores se faça de forma consistente, dada a maior complexificação e exigência que as competências literácitas vêm assumindo nos nossos dias.

Este reconhecimento não teria, no entanto, qualquer impacto se não fosse acompanhado do esforço e mérito dos investigadores e Universidades que procuram suporte científico para enquadrar a aquisição de comportamentos de leitura e, assim, possibilitar o desenho de modelos e práticas sustentadas de formação de leitores. É o caso deste conjunto de artigos que reflectem sobre as questões associadas a esta temática e, ainda, sobre o papel dos agentes responsáveis pelo desenvolvimento dos mecanismos subjacentes à aquisição da leitura e ao seu envolvimento nos respectivos processos.

Apropriando-nos das palavras-chaves do capítulo que dá nome ao livro – *interacção* e *partilha* – diríamos que estas se assumem como transversais, nos modelos dialógicos que sustentam a criação e desenvolvimento de hábitos de leitura, referidos nos diferentes capítulos, tanto no âmbito dos projectos de literacia familiar e/ou emergente, mas também na responsabilidade acrescida da escola no contexto actual. Palavras-chaves de que a biblioteca se sente parceira, no percurso colectivo e individual que a escola representa, pela centralidade que nestas matérias deve ocupar, mas também porque o seu espaço é ele próprio de partilha e interacção, consigo, com outras bibliotecas escolares, com a biblioteca pública.

A investigação nesta área proporciona aos mediadores de leitura, aquilo em que acreditamos: toda a prática se sustenta na reflexão e na teoria. Neste sentido, congratulamo-nos com o empenho e esforço que os investigadores têm realizado, designadamente todos os que dão corpo a este livro, consubstanciando, sem dúvida, mais um passo decisivo para que as nossas famílias, as escolas, as bibliotecas e o próprio poder político compreendam que a sociedade se desenvolve como os leitores, de raiz, de forma continuada e em *interacção e partilha*.

O leitor e a sua figura são filhos da ideia de liberdade, o seu nascimento é recente, decorre da modernidade. O seu trajecto, no entanto, já sofre grandes desafios, cujos contornos estamos agora a conhecer e sobre os quais reflectimos de forma acesa e discordante quanto ao seu futuro. Mas, é exactamente por isso que não duvidamos que fazer leitores é algo de que a sociedade não pode prescindir, pois o leitor será sempre o construtor da diferença.

MARIA TERESA CALÇADA
Rede de Bibliotecas Escolares

CAPÍTULO 1

DOS LEITORES QUE TEMOS AOS LEITORES QUE QUEREMOS

*Fernanda Leopoldina Viana**
*Maria Marta Martins***

Introdução

A preocupação com o crescimento dos hábitos de leitura dos portugueses tem estado na agenda das preocupações políticas e da investigação. A Rede de Bibliotecas Escolares, lançada há 12 anos e, mais recentemente, o Plano Nacional de Leitura são ilustrativos da relevância política atribuída à leitura e aos hábitos de leitura. Considerando as várias iniciativas neste âmbito, algumas questões aparecem como relevantes: os portugueses lêem mais hoje do que há 10 anos? À alteração de hábitos de leitura correspondem maiores níveis de literacia? Como promover a motivação para a leitura em crianças e jovens?

Neste capítulo procurar-se-á abordar a motivação que conduz à aquisição de hábitos de leitura. Numa primeira parte, relacionar-se-á a alteração dos hábitos de leitura em Portugal, a partir dos dados recolhidos através do estudo de Santos e colaboradores (2007), com os factores motivacionais que poderão estar na origem desta alteração. Equacionar-se-ão os vários tipos de leitura, os vários suportes presentes nas práticas sociais e de comunicação; abordar-se-á ainda o papel da família como propulsora destas práticas. Seguidamente, analisar-se-á o papel da Escola, das Bibliotecas e do Estado na motivação e na promoção de hábitos de leitura.

---

* Instituto de Educação – Universidade do Minho.

** Escola Superior de Educação Paula Frassinetti.

Morada para correspondência: Instituto de Educação, Campus de Gualtar, 4710-057, Braga. fviana@iec.uminho.pt

De que falamos quando falamos de hábitos de leitura?

Antes de se iniciar um capítulo sobre a motivação para a leitura por parte de crianças e de jovens dever-se-á reflectir sobre algumas ideias e representações generalizadas que habitualmente presidem aos debates sobre este assunto.

À afirmação de muitos adultos de que as crianças não lêem, contrariamente ao que se deduz que serão os seus hábitos, convém contrapor o mais recente estudo sobre os hábitos de leitura em Portugal, por parte de um público com idade igual ou superior a 15 anos – *A Leitura em Portugal* (Santos *et al.*, 2007), a seguir designado por LP-2007 – revela exactamente o contrário (p. 177). Embora os estudos sobre os hábitos de leitura de crianças estejam muito dispersos por vários trabalhos académicos de âmbito restrito, os dados que vão sendo obtidos, como os que se apresentam no último capítulo, permitem-nos afirmar que as crianças não só lêem, como possuem mais hábitos de leitura do que os adultos que as criticam. Quando se perguntou aos sujeitos da amostra do estudo LP-2007 se consideravam que se lia mais (em 2007) do que há uma década atrás, as respostas não demonstram uma tendência clara no que diz respeito às opiniões emitidas. A percentagem dos que consideram que se lê mais é quase idêntica à percentagem dos que consideram que se lê menos (44% e 41%, respectivamente). Contudo, terá razão quem refere que actualmente se lê mais, pois a comparação dos dados deste estudo com o de 1997 (Freitas, Casanova & Alves, 1997), permite verificar um significativo decréscimo dos não leitores (de 12% para 5%) e um crescimento nas percentagens de leitores dos três suportes considerados (jornais, revistas e livros). O jornal é, actualmente, o suporte mais lido, seguido das revistas e, por último, do livro.

Regista-se, também, comparativamente ao estudo de 1997, um crescimento ligeiro dos *pequenos leitores* (1 a 5 livros/ ano), acompanhado de um decréscimo idêntico dos *grandes leitores* (+ 20 livros/ano) e de uma estabilização dos *médios leitores* (6 a 20 livros/ano).

É evidente que quando se fala de leitura é-se tentado a pensar normalmente em leitura de livros, por isso muitos dos inquéritos nesta área questionam sobre o número de livros lidos no último ano. No entanto, a leitura pode incidir sobre numerosos tipos de textos a que o leitor tem acesso em frequência e grandeza diferenciadas e que podem ser veiculados também em suportes diferenciados.

A **leitura funcional** corresponde a necessidades de resposta às solicitações do quotidiano. Para comer um iogurte, convém que se leia o prazo de validade antes de o fazer; para comprar um bilhete de metro, há que ler não só o mapa afixado com as indicações sobre os percursos, como as instruções de compra dos bilhetes; para pôr em funcionamento a máquina de lavar ou o microondas, devem ler-se os sinais que instruem sobre o seu funcionamento,... Deste modo, dificilmente, nas sociedades contemporâneas, haverá quem se possa eximir totalmente a este tipo de leitura.

No que diz respeito **à leitura informativa**, a necessidade de ter um conhecimento actualizado sobre o país em que se vive, sobre as decisões políticas que nos afectam ou sobre os resultados desportivos, obrigam a que se recorra (muito, pouco, por vezes) a um jornal, a uma revista, à *internet...,* para colmatar esta necessidade de conhecimento. A publicidade, omnipresente nas ruas, nos transportes públicos, em supermercados ou centros comerciais, invade-nos o olhar e exige recepção. Assim, não é de esperar, pelo menos nas sociedades urbanas, onde habita a esmagadora maioria da nossa população, que alguém poderá passar incólume perante esta necessidade.

No que diz respeito às crianças e aos jovens em idade escolar, a leitura informativa tem uma presença tão significativa que dificilmente se poderá imaginar um dia de actividade escolar com menos de duas horas de leitura, mesmo que num processo intermitente. Desde a leitura dos textos dos manuais escolares e outros, da Língua Portuguesa à Matemática, à leitura do que se escreve no quadro e no caderno, à leitura dos questionários, bem como das respostas a estes, a sala de aula é, por definição, um laboratório de Leitura.

Por último, a pesquisa em formato digital e, nomeadamente, a pesquisa de informação na *internet,* é hoje fundamental na Sociedade de Informação e do Conhecimento em que vivemos. Tanto crianças como jovens têm de aprender a navegar neste novo mundo, retirando dele o que necessitam e expurgando criticamente o excesso e a deficiência de qualidade. Nela se encontram textos de todos os tipos, desde as pequenas mensagens utilizadas no *Twitter*, à escrita fortemente codificada do *Messenger*, aos ensaios críticos produzidos por investigadores de todo o mundo, aos *Blogs* opinativos. De todos estes tipos e em todos estes recursos emergem, obrigatoriamente, actividades de leitura. Isto para já não referir a imensa comunicação de leitura e de escrita, via *sms*, extremamente codificada, que crianças e jovens adoptaram nas suas práticas sociais. Sobre estas novos tipos de comunicação, estabelecendo, inclusive, uma analogia com a escrita de cartas e de diários, hoje caída em desuso, mas que os novos recursos recriam, escreve Fernanda Câncio (2009): "Ora bem: quem é que visa publicar o que escreve, seja sob que forma for, sem que isso não implique vontade de dialogar, de partilhar e de se fazer interessante? (...) Que diferença existe entre isso [dar uma entrevista ou opinar nos jornais ou na TV] e escrever num blogue ou no *Twitter*, a não ser o facto de que quem o faz por regra não tem outras contrapartidas que não o gozo e, eventualmente, as vantagens – ou desvantagens – que advêm de uma exposição mais ou menos pública? (...) Em abstracto, se diferença existe entre uma coisa e outra é o facto de quem fala no *Twitter*, no *Facebook* ou nos blogues o fazer por simples e pura vontade de comunicar – e isso é de facto uma novidade que além do mais recupera as clássicas fórmulas «epistolar» e «diarística»" (p. 10).

No que diz respeito à **leitura recreativa,** que vai da leitura fortemente expressiva à leitura literária, a situação já é bastante diferente, uma vez que nem sempre o lazer e a busca de fruição estética passam pela procura da Literatura. A televisão, o cinema e a *internet* são frequentemente apontados como actividades que desviam, na ocupação dos tempos livres, as crianças e os jovens da leitura. Aliás, é esta a razão quase exclusivamente invocada pelos inquiridos do estudo LP-2007 para justificar a sua percepção de que hoje em dia se lê menos. Porém, quando se fala de televisão, nem sempre esta actividade exclui leitura. Tudo depende dos programas que são efectivamente vistos, uma vez que muitos implicam leitura, embora esta decorra de uma comunicação através de linguagens mistas de que a verbal é apenas complementar. Muita desta leitura pode ser de natureza informativa, mas é-o sobretudo de natureza expressiva, uma vez que para seduzir o espectador tem de procurar um discurso expressivo e envolvente capaz de o manter fiel ao canal em que o programa está a ser transmitido...

No que diz respeito ao cinema, a menos que os filmes não apresentem legendas, o visionamento cinematográfico em Portugal obriga à leitura de legendas, exigindo uma apreciável competência neste domínio. Por sua vez, a linguagem poética de que muito do cinema em exibição se pode reclamar configura uma opção estética que, não se circunscrevendo apenas ao discurso verbal, produz um discurso de natureza mista em que as linguagens visuais, dramáticas e musicais confluem no sentido de produzir um objecto artístico potenciador de fruição estética.

Por último, quando falamos do tempo que se gasta a navegar na *internet*, é preciso sublinhar que a maior parte das actividades aí desenvolvidas implica situações de leitura e de escrita, como já foi referido, muitas delas também de natureza recreativa. Estas actividades aliam, normalmente, uma informação veiculada através de um discurso expressivo, a uma forte apetência pelo tema, como é, por exemplo, o caso da procura de informação sobre a morte de Michael Jackson, que tanto motivou a comunidade digital, mobilizando internautas de todas as idades.

Retomando os dados do estudo LP – 2007, 43% dos inquiridos da amostra, constituída por sujeitos de ambos os sexos, com idades iguais ou superiores a 15 anos, afirma nunca ler livros, limitando-se a práticas de leitura de natureza funcional (contas e recibos, marcas e preços de produtos, publicidade, receitas, cartas, recados, legendas de filmes...). São estas, então, as práticas de leitura de uma percentagem relativamente elevada de portugueses. No entanto, e graças à política de não dobragem dos filmes estrangeiros, encontramos incluída neste número uma percentagem significativa de sujeitos (62%) que refere ler as legendas de programas televisivos, sobretudo de filmes, o que nós consideramos como uma prática de leitura que não deveria ser incluída na mesma questão que se reporta quase exclusivamente a leitura funcional.

Também, progressivamente, vai emergindo com mais fulgor a leitura em suporte digital, decorrente, sobretudo, de novas solicitações profissionais e recreativas. Esta tem algumas semelhanças com a leitura de legendas em ecrãs televisivos ou de cinema, embora a leitura em formato digital se faça tanto em textos em que o discurso verbal é absolutamente predominante e em que o leitor lerá só palavras no ecrã, como em imagens que integram palavras que servem de suporte a *links* que serão ou não activados em função dos desejos e necessidades do leitor.

Paralelamente, nunca como hoje se publicou um tão grande número de revistas e jornais, tanto em suporte papel como em formato digital. A recente distribuição de jornais gratuitos veio, sobretudo, potenciar a leitura informativa por parte de públicos que apenas desejam conhecer pouco mais além do que os títulos deixam entrever. Se olharmos para o número de novos títulos que semanalmente são publicados, ou para a quantidade de revistas e de jornais existentes no país, não estamos provavelmente face a um verdadeiro défice de leitura, mas antes face a uma mudança no que é lido. Uma mudança essencialmente a nível de suporte e de contexto de comunicação. No entanto, como nos diz Carlos Ceia (2008), "... se estivermos educados na leitura saberemos sempre encontrar espaço no mundo da comunicação tecnológica para não só ler mais mas também ler de forma diferente" (p. 4).

Será com base nestes pressupostos que teremos de encarar o papel da leitura, actualmente, na vida de crianças e jovens.

Leitura em geral versus leitura literária

O discurso literário, "difere do discurso informativo porque, mais do que na mensagem, incide na forma como a veicula. O discurso utilizado no quotidiano não é um discurso elaborado, ritmado... Aliás, no discurso corrente, geralmente fugimos da utilização de rimas, de aliterações, de repetições. Ao contrário, o texto literário serve-se destes recursos como pontos de apoio para uma redundância poética geradora de prazer estético. O discurso corrente, para passar mensagens, fornece os dados, quer-se explícito. Pelo contrário, o texto literário constrói-se de implícitos, de ambiguidades, o que promove o jogo lúdico interactivo com o leitor, em que este é convidado a participar na sua descodificação" (Viana & Martins, 2007, pp. 7-8). É deste tecido que se constroem muitos dos livros que leitores adultos afirmam ter tido um papel fundador no seu gosto pela leitura.

O que anteriormente afirmámos é corroborado pelos resultados à questão Q9 no estudo LP-2007 aplicada só aos que gostavam de ler: *Indique um livro que lhe tenha sido particularmente importante para o despertar do seu gosto pela leitura. (pedir autor e título ou série/colecção).* Nas respostas a esta questão, 55% dos inquiridos que gostavam de ler em crianças refere um *livro fundador*[1] e, dentro destes livros fundadores, na faixa etária até aos 54 anos estão livros da literatura infanto-juvenil. Já na faixa etária superior aos 55 anos encontram-se Clássicos da Literatura Portuguesa, destinados a um público adulto, o que mostra o menor potencial destas obras para a conquista de novos leitores, uma vez que só mais tardiamente foram introduzidos nas práticas de leitura e, na sua grande maioria, apenas por obrigatoriedade escolar. Claramente, as representações que ficaram

[1] Nomenclatura utilizada no estudo LP-2007 (citando Horellou-Lafarge, 2005), e que se refere ao livro "que os inquiridos mais associam aos despertar do seu gosto pela leitura" (p. 72).

nestes leitores foi que ler, não só se reporta essencialmente à leitura literária como, dentro dela, à leitura dos clássicos, apenas porque só estes consideram estar sancionados pela Escola e pela Sociedade. Surgem-nos assim, como livros fundadores obras de leitura obrigatória ou recomendada pela Escola e de que o cânone académico e cultural sublinha a essencialidade. Afirmar que se gosta destas obras é, antes de mais, estar em sintonia com aquilo que os outros esperam de nós, crê-se.

Devem então os clássicos ser abandonados? Claramente não, bem pelo contrário. Há, todavia, que expandir a noção de cânone a obras destinadas a um público infanto-juvenil, quer as que para ele foram especialmente concebidas, quer as que, tendo sido escritas para adultos ou sem destinatário explícito foram por este apropriadas. Como não integrar no cânone as obras de Perrault, dos Irmãos Grimm, de Andersen, de La Fontaine, ...? Como escamotear a contribuição para a construção de um imaginário colectivo, sobretudo europeu, de títulos como *Alice no País das Maravilhas*, de Lewis Carroll; de *Pinóquio*, de Collodi; de *O Principezinho*, de Saint-Exupéry? Como descodificar muitas das obras contemporâneas que exigem um diálogo intertextual, sem o conhecimento das matrizes tradicionais? Como, inclusive, não incluir no cânone nacional autores como Sophia de Mello Breyner Andresen, António Torrado, Luísa Ducla Soares, Alice Vieira,...? Autores que a Escola, sobretudo, deu a conhecer e que dificilmente uma criança educada em Portugal desconhecerá. Claro que, juntamente com estes e outros autores, surgem textos e colecções que a Escola não promove, referenciados por leitores como propulsores do seu gosto actual pela leitura. São disso exemplo, a Colecção *Anita* (*Martine*, no original), de Gilbert Delahaye e Marcel Marlier; a Colecção de *Os Cinco* (*The Famous Five*, no original), de Enid Blyton; a colecção *Uma aventura*, de Ana Maria Magalhães e Isabel Alçada; Colecções de banda desenhada como *Tintim*, de Hergé, e *Ásterix*, de Uderzo e Goscinny; etc.

Paralelamente, há muitos os leitores que o são porque se interessaram por textos de natureza científica, ficcionais ou não, e a quem a curiosidade levou a querer saber mais sobre a vida das formigas, sobre a possibilidade de existência de vida no planeta Marte, sobre as antigas civilizações ou sobre as vidas de homens de mulheres notáveis.

Poderemos então concluir que os textos fundadores do gosto pela leitura são múltiplos e nem sempre possuem qualidades discursivas que os façam ascender à categoria de texto literário, o que não os desvaloriza aos olhos dos leitores, nem lhes diminui a centralidade que ocuparam em dado momento nas suas vidas.

Hábitos de leitura e compreensão em leitura

Na introdução deste capítulo perguntávamo-nos se os níveis de leitura alcançados são satisfatórios. Convém, antes de mais, clarificar que a expressão níveis de leitura é umas vezes usada para referir hábitos de leitura e outras vezes para referir desempenho em leitura. Ora hábitos de leitura e desempenho em leitura são duas realidades distintas, embora devedoras uma da outra. Os hábitos de leitura promovem a competência em leitura e esta é determinante para a criação de hábitos de leitura.

O crescimento ao nível dos hábitos de leitura, que contraria a tendência verificada noutros países, é um sinal positivo. No entanto, os resultados dos estudos internacionais de literacia (ex: Sim-Sim & Ramalho, 1993; Pinto-Ferreira *et al.*, 2006) mostram que os desempenhos na compreensão em leitura dos alunos portugueses ainda apresentam níveis muito deficitários.

A publicação dos resultados das provas de aferição ou dos exames nacionais de Língua Portuguesa contribui para reacender, em cada ano lectivo, debates sobre os hábitos de leitura dos portugueses, nomeadamente das crianças e dos jovens, população abrangida por estas avaliações. Salvaguardando o facto de o estudo LP-2007 utilizar uma amostra de sujeitos com 15 anos de idade, ou mais, bem como o de as provas de aferição e os estudos PISA caracterizarem o desempenho em leitura de sujeitos inseridos em faixas etárias só parcialmente coincidentes com a do estudo LP-2007, os dados parecem indicar que o aumento dos hábitos de leitura não é acompanhado por melhoria no desempenho na compreensão do que é lido.

Que razões poderão estar subjacentes ao facto de lermos mais, mas não lermos melhor? Como é óbvio, só a investigação poderá encontrar respostas fidedignas a esta pergunta. A nossa experiência de formação de professores leva-nos a que problematizemos a forma como esta formação tem sido equacionada, o que tem tido repercussões profundas no modo como se ensina a ler, hipotetizando a existência de uma correlação significativa entre esta formação e o desempenho em leitura (e também, indirectamente, com os hábitos de leitura).

As enormes mudanças sociais das últimas décadas e a investigação produzida sobre o ensino da leitura (McGuiness, 2006) teriam, forçosamente, de ter consequências na forma como se estrutura o seu ensino. Ao contrário do que seria de esperar, essas repercussões têm sido lentas e assistemáticas. O Programa Nacional para o Ensino do Português no 1.° Ciclo (PNEP[2]), de participação voluntária, é a iniciativa mais recente e mais consistente visando a apropriação, por parte dos professores do 1.° Ciclo, dos dados da investigação sobre leitura e a promoção da reflexão sobre as suas práticas à luz desses dados. Todavia, este programa não tem ainda a duração suficiente para que possam ser já visíveis resultados ao nível do desempenho dos alunos, embora já estejam a ser realizados alguns estudos.

Nos últimos anos, tem sido divulgada informação pertinente em publicações da Direcção Geral de Inovação e Desenvolvimento Curricular[3] (DGIDC), no âmbito do Programa Nacional do Ensino do Português – 1.° Ciclo (PNEP), e que cumprem o objectivo de disponibilizar aos professores sínteses da investigação nacional e internacional na área da leitura, articulada com as práticas em sala em aula.

Como pensamos o ensino da decifração?

A primeira condição para gostar de ler é ler sem esforço. É aprender bem, a ler; é aprender a ler bem. Aprender a ler implica aprender a dominar um código, a associar sinais gráficos a sons. Mesmo numa fase inicial de aprendizagem do código, tem de haver motivação, porque aprender a ler exige esforço e uma criança motivada não desistirá facilmente face a eventuais dificuldades. Por sua vez, para que esta motivação exista, a criança terá de: a) **atribuir sentido à leitura,** saber quais as suas funções e quais os seus objectivos; b) **desenvolver um projecto pessoal de leitor.**

---

[2] Mais informação sobre este programa disponível em: http://sitio.dgidc.min-edu.pt/linguaportuguesa/Paginas/PNEP.aspx

[3] Referimo-nos às brochuras já publicadas em formato papel e electrónico no âmbito do programa PNEP, nomeadamente às dedicadas à decifração, consciência fonológica e ensino explícito da língua.

A Leitura com sentido

Para criar motivação para ler ou para responder a uma motivação prévia, a aprendizagem da leitura deverá, desde o início da escolaridade, ter sentido. Como escreveu João de Deus, em 1876, para ensinar a ler é preciso utilizar "*... palavras que se digam, que se ouçam, que se entendam, que se expliquem; de modo que, em vez do principiante apurar a paciência numa repetição banal, se familiarize com as letras e os seus valores na leitura animada de palavras inteligíveis* (p. vii). E continuava... "*seis meses, um ano e mais de vozes sem sentido basta para imprimir num espírito nascente o selo do idiotismo*" (idem, p. viii).

Contrastando com a lucidez de João de Deus, em pleno século XXI ainda apresentamos às crianças material de leitura constituído por frases descontextualizadas, construídas com intuitos pedagógicos muito discutíveis a vários níveis, nomeadamente a nível semântico. Com um toque de humor, Neves (2002) apresenta-nos alguns exemplos paradigmáticos:

- "Um peru atira a pêra à parede" com o objectivo de mostrar o valor do "r" entre vogais;
- Duas amigas, uma Fátima, outra Filomena vão ao café e aí uma "come uma fatia de bolo" outra "bebe um copo de leite" e isso "é uma bela folia", porque é preciso evidenciar a letra F.
- "Uma mula deita o tomate à lama" porque até à altura se tinham trabalhado as vogais e as consoantes T, M, L e D e era preciso articulá-las mesmo à custa do insólito.
- Uma "tia tapa o pote", porque o número de fonemas ensinados não permite que ela tape mais nada.
- Um "pai pula no tapete" pela necessidade de introduzir um trissílabo.
- Uma noiva sujeita-se a aparecer na cerimónia do casamento com um ramo bastante invulgar constituído por "uma dália, uma túlipa e uma violeta", só porque não tendo sido ensinada a letra S, ela não podia aparecer com um ramo de rosas ou de outras flores, todas iguais, já que isso obrigaria ao emprego do plural.

A mesma razão conduz a avó da noiva a levar uma só luva e não duas como manda a etiqueta – "A avó leva uma luva".

- Também em "rua húmida iluminada por um holofote" "habitam o Hélio e a Helena que ouvem o hino". E isto que poderia ser o início de uma história de terror, não pretende senão fazer aprender a letra H (pp. 108-109).

Só a leitura com sentido pode desenvolver ou manter níveis de motivação elevados. Com nos diz Sim-Sim (2009) "...o entusiasmo por aprender a ler esvai-se, muitas vezes, à medida que a aprendizagem da leitura se processa. A desmotivação e o consequente desinteresse por ler radicam, em muitos casos, no desencanto provocado pela não consonância entre o que era esperado obter com a leitura e a roupagem mecanicista de que o seu ensino se revestiu. O aprendiz de leitor esperava poder entrar numa floresta em que por encanto penetraria num mundo de maravilhas e tesouros escondidos e é empurrado para um beco em que séries arrumadas de letras apenas lhe dão passagem para sílabas que, de forma espartilhada, se transformam em palavras isoladas, pouco atraentes e estimulantes, tais como *papá*, *titi*, *pua*, *copo*, *faca* e semelhantes. Algures, entre o mundo deslumbrante esperado e a realidade encontrada, instala-se a indiferença. (...) A aprendizagem da decifração é um desafio colocado simultaneamente aos dois parceiros em presença: o aprendiz de leitor e o professor. O primeiro que espera ingenuamente, pelo tal passo de magia, ficar a saber ler ao pisar o chão da escola e o segundo que sabe que a tarefa exige empenho, esforço e muito trabalho de ambos" (p. 7).

Dominar o código escrito e ler as palavras de forma automática (e rápida) é determinante para a leitura. Dificuldades ao nível da decifração comprometem a extracção de sentido ao mobilizarem todos os recursos cognitivos do leitor, não deixando espaço ao processamento do que é lido de forma a compreendê-lo.

O conhecimento actual sobre os mecanismos linguísticos, cognitivos e afectivos envolvidos na leitura terá de ser posto ao serviço dos professores e da sua formação, permitindo-lhes ser mais eficazes no seu ensino. Esta eficácia passa pela manutenção, no aprendiz de leitor, de níveis elevados de motivação face a uma tarefa que exige esforço e persistência. Parafraseando Frank Smith (2003), o desejo de aprender a ler com que as crianças entram na escola é a nossa oportunidade. A falta dele à saída é da nossa responsabilidade.

Desenvolver um projecto pessoal de leitor

A investigação recente tem mostrado que a aprendizagem da leitura e a motivação para ler começam bem antes do seu ensino formal, essencialmente no contexto familiar. Se a criança viver num ambiente em que a leitura e a escrita estão presentes nas actividades quotidianas dos pais, isto é, se as crianças virem ler e escrever, terão mais oportunidades para levantar hipóteses sobre o funcionamento da língua escrita e de realizar aprendizagens que vão ser, posteriormente, facilitadoras da aprendizagem da leitura e da escrita, por exemplo, direccionalidade e funções, para além de competências como a consciência fonológica[4] ou o princípio alfabético[5].

A importância da leitura na vida dos adultos que convivem com a criança influencia, de forma determinante, o seu projecto de futuro leitor. Assim, uma criança poderá afirmar que deseja aprender a ler para "fazer os deveres de casa" ou "para ler todas as histórias que me apetecer" (Viana, 2002, p. 160). Estas afirmações revelam, claramente, projectos de leitura muito diferentes e motivações para aprender a ler também muito diferentes.

Como pensamos o ensino da compreensão?

Um bom domínio do código, embora determinante, não é, no entanto, suficiente para assegurar a compreensão do que é lido. Durante muito tempo considerou-se que, uma vez dominado o código, a compreensão dos textos aconteceria naturalmente, o que não corresponde à realidade. Muitos alunos não conseguem, por si sós, descobrir estratégias que lhes permitam uma leitura eficiente, nem a flexibilidade requerida para lidar com a diversidade de tipos de texto com que são confrontados. Como refere Sim-Sim e colaboradores (2007), "ensinar a compreender é ensinar explicitamente estratégias para abordar o texto. Estratégias de compreensão são «ferramentas» de que os alunos se servem deliberadamente para melhor compreenderem o que lêem, quer se trate de ficção ou de não ficção" (p. 15). Também nesta área

---

[4] De acordo com Freitas e colaboradores, (...) ao falarmos de consciência fonológica, referimo-nos à capacidade de explicitamente identificar e manipular as unidades do oral. Esta subdivide-se em três tipos: (i) ao isolar sílabas, a criança revela consciência silábica (pra.tos); (ii) ao isolar unidades dentro da sílaba, revela consciência intrassilábica (pr.a-t. os); (iii) ao isolar sons da fala, revela ou consciência fonémica ou segmental (p.r.a.t.o.s). In Freitas, M. J., Alves, D. & Costa, T. (2007). *O Conhecimento da Língua: Desenvolver a consciência fonológica*. Lisboa: Ministério da Educação – Direcção Geral de Inovação e Desenvolvimento Curricular (p. 9).

[5] Princípio que fundamenta os sistemas de escritas alfabéticos, segundo o qual cada som da fala ou fonema de uma língua deve ter a sua própria representação gráfica In Harris, T. L. & Hodges, R. E. (Org.,1999). *Dicionário de alfabetização*. Porto Alegre: Artmed (p. 217).

assistimos, no nosso país, a um crescente empenho no desenvolvimento de estratégias didácticas para o ensino da compreensão em leitura. Na obra de Sim-Sim, Duarte e Micaelo (2007), produzida no âmbito do PNEP, podemos encontrar um conjunto de estratégias a serem ensinadas aos estudantes. O ensino explícito da compreensão de textos deve incluir também a modelagem de estratégias metacognitivas e da convocação da estratégia mais adequada em função do texto a ler. Em Ribeiro e colaboradores (2009, no prelo), poderá ser encontrado a descrição do programa "Aprender a compreender torna mais fácil o saber", desenvolvido com alunos do 4.° e 6.° anos de escolaridade, que apresenta também várias estratégias de promoção da compreensão leitora, com especial destaque para as de cariz metacognitivo.

A motivação para ler

> – Estou a ver que gostas de ler!
> – *Gosto muito. Mas só leio quando a minha avó vem aqui (uma grande superfície).*
> – Já gostas de ler há muito tempo?
> – *Sim.... aprendi a ler...na 1.ª Classe... e gostei de aprender... e a minha professora dava-nos livros de histórias para lermos nas aulas...*
> – Quantos anos tens?
> – *10* (sem tirar os olhos do livro). *Espero que ela demore, para eu acabar este capítulo.*
> – E se não acabares? O que vais fazer?
> – *Vou escondê-lo atrás de outros, para ver se ninguém o compra.... Mas às vezes não tenho sorte... mudam tudo de sítio...*
> – Posso oferecer-te esse livro?
>
> Pela primeira vez levanta os olhos do livro... como que tentando adivinhar com o olhar a veracidade da intenção.

As compras ficaram adiadas por largos minutos, mas soubemos que morava num bairro social, que o pai estava preso, que não tinha livros em casa, que adorava os livros do Álvaro Magalhães e da Alice Vieira, que queria ser electricista de automóveis, que "adorava ler"... e que pensava conseguir acabar de ler aquele livro antes de todos os exemplares serem vendidos.

Que felizes constelações de variáveis formam leitores, como aquele com quem nos cruzámos acima, sentado na última prateleira de um escaparate de uma grande superfície comercial? No âmbito da motivação para a leitura são mais as dúvidas do que as certezas. Um dado parece emergir da investigação sobre motivação para ler: A simples existência de recursos não é suficiente para mudar práticas culturais, nas quais a leitura se insere.

Centrando-nos especificamente na motivação para a leitura, um indivíduo está intrinsecamente motivado para ler quando realiza esta actividade pelo prazer que, por si só, ela lhe proporciona. Convém sublinhar que para haver motivação intrínseca, a actividade de ler tem de constituir novidade, apresentar desafios ou possuir valor estético, características que não estão presentes em muitas das actividades que desenvolvemos. Os diferentes papéis que assumimos e as exigências sociais com que somos confrontados requerem o cumprimento de tarefas que nem sempre são intrinsecamente motivadas. Assim sendo, para que se dê início à actividade e para que dela possam advir consequências que permitam gerar motivação intrínseca, é necessário investir na motivação extrínseca.

A motivação extrínseca advém do desejo de receber reconhecimento externo, recompensas ou incentivos ou surge como forma de evitar situações desagradáveis. Um aluno pode ler um texto com medo das consequências e outro pode lê-lo por acreditar que é importante para a sua progressão escolar. Ambos estão extrinsecamente motivados, já que a motivação para ler resultou do valor instrumental da leitura. Todavia, há diferenças importantes. A segunda forma de motivação envolve um aval pessoal e a existência de reforço positivo (obter algo agradável), enquanto a primeira envolve submissão a um controlo externo e o reforço é negativo (evitar algo desagradável).

QUADRO 1 – Tipos e fontes de motivação

Tipo	Fontes
Intrínseca	Curiosidade Importância para o sujeito Envolvimento (prazer) ...
Extrínseca	Boas notas Reconhecimento Razões Sociais Competição ...

Há alguma tendência para desvalorizar a motivação extrínseca, considerando que não é uma "verdadeira" motivação, ou para considerar os dois tipos de motivação como completamente opostos. No que à leitura diz respeito, a investigação mostra que os dois tipos de motivação se encontram positivamente correlacionados com a frequência de leitura (Guthrie & Wigfield, 1997). Na realidade, muitos dos nossos comportamentos intrinsecamente motivados começaram por resultar de motivações extrínsecas. Assim, quando pretendemos fazer emergir, incrementar ou mudar comportamentos, não podemos esquecer a motivação extrínseca e as fontes de reforço que lhe estão associadas.

Viau (1977) e Franken (1994) introduzem uma importante dimensão no conceito de motivação, a persistência, sugerindo serem os factores que activam o comportamento diferentes dos que asseguram a persistência no comportamento. A iniciação do comportamento estará mais associada a variáveis afectivas, enquanto a persistência estará associada a variáveis volitivas. A dimensão persistência é extremamente importante quando a olhamos do ponto de vista da leitura e da formação de leitores. À semelhança de muitos outros comportamentos humanos, a iniciação à leitura faz-se pela via dos afectos (motivação extrínseca), mas a integração da leitura no repertório comportamental de cada um exige que a actividade tenha significado e seja valorizada pelo próprio (motivação intrínseca).

A promoção da leitura nos anos pré-escolares tem sido alvo de um enorme interesse, como demonstrou o elevado número de comunicações apresentado na *16th European Conference on Reading* que, em 2009, se realizou em Portugal. No entanto, a mudança do hábito de ouvir ler pela voz dos outros para a leitura autónoma sofre, na transição do nível pré-escolar para o 1.° Ciclo, um enorme revés. No estudo efectuado por Viana (2009), após um grande incentivo à pré-leitura pela via dos afectos, a maior parte das crianças analisadas apresentava, à entrada no 1.° Ciclo, uma elevada motivação para ler, considerando que iria aprender a ler depressa e facilmente. No final do 1.° ano de escolaridade, a motivação para ler tinha decrescido de forma significativa. A correlação encontrada entre motivação para a leitura e desempenho em leitura foi baixa, mas estatisticamente significativa. Contrariando as hipóteses formuladas, entre as crianças com bom desempenho em leitura no final do 1.° ano verificou-se também uma diminuição acentuada na motivação para ler. As razões avançadas para estes resultados, que necessitam de confirmação através de outros estudos complementares, orientam-se para a falta de sentido do material de iniciação à leitura e para o decréscimo da atenção dada aos aspectos afectivos.

Será, pois, necessário, implementar estratégias que conduzam a um reforço afectivo, como os concursos, os projectos, as visitas de estudo ou os jornais escolares, uma vez que proporcionam experiências agradáveis com leitura, nomeadamente porque não fazem da leitura um fim, mas um meio para atingir um determinado fim. Estratégias deste tipo, claramente assentes na motivação extrínseca, pretendem introduzir a leitura na prática diária, interiorizando a sua necessidade, promovendo a motivação intrínseca e contribuindo, de forma decisiva, para a formação de leitores.

Gostar de algo implica, antes de mais, conhecimento sobre esse algo, pois não se aprecia o que não se conhece. No que concerne à leitura, há necessidade de conhecer uma grande variedade de textos, de assuntos e de autores, já que quanto maior for este conhecimento maiores serão as possibilidades de encontrar o texto certo na hora certa. Estes felizes encontros podem constituir importantes pontos de viragem, quer em termos de motivação (de extrínseca para intrínseca), quer em termos de formação de leitores.

Ler é compreender, sendo, actualmente, consensual que a compreensão em leitura resulta da interacção de três grandes grupos de factores: leitor, texto e contexto (Giasson, 1993; 2005). Estes mesmos factores actuam na motivação para a leitura. De forma sucinta, vejamos como. Começaremos pelo factor contexto por uma razão simples: este é pré-existente à leitura propriamente dita.

Factor contexto

> *"Ó mãe, achas que dá para levar o portátil para casa da tia Teresa? Ainda tenho que ler o texto que a professora pôs no nosso blog e os comentários que os meus colegas já fizeram. Sempre gostava de saber o que é que o Henrique acabou por escrever. Recebi uma mensagem dele a dizer que o texto está espectacular. Estou sem saldo no telemóvel. Vou ver se apanho a Cláudia no messenger para saber se o prazo acaba mesmo hoje.*
>
> *No regresso, se der, podemos passar pelo centro comercial para comprar o livro para Português? Aproveitávamos e comprávamos mais um para eu dar, no sábado, de prenda ao Luís".*

Como já referimos, a aprendizagem da leitura tem lugar bem antes do seu ensino formal. A motivação para aprender a ler será directamente proporcional ao estatuto social e afectivo que a leitura tiver para a família e para o aprendiz de leitor. Conceder estatuto à leitura é, então, uma importante via para a promover.

Atendendo a que qualquer leitor tem como objectivo último "saber sobre" qualquer coisa ou alguém (seja um prazo de validade, o título do último CD de um grupo musical, a extinção dos dinossauros ou o percurso de vida de um actor da moda), se a criança viver num contexto estimulante e que a interpele, a vontade de ler será acrescida. A curiosidade e a vontade de saber devem ser promovidas na Escola e na Família. As crianças que vivem em ambientes em que vêem adultos envolvidos numa procura activa de conhecimento, em que desenvolvem estratégias para a ele aceder eficazmente mobilizando recursos diversificados, tornam-se, por sua vez, mais aptas a demonstrar os mesmos comportamentos.

Nas famílias em que se desenvolve a cultura da palavra, as crianças crescem a relacionar-se com mais facilidade, a valorizar o diálogo e a partilha. Do mesmo modo, ao valorizar-se o recurso a jornais, a revistas, a livros, à rádio, à televisão, à *internet,* como fontes de conhecimento, aumenta-se a probabilidade de as crianças os passarem a usar como recursos usuais que se integrarão como rotinas nas suas vidas. A família tem, por isso, um papel fundamental na motivação para a aprendizagem e na transmissão de uma cultura de valorização do saber, de incentivo à superação de dificuldades e de presença solidária nos sucessos e insucessos que todas as caminhadas implicam. Quando há hábitos de leitura na família, desenvolver um sentimento de pertença a essa família passará por ser leitor.

Também neste contexto há que respeitar os interesses dos leitores em formação, procurando manter uma atenção informada sobre o que eles lêem. Discutir leituras com os filhos ou com os alunos exige que conheçamos o que eles lêem. Dizer a um filho (ou a um aluno) que o que ele lê não presta, e que deveria ocupar o tempo a ler bons livros, é a fórmula mais eficaz para erguer barreiras à partilha de leituras, partilha que, como a investigação tem mostrado, é determinante na formação de leitores.

O leitor é um curioso dos outros e do mundo. A motivação para a leitura também se consegue aguçando a natural curiosidade das crianças, que será satisfeita através da leitura. Como nos diz Eliana Yunes (2002), o leitor "...lê com as suas memórias, com as associações a textos anteriores, com o acervo de vivências, com o repertório de narrativas que «escutou com os seus olhos» (p. 38). O leitor constrói-se, não só através do incentivo à leitura, mas também pelo alargamento das suas experiências de vida. No sentido de prepararmos a criança para o encontro com a leitura (e a literatura), para a sedução através das palavras, para a exploração de emoções e sentimentos, há que propiciar acesso a diferentes tipos de texto, em vários suportes e formatos. Há também que proporcionar experiências de vida, sensações e emoções, pois a leitura, nomeadamente a leitura literária "alimenta-se da vida, da atenção dada às subtilezas que esta comporta" (Viana & Martins, 2007, p. 444). O leitor também se constrói a ver televisão, a assistir a filmes e a peças de teatro, a ouvir música, a visitar monumentos, a ver exposições,... daí a associação registada, no estudo LP-2007, entre a leitura de livros e práticas sociais cultivadas.

A formação de leitores para a leitura do mundo terá, sobretudo, que incidir na promoção da curiosidade, da abertura ao desconhecido e ao sentido da descoberta. Abertura também a diferentes tipos de leitura e de suportes comunicativos. Abertura ao diálogo inter e multicultural, à sedução pela diferença, ao conhecimento e à mudança. Só assim a leitura será portadora de conhecimentos plurais, trazidos por uma pluralidade de vozes e o leitor se prepara para a intervenção e para o exercício da cidadania.

Escola (incluindo Jardim de Infância) e Bibliotecas

Sabendo que os hábitos de leitura dos adultos portugueses são ainda frágeis, é óbvio que, se queremos alterar o panorama da leitura em Portugal, há que investir no incentivo à leitura em vários contextos. O Jardim de Infância e a Escola são os contextos que, em termos de importância, mais se aproximam da família neste âmbito, podendo, até, superá-la. Assim sendo, compreende-se o investimento que as sociedades preocupadas com o desenvolvimento integral dos seus cidadãos têm dedicado à questão da promoção da leitura nestes dois contextos.

Apesar destes esforços, o que se verifica, ainda, em muitas famílias, é que as práticas culturais (nas quais se inclui a leitura) se limitam, frequentemente, a passeios em hipermercados e centros comerciais que, atentos, vão criando espaços de convívio bem perto das mercadorias que querem vender. Aliás, em muitos espaços comerciais encontramos já zonas onde os pais podem deixar as crianças a brincar enquanto fazem compras. A maioria dos pais, por pressões da vida quotidiana e rotinas instaladas, vai ao Centro Comercial, não à Biblioteca, ao Cinema, ao Teatro ou ao Museu.

O que fazer para inverter este círculo vicioso? A investigação tem mostrado que crianças oriundas de meios desfavorecidos podem ser leitores ávidos, desde que a escola lhes proporcione o encontro com os livros (Gambrell & Marinak, 1997). Embora as políticas recentes de promoção da leitura e de acesso a meios de comunicação de natureza tecnológica estejam a dar frutos, é necessário atender a que o contexto histórico e social em que se implementam é o de um país onde os hábitos de leitura dos pais das nossas crianças e jovens são frágeis, onde ainda há muitos avós analfabetos, e onde as práticas culturais são escassas. Tal contexto torna acrescida a responsabilidade da Escola na formação de leitores, nomeadamente para com as crianças e jovens oriundos de famílias onde não há hábitos de leitura.

Adoptando uma perspectiva ecológica do desenvolvimento humano, Escola e Família não são sistemas estanques, mas sistemas em comunicação. Assim sendo, se não se verifica (ainda) uma correlação entre formação de leitores e hábitos de leitura na Escola é porque, muito provavelmente, a Escola ainda não conseguiu encontrar as estratégias mais adequadas. Fazendo parte de um mesmo sistema, será de esperar que se a promoção de hábitos de leitura for bem sucedida na Escola, ela terá repercussões no aumento da leitura por parte das famílias. Nesse sentido, têm sido desenvolvidos vários projectos de leitura com famílias, nomeadamente em bairros problemáticos de Lisboa e do Porto[6].

---

[6] Podem ser encontradas referências a estes projectos ao longo deste capítulo e no último capítulo deste livro.

O alargamento da Rede de Bibliotecas Escolares é uma realidade que não pode ser contornada e que, como referiu Teresa Calçada (2009), na conferência de abertura da *16th European Conference on Reading*[7], é um investimento que coloca o nosso país num lugar de destaque. Nunca os livros estiveram tão perto dos potenciais leitores. Salienta-se, também, o investimento na formação dos técnicos, essencialmente professores, que têm por missão dinamizar as Bibliotecas Escolares[8], esforço feito, quer através de programas de formação contínua, promovidos pelo Ministério da Educação e pela Rede de Bibliotecas Escolares, quer pela Direcção Geral do Livro e das Bibliotecas (DGLB), do Ministério da Cultura.

No que concerne às Bibliotecas Públicas, o esforço para atender e seduzir leitores tem, também, de ser reconhecido. Actualmente, em todas se verifica a existência de sectores especialmente destinados à promoção de leitura junto de crianças e de jovens. Muitas, inclusive, possuem espaços específicos destinados a pré-leitores, em que se convida os pais a participarem de actividades de animação da leitura junto dos filhos, para que possam prolongar em casa essas experiências.

Os espaços coloridos e confortáveis, as estantes abertas à manipulação por parte das crianças, a proposta de actividades de extensão do acto de leitura através do recurso à complementaridade da expressão plástica e da expressão dramática, são convites à apropriação do espaço pelos jovens leitores e à promoção da leitura. Não é por acaso que, entre as razões apontadas pelos inquiridos no estudo LP-2007 que consideram que se lê mais, está a "existência de mais, e mais apelativas, bibliotecas" (p. 188), entre outras razões como a maior divulgação de autores e de livros nos meios de comunicação e o aumento da formação escolar.

No entanto, temos assistido frequentemente a alguma confusão, por parte, quer das bibliotecas escolares, quer das bibliotecas públicas, quanto aos objectivos que estabelecem e às estratégias desenvolvidas para os atin-

---

[7] Conferência *"Das Bibliotecas e da leitura: (entre) linhas de um percurso"*, apresentada na *16th European Conference on Reading* (1.° Fórum Ibero-Americano de Literacias). Braga: 19-22 de Julho de 2009 – Associação Portuguesa para a Literacia.

[8] Actualmente já existe formação pós-graduada específica nesta área, nomeadamente, o Mestrado em Animação da Leitura na ESE de Paula Frassinetti, no Porto; o Mestrado em Promoção e Mediação da Leitura, na ESE João de Deus, em Lisboa; Pós-graduação em Promoção e Mediação da Leitura promovida, conjuntamente, pela Universidade do Algarve e pela DGLB.

gir. Muitas vezes são as Escolas a promover a ida das crianças à Biblioteca Pública para que estas contactem com um espaço em que os livros reinam, porém as crianças são convidadas a assistir a actividades de animação da leitura em que os técnicos da biblioteca investem apenas na narrativa oral – apoiada ou não por linguagens plásticas, musicais ou dramáticas – sem que as crianças cheguem a perceber que o texto que ouviram tem origem num livro que estaria ao dispor para ser requisitado, promovendo e prolongando a experiência gratificante que aquela animação de leitura provocou.

Convém também chamar a atenção para a diferença existente entre actividades de leitura de palavras e actividades em que os recursos cinético-dramáticos são a regra. É evidente que uma actividade com grande recurso a imagens, movimento e música será mais apelativa *a priori* do que uma actividade que se centre numa leitura de texto, mesmo que altamente expressiva. Porém, estas actividades, todas igualmente úteis e necessárias, atingem objectivos diferentes. Dificilmente as crianças se seduzirão pelo valor estético das palavras, pelas imagens que estas transportam, pela polissemia que desvendam, se as linguagens que as acompanham já as desvendarem. Assim, se queremos promover a leitura autónoma, a formação de leitores seduzidos pela palavra, temos também que promover actividades em que as crianças contactem autonomamente com o livro, sem sentirem que esse encontro está incompleto por lhe faltarem as linguagens expressivas que acompanharam as actividades a que assistiram na Biblioteca.

Paralelamente, é também necessário chamar a atenção para a necessidade de tanto as Bibliotecas Públicas como as Bibliotecas Escolares desenvolverem actividades de animação da Ciência, ou seja, das Ciências da Natureza, da História, da Geografia, entre outras. Esta é uma leitura específica, baseada na necessidade e/ou na curiosidade, essencial nas actividades de estudo e sem a qual não teríamos o acesso ao conhecimento, nem a investigação de que tantas profissões dependem. As estratégias que promovem a curiosidade e que fornecem recursos às solicitações escolares ainda não estão suficientemente equacionadas e articuladas por parte destas instituições e é necessário que tal aconteça.

É necessário também que os horários das Bibliotecas Escolares sejam repensados e se disponha de mais recursos humanos a elas alocados. Não parece muito aceitável que estes horários apenas coincidam com os horários em que as crianças estão em actividades curriculares e que, sobretudo no 1.° Ciclo, as frequentem sempre em situação de turma e com actividades colectivas previamente definidas. Paralelamente, é urgente que os recursos bibliográficos e documentais sejam adquiridos em função de um plano de actividades anual previamente definido nos agrupamentos ou nas escolas, tendo em conta o apoio e a expansão do currículo, quer no plano científico, quer no plano estético. Uma criança deverá poder dispor, na sua Escola, do texto integral para que remete um texto truncado inserido no manual escolar de Língua Portuguesa e sobre o qual houve um maior incentivo em situação de aula, bem como deverá dispor de bibliografia e de documentos em suporte digital que aprofundem assuntos constantes do currículo escolar pelos quais as crianças se interessaram, mesmo que o aprofundamento destes não seja solicitado por trabalhos propostos pelo professor.

Factor leitor

Falar de factores derivados do leitor não significa considerar que existe qualquer programação de tipo biológico ou genético. Nos factores derivados do leitor são incluídas variáveis como as estruturas cognitivas e afectivas do sujeito e os processos de leitura que este activa. As estruturas cognitivas integram a enciclopédia pessoal de cada leitor, o que ele conhece acerca da língua e do mundo, fruto de leituras anteriores ou de experiências de vida. A quantidade de conhecimentos partilhados entre o autor do texto e o leitor constitui um factor essencial para a compreensão (Solé, 1992).

Quando falamos em estruturas afectivas incluímos nesta denominação variáveis como as percepções de auto-eficácia que o sujeito possui e que podem levá-lo a arriscar ou a inibir-se de ler. Integram, ainda, estas estruturas, as atitudes face à leitura e os interesses específicos do leitor, que afectam profundamente a compreensão (Anderson, Reynolds, Schallert & Goetz, 1977; Giasson, 2000).

São em grande número as crianças que acabam o 1.° Ciclo do Ensino Básico sem um domínio de leitura que lhes permita usá-la como ferramenta de aprendizagem e de fruição. Quando a leitura é uma tarefa árdua, em que a criança despende um grande esforço para decifrar cada uma das palavras, não retirando qualquer sentido quando chega ao fim de uma página, não podemos esperar grande motivação para ler, pelo que dificilmente se tornará leitora continuando a insistir numa actividade em que o nível de frustração é muito alto. Como nos diz Martins (2009), "Só se lê quando, para isso estamos motivados, quer a motivação parta da obtenção de prazer ou da resposta a um dever. No entanto, embora seja consensual que o dever é provavelmente um factor desmobilizador, para que Daniel Pennac veementemente alertou, cremos que, se inquiríssemos os leitores, rapidamente perceberíamos que, mesmo na leitura lúdica, se nos primeiros parágrafos não se obtém um retorno prazeroso, de imediato, o texto é abandonado. Seja qual for a motivação inicial, se o texto não exerce a sua sedução em tempo proporcional à resistência à frustração de cada leitor, este começa a diminuir a velocidade de leitura, torna irregular o seu ritmo, ultrapassa etapas, diminui a compreensão leitora" (p. 73).

Nos dados do estudo LP-2007 é de 27,3% a percentagem dos inquiridos que assumem as dificuldades em compreender os livros como razão para não gostar de ler. Todavia, nos cerca de 80% que apresentam como razões para não gostar de ler o aborrecimento da tarefa ou a preferência por brincar (quando eram crianças), estarão, em nosso entender, incluídos muitos daqueles para quem a leitura foi e é custosa, e que não tiveram a coragem de o assumir ao responderem ao inquérito.

Um outro dado de interesse do estudo LP-2007 é o facto de a leitura em voz alta aparecer como o tipo de incentivo mais referido (76,1%), deduzindo-se que este pedido de leitura em voz alta se situou bem no início da escolaridade. Como é óbvio, tal actividade não funcionará como incentivo se o leitor não apresentar um domínio do código que lhe permita sair reforçado da mesma. No ensino da leitura, o domínio do código é determinante para que o aprendiz de leitor desenvolva percepções de auto-eficácia, que são os melhores preditores do envolvimento e persistência nas tarefas. As percepções de auto-eficácia desenvolvem-se em experiências de prática eficaz, isto é, desenvolvem-se em interacções agradáveis com as tarefas, sendo responsáveis pelo início do comportamento (ler ou não ler), pelo esforço que o leitor está disposto a despender, e pela persistência face a obstáculos (não é fácil, mas vou "treinar", vou insistir). A investigação tem mostrado a inter-relação entre motivação para a leitura e estratégias de compreensão da leitura. Isto é, os alunos mais motivados para ler usam um maior número de estratégias de compreensão e, por sua vez, o ensino explícito de estratégias de compreensão conduz a aumentos significativos da motivação para ler (Dole, 2000; Guthrie & Wigfield, 2000; Pajares, 1996).

Esta interacção é também observável no uso de estratégias metacognitivas, em que se explicitam os objectivos e expectativas de leitura e em que se desenvolvem estratégias para os atingir. Estas são essenciais, por exemplo, para acompanhar um enredo, ficcional ou não, em que os leitores se interrogam sobre as motivações das personagens e as peripécias que se irão desenvolver, confirmando ou não, ao longo da narrativa, as expectativas que geraram. Também na procura de informação, a leitura de índices e guardas dos livros podem ser estratégias metacognitivas a ensinar, as quais desenvolvem expectativas que permitem conhecer, por antecipação, os conteúdos. O uso de estratégias metacognitivas na leitura resulta de bons níveis de motivação e, por sua vez, o ensino explícito de estratégias metacognitivas para a compreensão do que é lido resulta num aumento da motivação para ler. O ensino explícito de estratégias de compreensão aumenta a eficácia na leitura, devolvendo ao leitor o sentido de competência pessoal e permitindo-lhe a descoberta de outros sentidos no que lê.

Factor texto

Como já tivemos oportunidade de referir, é necessário distinguir entre textos a seleccionar para promover o desejo de ler e textos para formar leitores. Isto é, o primeiro objectivo deverá ser o de conquistar leitores para, posteriormente, os formar. Esta separação, embora não defensável do ponto de vista teórico e quando falamos de formação de leitores desde o berço, é, contudo, necessária quando lidamos com crianças que têm uma relação distante e até conflituosa com a leitura.

Como afirma Martins (2009), "Ler é, antes de mais, um exercício de sedução. O livro tem que nos seduzir para aceitarmos desvendá-lo. O esforço da procura, da abertura, do percurso, uma a uma, das páginas, das linhas, das palavras, dos fonemas, da relação diagramática entre imagens visuais e verbais, exige resiliência e sentido lúdico, prazer na descoberta e na extracção de significado" (p. 73).

A selecção de textos com a finalidade de motivar para a leitura terá de veicular informações que vão ao encontro dos interesses e das preferências do leitor, ser adaptada à sua competência linguística e ter em conta os seus padrões culturais. A atenção e a persistência serão maiores perante textos que despertem curiosidade e sejam adequados ao nível de compreensão (Schraw, Brunning & Svoboda, 1995). Quando os livros e os textos a ler estão relacionados com actividades estimulantes e com projectos significativos, a motivação para ler aumenta, essencialmente porque esta relação fornece objectivos e expectativas à leitura.

Ler envolve esforço e escolha. Escolha entre alternativas à leitura e escolha das leituras. Ultrapassada a primeira escolha – ler – ficam por resolver duas outras – o que ler e em que suporte.

Quais são os livros mais adequados para determinada idade? Como seleccionar os livros para as diferentes faixas etárias? São perguntas recorrentes por parte de pais, professores e bibliotecários. Perguntas para as quais, mais uma vez, não há uma só resposta. Mais do que a idade em causa, há que atender, aos gostos, aos interesses, à personalidade e, acima de tudo, às experiências anteriores de leitura e aos tipos e níveis de leitura. Deixando um pouco de parte os gostos e os interesses, variáveis que terão de ser analisadas caso a caso, em termos da adequação haverá que atender pelo menos a três aspectos:

a) o da competência linguística;
b) o da competência textual;
c) o do conhecimento do mundo.

No que diz respeito à competência linguística, há uma tendência generalizada por parte dos professores e educadores para sobrevalorizar o conhecimento lexical como elemento definidor por excelência do acesso à compreensão leitora. No entanto, embora o conhecimento de um vocabulário rico e diversificado seja, sem dúvida, um preditor de sucesso, de facto tudo depende do papel determinante ou não que cada vocábulo ocupa na descodificação de um texto. Se se tiver uma enumeração de flores e se alguns dos nomes que a integram forem desconhecidos do leitor, é óbvio que a compreensão da enumeração não se altera. No entanto, se um texto tiver uma sintaxe complexa, dificilmente será descodificado por leitores com uma insuficiente competência linguística. O domínio compreensivo de uma sintaxe complexa, que normalmente serve um raciocínio complexo, é, sem dúvida, um preditor de sucesso na compreensão leitora, decorrente de uma proficiente competência linguística manifestada pelo leitor.

Os aspectos semânticos também terão de ser sublinhados, uma vez que a polissemia do texto literário, bem como o rigor científico, muito dependem da competência linguística neste domínio. Para além de nos preocuparmos apenas em ensinar as crianças a encontrar sinónimos, devemos explicar-lhes que dificilmente duas palavras são equivalentes e que estas possuem matizes que as fazem ser escolhidas em determinados contextos linguísticos, em detrimento de outras, mesmo que no dicionário surjam como equivalentes semânticos. É muito diferente "querer", "desejar" ou "aspirar" a alguma coisa, tendo estas palavras matizes de exigência, de dependência ou de sonho que uma substituição cega ao contexto de comunicação não respeita.

É de referir, por isso, que dificilmente seremos verdadeiramente competentes em termos linguísticos se não soubermos adequar o discurso aos contextos de comunicação. A adequação da construção do discurso ao receptor é parte relevante do sucesso ou insucesso comunicativo e das relações interpessoais que se estabelecem.

Quanto à competência textual, há que considerar, para além das estratégias metacognitivas e do acesso ao conhecimento de diversos tipos de textos já anteriormente assinalados, competências que vão desde a mobilização do conhecimento das regras de processamento de texto até à mobilização de códigos literários, essenciais à descodificação de textos expressivos e poéticos.

Como já afirmámos noutro texto (Viana & Martins, 2007), a educação literária não se centra actualmente apenas no valor intrínseco das obras literárias, fundado na palavra e nas definições de qualidade sancionadas pela história literária. "A envolvência pessoal, a interacção entre o leitor e o texto, as linguagens facilitadoras da compreensão leitora, o contexto em que a obra é divulgada e lida, são, cada vez mais, factores a ter em conta. Aliás, o próprio conceito de "leitura da obra", face ao texto literário, é posto em causa e substituído pelo de "obra dada a conhecer", uma vez que a importância da animação da leitura é gradualmente sublinhada, ultrapassando mesmo o âmbito infantil e juvenil" (p. 439).

O leitor é progressivamente convidado a invadir os bastidores do acto criativo. Propõe-se que, em contexto escolar, sejam dados a conhecer os mecanismos de construção do texto, não só ao nível dos recursos técnico-expressivos utilizados, como anteriormente já se procedia em termos de análise literária, mas também ao nível das estratégias discursivas." Promover a competência textual, é também, actualmente, ensinar o leitor a manipulá-las, interferindo no texto, recriando, partindo para a construção de novos textos" (p. 3). Para que este diálogo aconteça, tem também um papel relevantíssimo o desenvolvimento de uma memória textual rica e diversificada que possa ser mobilizada na compreensão intertextual. Quanto mais códigos intertextuais um leitor for capaz de descodificar, mais competência textual este manifestará. Estes códigos podem englobar conhecimentos tanto de natureza académica como pessoal e social e sem eles os implícitos dos textos dificilmente serão descodificados, sobretudo quando o conhecimento manifestado num texto referencia outros textos e, numa teia de analogias e oposições, inscreve um novo conhecimento.

Deste modo, a competência textual está intrinsecamente articulada com a competência linguística e com o conhecimento do mundo, a mundividência de que cada leitor é portador e que o faz activar o diálogo com o texto, colocando, no acto de leitura, a obra em movimento e, com ela, colocando-se a si próprio em movimento, interpretando-a e reescrevendo-a. Como afirma Mendoza Fillola (2000), "o leitor competente activa os seus conhecimentos, os conteúdos dos seus intertextos, do reportório e das suas estratégias de leitura; estabelece, com adequação e pertinência, a significação e a interpretação que o texto lhe oferece e busca correlações lógicas que lhe permitam articular as diferentes componentes textuais, com o fim de estabelecer normas de coerência que lhe permitam retirar um (o) significado do texto" (p. 156). Deste modo, o conhecimento do mundo e a enciclopédia pessoal de que o leitor é portador (Eco, 1992) são fundamentais na qualidade da sua compreensão leitora. Um leitor competente não se constrói apenas através de uma memória textual prenhe de textos literários, por muitos mundos possíveis que dê a conhecer. Um leitor competente também se constrói através das suas vivências pessoais e mediatizadas – quer pelo relato, quer como espectador das vivências alheias –, oriundas das suas experiências de vida e dos diversos tipos de textos com que contacta através de vários canais de comunicação como a televisão, o cinema, o teatro, a *internet*, a literatura...

Em suma, se houver uma conjugação favorável destes três factores a motivação para a leitura crescerá de forma exponencial.

Repensar o papel para a Leitura na Sociedade da Informação e do Conhecimento

A Sociedade da Informação e do Conhecimento em que nos inserimos exige uma mudança de paradigmas educativos. As novas formas de comunicação (*internet*, *chats*, fóruns, correio electrónico, *sms*, *msn*) exigem competências de leitura e de escrita diferentes das que são utilizadas em sala de aula. Assim sendo, é necessário efectuar ajustes e reformulações na gestão do currículo, com vista a alcançar uma melhor adaptação à nova realidade digital. Esta articulação entre o contexto escolar e familiar é, não só desejável, como crucial para que os estudantes possam desenvolver de forma harmoniosa as suas competências. Na verdade tem-se vindo a reforçar gradativamente a importância do papel desempenhado pela Família neste processo, que aliás antecede e decorre paralelamente ao da Escola. O papel do professor deixou de ser o de quem centraliza o acesso e a disseminação do conhecimento; a sala de aula deixou de ser o centro de onde emanam as aprendizagens, local de culto oficiado pelo professor. A Escola tem de ser um dos locais, por excelência, para a apresentação dos livros aos potenciais leitores. E tem de conhecer as "outras leituras" que os estudantes fazem, a fim de as colocar ao serviço do processo de aprendizagem em geral e da leitura em particular.

Se é verdade que a sociedade actual e as famílias exigem cada vez mais à Escola, não é menos verdade que a Escola também exige às famílias competências que estas, por vezes, não possuem. Há pais leitores que, por inabilidade, afastam os filhos da leitura. Há pais não leitores que, valorizando-a, desenvolvem apetência para esta prática. A uns e a outros faltarão, eventualmente, conhecimentos científicos e pedagógicos sobre formação de leitores, conhecimentos que, todavia, não lhes poderão ser exigidos. Já com os professores, tal não deve acontecer. Todos os professores – e não apenas os de Língua Portuguesa – deverão possuir os conhecimentos necessários nesta área, dado que são co-responsáveis pelo desenvolvimento de hábitos de leitura, em diversos suportes e em diversos tipos de textos.

É necessário sublinhar também a necessidade de facultar às crianças encontros com livros, uma vez que sem este contacto dificilmente será possível a progressão de estudos e o acesso à fruição estética que a Literatura proporciona. Alguns destes encontros abrirão portas para outras leituras, criarão outras necessidades (e rotinas) de leitura. Outros não terão qualquer consequência... Mas estes encontros, mesmo que fortuitos, mostrarão que há livros muito diferentes, que se pode não gostar de uns e gostar de outros, que os contextos de leitura determinam, muitas vezes, os tipos de leitura. Os espaços onde se lê, bem como o tempo em que se lê geram situações que por vezes potenciam mais o conflito do que o encontro com o livro, dificultando a possibilidade de encontrar o livro certo na hora certa, adiando e dificultando uma relação efectiva com os livros. Quem não ficou com aversão a um determinado livro apenas porque o leu prematuramente e em contexto escolar? Quem não voltou a ler um livro que considerava fundador no seu gosto da leitura e se sentiu invadido pelo desencanto? No entanto, são muitos os grandes leitores a quem a Escola e os trabalhos escolares introduziram no gosto da leitura. No inquérito nacional aos hábitos de leitura – LP-2007 – a cujos dados temos amplamente recorrido ao longo deste capítulo, apenas 11% dos inquiridos atribui os seus hábitos de leitura a professores. Porém, muitos dos que hoje apreciam Fernando Pessoa, Eça de Queiroz e Sophia de Mello Breyner Andresen sabem que devem à Escola o primeiro contacto com estes autores. Em muitas casas os seus livros não existiriam se não fizessem parte do *corpus* de leituras obrigatórias. Julgamos que a resposta à influência dos professores é muitas vezes julgada pela conotação que estes têm com muitas actividades de desprazer praticadas ao longo das actividades escolares e sem uma reflexão tão afectiva chegar-se-ia à conclusão de que muito do que nos constrói como pessoas advém da Escola, uma vez que os anos mais significativos da formação de um ser humano aí decorrem.

Hoje, sabemos que o papel do professor é o de ser um mediador entre as crianças e o conhecimento. Fomentar a motivação e a autonomia no acesso ao conhecimento é fundamental para uma aprendizagem ao longo da vida. É necessário, assim, que as crianças, desde cedo, tenham apoio no acesso às fontes e aos recursos, que aprendam a diversificar estratégias, recursos e suportes comunicativos de acesso à informação e à aprendizagem. A eficácia e o sucesso da aprendizagem, nesta sociedade em que o conhecimento se encontra em constante convulsão, já depende e dependerá cada vez mais da fidedignidade e do rigor das fontes a que se recorre, das línguas em que se lê, dos meios de comunicação que se dominam e da eficácia com que se utilizam os diversos suportes comunicativos. A Escola terá, por isso, de ser um local em que estas estratégias se implementam, colmatando, muitas vezes as carências formativas manifestadas pela família e tentando articular uma interacção com a oferta formativa oriunda dos mais diversos quadrantes da sociedade.

Os dados da investigação mostram que as crianças lêem sobretudo livros que os amigos, pais e professores lhes referem ou que vêem aqueles ler (Guthrie & Wigfield, 2000). Esta conclusão evidencia, mais uma vez, o papel dos mediadores de leitura (profissionais ou não). Fazer saber que os professores são leitores é, talvez, uma das estratégias mais eficazes para formar leitores nos dois primeiros ciclos do Ensino Básico. Este conhecimento exige que os professores também partilhem as suas leituras com os alunos e que promovam a circulação de livros e o debate sobre o que é lido.

Num estudo recente (Delacours-Lins, 2008), em que foram analisadas práticas de leitura em contexto de biblioteca, verificou-se que as práticas de leitura, quer dos considerados não leitores, quer dos considerados leitores, são, essencialmente, práticas colectivas, com partilha de leituras, práticas que se afastam dos modelos de leitura adulta. Segundo a autora, "os adultos propõem, quase sempre, um modelo de leitura próximo dos seus interesses, sem levar em consideração as características infantis. O gosto pelo jogo, a rapidez das escolhas e dos abandonos de objectos de interesse, a importância do movimento e do conhecimento do espaço, a total imersão no presente que não estimula a fazer projectos como levar livros emprestados para ler depois" (s/p).

Uma outra conclusão do estudo a que acabámos de fazer referência, é a de que o livro não é a personagem principal das bibliotecas, nomeadamente nas bibliotecas destinadas aos mais jovens, mas a interacção com os livros, o prazer da leitura partilhada, tornando-a uma actividade espontânea e desejada. Estamos, pois, bem longe de um modelo de leitor solitário, pelo que é importante aproximar as práticas escolares das práticas espontâneas partilhadas, sem, no entanto, interferir excessivamente no reduto de intimidade e de cumplicidade que a infância e a juventude reclamam.

Se as palavras de ordem são interacção e partilha, apresentar aos colegas os livros lidos ou analisar os poemas das canções de que mais gostam estão, por isso, entre as estratégias que despertam a vontade de ler das crianças e jovens e que ajudam ao reconhecimento social da leitura. Talvez parte do sucesso dos livros *Harry Potter* e do seu efeito multiplicador residam, precisamente, na partilha colectiva, na necessidade social de conhecer os livros de que todos falam, de se sentir integrado numa comunidade que se reconhece através da partilha de gostos comuns. Será, pois, necessário, desenvolver também estratégias de integração social das crianças e dos jovens nos grupos de pertença e nas comunidades interpretativas (Fish, 1994), de forma a que as crianças vejam os seus interesses de leitura respeitados pelos adultos, sem, ao mesmo tempo, estes caírem na tentação de integrar estas leituras na actividade escolar, sujeita a avaliação específica. No dia em que isto aconteça, muito do interesse que advém da entrada num espaço de marginalidade, de cumplicidade infantil ou juvenil, longe dos interesses e do poder dos adultos, perder-se-á (Lurie, 1998).

Há, pois, que saber intervir e promover a leitura junto dos mais jovens, sabendo definir papéis ao longo do percurso de formação e sabendo se, como adultos, percebemos os espaços de reserva e de intimidade que a leitura constrói e em que emergem tanto espaços de cultura, ombreando com os dos adultos, como espaços de contracultura e de liberdade em que a infância e a juventude se desenvolvem, por oposição ao estabelecido. É neste jogo de luz e de sombra que a educação para a leitura acontece.

Se a consciência de um mundo em profunda e contínua mudança é desestabilizadora das nossas certezas e nos faz desejar, por vezes, a securizante estabilidade cujo alcance pautou desde sempre os anseios de vida de muitas pessoas, de facto hoje isso só será possível se não quisermos ser actores nas nossas vidas e desistirmos de ajudar a construir o futuro.

Referências bibliográficas

CÂNCIO, F. (2009). Caras e corações. *Notícias Magazine*, 894, 12 Julho 2009, p. 10.

CEIA, C. (2008). *O poder da leitura literária (contra as formas de impoder)*. www.casaleitura.org, Orientações teóricas. Acedido em 10 de Julho de 2009.

DELACOURS-LINS, S. (2007). Olha! Vem cá ver! Leituras compartilhadas com crianças na mediateca. *In* P. C. Martins (Org.), *Actas do I Congresso Internacional em Estudos da Criança* (ISBN: 978-972-8952-08-2) – s.p. Braga: Universidade do Minho, Instituto de Estudos da Criança.

DEUS, J. (1876). *Cartilha maternal ou arte de leitura*. Porto: Typ. de António José da Silva Teixeira.

DOLE, J. A. (2000). Explicit and implicit instruction in comprehension. *In* B.M. Taylor, M.F. Graves, and P. van den Broek (Eds.), *Reading for meaning: Fostering comprehension in the middle grades*. Newark, DE: International Reading Association.

ECO, U. (1992). *Interpretation and overinterpretation*. New-York: Cambridge University Press.

FRANKEN, R. E. (1994). *Human motivation*. Belmont, CA: Books/Cole Publishing Co.

FISH, S. E. (1994). *Is there a text in this class? The authority of interpretative communities*. Harvard: University Press.

FREITAS, E., Casanova, J. L. & Alves, N. A. (1997). *Hábitos de leitura: Um inquérito à população portuguesa*. Lisboa: Publicações Dom Quixote.

GAMBRELL, L. B. & Marinak, B. A. (1997). Incentives and intrinsic motivation. *In* John T. Guthrie & Allan Wigfield (Eds.), *Reading engagement: motivating readers trough integrated instruction* (pp. 205-217). Delaware: I.R.A.

GUTHRIE, J. T. & Wigfield, A. (2000). Engagement and motivation in reading. *In* L. M. Kamil P. B. Mosenthal, D. P. Pearson & R. Barr, *Handbook of Reading Research* (pp. 403-422). New Jersey: Lawrence Erlbaum Associates.

Lurie, A. (1998). *No se lo cuentes a los mayores. Literatura infantil, espacio subversivo*. Madrid: Fundación Sánchez Ruipérez.

Martins, M. M. (2009). Eu leio-me, tu lês-me, ele lê. *Congresso Internacional de Promoção da Leitura: Formar leitores para ler o mundo – Testemunhos* (pp. 73-74). Lisboa: Fundação Calouste Gulbenkian.

Mendoza Fillola, A. (2000). *El lector ingenuo y el lector competente: Pautas para la reflexión sobre la competencia lectora*. Málaga: Aljibe.

Moreno, V. (2009). La lectura em tiempos de crisis. *Congresso Internacional de Promoção da Leitura: Formar leitores para ler o mundo – Testemunhos* (pp. 13-16). Lisboa: Fundação Calouste Gulbenkian.

Neves, M. C. (2002). Livros de leitura ou leitura de livros. *In* Cidade Moura (Org.), *Actas do II Encontro Internacional O Desafio de Ler e Escrever – Leitura e coesão social*. Lisboa: Civitas – Associação para a Defesa e Promoção dos Direitos dos Cidadãos.

Pajares, F. (1996). Self-efficacy beliefs in academic settings. *Review of Educational Research*, 66 (4), 543-578.

Palmer, B. M., Codling, R. M., & Gambrell, L. B. (1994). In their own words: what elementary students have to say about motivation to read. *The Reading Teacher,* 48 (2), 176-178.

Pinto-Ferreira, C., Serrão, A. & Padinha, L. (2006). *PISA 2006 – Competências científicas dos alunos portugueses*. Disponível em: http://www.gave.min-edu.pt/np3content/?newsId=156&fileName=relatorioPISA2006_versao1_rec.pdf

Ribeiro, I. S., Viana, F. L., Fernandes, I., Ferreira, A., Leitão, C., Gomes, S., Mendonça, S. & Pereira, L. (2009, no prelo). *Compreensão em leitura. Dos modelos teóricos ao ensino explícito*. Coimbra: Almedina.

Santos, M. L. L., Neves, J. S., Lima, M. J. & Carvalho, M. (2007). *A leitura em Portugal*. Lisboa: Ministério da Educação – Gabinete de Estudos e Planeamento da Educação.

Schraw, G., Bruning, R., & Svoboda, C. (1995). Sources of situational interest. *Journal of Reading Behavior*, 27 (1), 1-17.

Sim-Sim, I., & Ramalho, G. (1993). *Como lêem as nossas crianças?* Lisboa: Ministério da Educação – Gabinete de Estudos e Planeamento.

Sim-Sim, I., Duarte, C. & Micaelo, M. (2007) *O ensino da leitura: A compreensão de Textos*. Lisboa: Ministério da Educação/D.G.I.D.C.

Sweet, P. & Guthrie, J. (1996). How children's motivate relate to literacy development and instruction. *The Reading Teacher,* 49 (8), 660-662.

VIANA, F. L. (2002). *Melhor falar para melhor ler: Um programa de desenvolvimento de competências linguísticas (4-6 anos)* (2.ª Ed.). Braga: Centro de Estudos da Criança da Universidade do Minho.

VIANA, F. L. (2009). *Laboratórios de leitura da Casa da Leitura: O caso da Biblioteca Municipal de Beja*. Relatório trianual do projecto Gulbenkian Casa da Leitura, não publicado.

VIANA, F. L. & Martins, M. M. (2007). Percursos de lectura y percursos de vida. *In* P. Cerrillo, C. Cañamares & C. Sánchez (Coord.), Actas del V Seminário Internacional de "Lectura y Património" – Literatura infantil: Nuevas lecturas y nuevos lectores" (pp. 439-451). Cuenca SP: Ediciones de la Universidad de Castilla-la-Mancha.

VIAU, R. (1977). *La motivation en contexte scolaire*. Bruxelles: Editions De Boek.

YUNES, E. (2002). *Pensar a leitura: complexidade*. S. Paulo: Edições Loyola.

CAPÍTULO 2

ENVOLVIMENTO PARENTAL NA GÉNESE DO DESENVOLVIMENTO DA LITERACIA.
Literacia familiar e primeiras experiências literácitas

*Maria de Fátima Moreira**
*Iolanda Ribeiro***

"Há outras alturas em que eu a vejo com o livro e vou lá e pego no livro e até leio. Não faço isso todas as vezes que a M. pega num livro, mas sempre incentivo, e sempre incentivei porque acho importante...depende da minha disponibilidade; se, por exemplo, às vezes quando estou a fazer o jantar, ela pega no livro, eu vou dando uma vista de olhos, vou dizendo... é filha... que giro! ... Mas se tiver mais tempo, às vezes fico com ela ali, brinco um bocadinho com ela e o livro"

(Moreira, 2007, pp. 102-103).

Introdução

O olhar sobre a leitura e a escrita não pode reduzir-se a uma visão estritamente instrumental, em que estas sejam vistas não mais do que como meras competências. Nas sociedades modernas, o seu significado alarga-se a um modo próprio de funcionar, a uma prática social com forte impacto na capacidade de adaptação do indivíduo. Presumivelmente, esta significação mais complexa encontra-se retratada no conceito de literacia, para cujo desenvolvimento se enfatiza a centralidade do envolvimento parental,

* APPACDM – Braga.
** Escola de Psicologia – Universidade do Minho.
Morada para correspondência: Escola de Psicologia, Campus de Gualtar, 4710-057, Braga. iolanda@iep.uminho.pt

situando essa influência em etapas de crescimento cada vez mais precoces. Sugere-se que o sucesso da criança como leitora depende da aprendizagem que tem lugar em casa, antes mesmo da entrada para a escola. Tal como estar cercada pela linguagem oral é necessário para aprender a falar, estar cercada por livros e adultos apoiantes ajuda a criança na sua procura activa pela literacia (Holdaway, 1979; Cambourne, 1987; Strickland & Morrow, 1989; Goodman 1990; Huck, 1994). O contacto positivo e frequente com livros cria e aumenta o interesse pela leitura (Cullinan, 1994). Ler para as crianças lança a base do seu gosto pela leitura, prendendo-as às boas histórias e levando-as a escolher ler por sua iniciativa. Crianças que cedo se tornaram leitoras converteram-se em leitores fluentes (Durkin, 1966; Wells, 1985).

A qualidade das experiências de literacia, nas idades mais novas, depende, em grande medida do meio familiar. Este, naturalmente, diferencia-se quer em função do sistema socio-cultural em que se inscreve, quer decorrente de variáveis individuais. Woods (1988), na continuidade de estudos anteriores de que são exemplo os de Goody, Cole e Scribner (1977) ou os de Phillips (1972), sublinhou a notável variabilidade de uma cultura para outra relativamente à relação dos indivíduos com o texto, com consequentes implicações ao nível do modelo de escolarização e da forma de treino em estilos de comunicação e utilização da língua escrita. Similarmente, anos mais tarde, Morrow e colaboradores (1994) e Morrow (1995) reiteram esta ideia, ao considerar que as actividades de literacia familiar podem reflectir a herança étnica ou cultural das famílias envolvidas. Por sua vez, Mason e Allen (1986) efectuaram uma revisão de estudos que analisaram a influência de factores culturais nas aprendizagens das crianças relacionadas com a literacia. Em Israel, as crianças judaicas aprendem a ler hebraico para ler a Bíblia, mesmo que não falem hebraico. Na instrução japonesa, a selecção das histórias é usada para enfatizar o desenvolvimento moral. No Nepal, crianças de castas-baixas, particularmente as raparigas, não são encorajadas a aprender a ler e a escrever.

Ao nível da família nuclear, surgem, também, factores de ordem individual, tais como as atitudes e as percepções parentais, que explicam o desenvolvimento diferencial da literacia (Mason & Allen, 1986). A orientação académica, a atitude face à educação, as aspirações parentais para as crianças, as actividades culturais, bem como as práticas de leitura em casa apresentam-se como mais directamente determinantes daquele desenvolvimento do que o nível socio-económico (Van Kleeck, 1990; Quelhas, 2001).

Outros investigadores demonstraram a forte relação entre o ambiente familiar e as aquisições das bases da literacia na escola. Descobriram que certas práticas como a leitura partilhada, a leitura em voz alta, imprimir com materiais disponíveis e promover atitudes positivas face à literacia no seio familiar têm efeito significativo na aprendizagem das crianças (Clark, 1984; Cochran-Smith, 1984; Teale, 1984; Morrow, 1993, 1995)

Evidencia-se, ainda, o facto de os processos relacionados com a literacia emergente surgirem como os que mais provavelmente são influenciados pela família e ambiente familiar, neles se incluindo a consciência (conceitos e funções) acerca do impresso, o conhecimento acerca da estrutura da narrativa, a literacia como fonte de prazer, padrões de vocabulário e discurso (Clay, 1975; Taylor, 1983; Burns & Casbergue, 1992; Snow & Tabors, 1996; Snow, Burns, & Griffin, 1998). Salienta-se, assim, a importância de, na abordagem ao desenvolvimento literácito, e particularmente da literacia emergente, se dedicar especial atenção à influência dos contextos socio-culturais e familiares. Somos levados ao encontro de um novo campo de estudos, associado a crenças acerca das relações entre famílias e literacia, cujo objecto de análise se define a partir do conceito de literacia familiar (Morrow, Tracey & Maxwell, 1995).

Literacia Familiar

No debate sobre educação, terá sido o escritor e educador americano Denny Taylor (1983) quem, nos anos 80 do século XX, introduziu o termo literacia familiar (Snow *et al.*, 1998). Posteriormente, nos anos 90, organizações como a *Family Literacy Action Group of Alberta*, *International Reading Association, Family Literacy Commission e o National Center for Family Literacy* prestaram o seu contributo para uma definição deste conceito, sugerindo que este possa ser definido como um conjunto de práticas que englobam as formas como os pais, as crianças e os membros da família utilizam a literacia em casa e na comunidade, que ocorrem, não raramente, durante as rotinas diárias. Estes momentos podem incluir a utilização de desenhos ou escritos para partilhar ideias, redacção de notas ou de cartas para comunicar mensagens, elaboração de listas, leitura e seguimento de orientações, ou partilha de histórias e de ideias através da conversação, da leitura e da escrita. Estas actividades podem ser iniciadas intencionalmente por um progenitor ou podem ocorrer espontaneamente em função da fase em que se encontra a relação pais-filhos no contacto diário, bem como podem reflectir a herança étnica, racial ou cultural das famílias envolvidas (Morrow, 1995; Skage, 1995).

Corroborando a ideia da literacia familiar enquanto prática literácita integrada nas actividades familiares, especialmente as actividades que envolvem duas ou mais gerações, Snow, Burns e Griffin (1998) ampliam o significado deste construto, nele incluindo os programas de educação orientados para o desenvolvimento da literacia e da numeracia em contexto familiar. Perspectivam-no, assim, como um possível contributo para ultrapassar as barreiras para a aprendizagem, sentidas por alguns adultos e crianças, bem como um modo de reconhecimento e construção das forças das famílias e comunidades que se sentem marginalizadas e excluídas das expectativas da escola. Actualmente é utilizado para descrever as múltiplas actividades de literacia que envolvem mais do que uma geração, programas de educação que focam nos pais e cuidadores e projectos escolares básicos que envolvem os pais no suporte da educação escolar dos seus filhos.

O enfoque da literacia familiar tem vindo a tornar perceptível o facto de que nem sempre as famílias se assemelham no nível a que proporcionam um ambiente apoiante para o desenvolvimento da literacia das crianças. As diferenças encontradas situam-se em diferentes áreas funcionais. Segundo Hess e Holloway (1984), apresentado por Snow e colaboradores (1998), podem ser identificadas cinco áreas do funcionamento familiar como influenciadoras do desenvolvimento da leitura: (1) valor atribuído pelos pais à literacia, que pode ser manifestado através de comportamentos de leitura dos próprios ou comportamentos de encorajamento à leitura por parte dos filhos; (2) pressão para a realização, expressa através de manifestações das suas expectativas quanto à realização dos seus filhos, instrução na leitura e resposta a iniciativas de leitura e interesse; (3) disponibilização e uso instrumental de materiais de leitura (as experiências de literacia têm maior probabilidade de ocorrer em lares que possuem livros para crianças e outros materiais de leitura e de escrita); (4) actividades de leitura com as crianças; (5) oportunidades para a interacção verbal. Estas ideias parecem ter sido retomadas no modelo ORIM proposto por Hannon (1995) para trabalho com os pais, o qual oferece uma abordagem abrangente e integradora das práticas educativas familiares neste domínio.

O modelo ORIM

Sustentado na concepção, decorrente da perspectiva da prática social, de que o desenvolvimento é o resultado da interrelação dos processos culturais/sociais com os processos psicológicos individuais, o modelo ORIM, desenvolvido na Universidade de Sheffield por Hannon e colaboradores (Hannon *et al.*, 1991; Hannon, 1995; Hannon & Nutbrown, 1997), aparece como uma visão integradora daqueles dois processos (Hannon, 2000). Compreende quatro condições determinantes do desenvolvimento da literacia, a saber: oportunidades (O) para a aprendizagem da leitura, através dos acontecimentos do dia a dia; reconhecimento (R) pelos outros das aprendizagens realizadas, ou seja valorização dos esforços e realizações das crianças; interacção (I) apropriada com os utilizadores da linguagem escrita, aceitação do que fazem e do que sentem; existência de um modelo (M) de utilizador da literacia, as crianças fazem aprendizagens muito diversas observando e, depois, tentando replicar o que viram.

À luz deste modelo, constituem-se como oportunidades de aprendizagem (O) na primeira infância, proporcionar à criança actividades de desenho de rabiscos, actividades que lhe permitam contactar com o impresso e ajudá-la a interpretar esse ambiente, jogos de rimas e de segmentação do oral, partilha de livros de histórias e de outros materiais escritos, visitas, viagens, férias que tragam novas oportunidades de literacia. Por outro lado, o encorajamento dado à criança, reconhecendo e valorizando as suas pequenas realizações, como manuseamento de livros e leitura, ilustram a segunda condição do modelo (R). O envolvimento com a criança, explicando-lhe e desafiando-a a mover-se em relação a conhecer, nomeadamente através da participação em actividades tais como voltar as páginas de um livro, escrever o seu nome num cartão de parabéns, constitui exemplo da condição (I). Por último, quando os pais agem como leitores/escreventes perante a criança (ex. lendo jornais para obter informação ou para lazer, escrevendo notas ou listas de compras) funcionam como modelos (M). Segundo Hannon (2000), para cada uma destas condições ou de tipo de necessidades dos aprendentes, dependendo da idade e em função da competência (leitura, escrita e linguagem oral) é útil distinguir diferentes tipos de resposta. No caso dos anos mais precoces, são identificadas algumas que se esquematizam no quadro 1.

Quadro 1 – Actividades promotoras do desenvolvimento da literacia para crianças em idade precoce, segundo o Modelo ORIM (Hannon, 2000, p. 55)

	Leitura	Escrita	Linguagem Oral
Oportunidades	– Partilha de livros – Contacto com o mundo do impresso (livros, outro material escrito), em diferentes contextos.	– Rabiscar,desenhar – Fazer marcas	– Falar, escutar – Ouvir, aprender rimas
Reconhecimento	– Textos manuscritos	– Etiquetar – Escrever (escrita pessoal)	– Narrar
Interacção	– Ajuda na interpretação do ambiente impresso	– Colaborar em actividades de escrita: dar o nome; mudar as páginas de um livro, etc.	– Falar acerca de textos – Conversar
Modelo	– Observação de adultos/pessoas a ler	– Ver escrever, para diversos fins.	– Ver e ouvir conversas entre pessoas sobre...

Originariamente concebido como forma de desenvolver a prática no campo do envolvimento parental no ensino da literacia antes da escola, o valor deste modelo consiste no facto de, não só poder ser utilizado para descrever como é que famílias particulares apoiam o desenvolvimento da literacia dos seus filhos, mas também permitir organizar planos curriculares ou trabalhar com os pais. Auxilia na resposta à questão: o que é que podemos fazer para incrementar as experiências criança no domínio da literacia?

Algumas fragilidades foram-lhe, todavia, apontadas. Referem-se à clareza dos conceitos, mais especificamente, ao de "interacção", mencionado, pelo próprio autor, como sendo um dos mais imprecisos, na medida em que levanta a dúvida de até que ponto poderemos afirmar que uma teoria razoável do desenvolvimento da literacia nos deverá dizer que tipo de interacção conduz a determinados resultados. Uma outra limitação será a de não contribuir para a compreensão do desenvolvimento das competências e dos processos internos ao indivíduo, tais como o papel da consciência fonológica no reconhecimento da palavra, como se aprende a escrever ou até mesmo a natureza das dificuldades específicas de aprendizagem. Trata-se, por isso, de um modelo que tem mais a ver com o contexto aonde o desenvolvimento acontece (sobretudo o contexto social) do que com aquilo que é exactamente aprendido no curso desse desenvolvimento (Hannon, 2000).

Literacia Emergente – práticas e concepções parentais

Sobretudo a partir da segunda metade do século XX, verifica-se um interesse crescente dos investigadores pelo campo da literacia emergente, orientando-se para diferentes linhas de pesquisa que passam, tal como as sumarizam Morrow e colaboradores (1995), por estudos direccionados para a influência dos pais no desenvolvimento da linguagem oral (Brown & Bellugi, 1964; Bernstein, 1970; Brown, 1973; Snow, 1977; 1983), pesquisas sobre os hábitos de leitura dos pais com os filhos pequenos (Flood, 1977; Ninio & Bruner, 1978, Teale, 1981; Snow, 1983; Altwerger, Diehl-Faxon & Dockstader-Anderson, 1985; Roser & Martinez, 1985), trabalhos com leitores precoces (Durkin, 1966; Clark, 1976; Radecki, 1987) e investigação acerca do envolvimento parental na realização escolar das crianças (Bempechat, 1990). Em todos eles, destaca-se o papel preponderante da família no desenvolvimento da literacia, nomeadamente no período que antecede a aprendizagem convencional da leitura e escrita.

Mais recentemente, Purcell-Gates (2003) aponta diferentes problemáticas abordadas pelos investigadores no âmbito dos estudos sobre as práticas de literacia no seio familiar, através dos quais se procura analisar a relação entre variáveis do contexto familiar e variáveis relacionadas com a aprendizagem da leitura. Os diversos autores debruçam-se sobre a relação existente entre o nível de aprendizagem da leitura na escola e factores tais como o nível educativo dos pais e das mães, a utilização de materiais escritos, a escrita em tarefas domésticas, o número de livros que se lêem em casa e a frequência de leitura de contos. Chamam a atenção para o facto de as aprendizagens da linguagem escrita, realizadas pelas crianças anteriormente à escolarização, não serem semelhantes entre si, mas antes estarem influenciadas pelas formas como as pessoas das suas famílias e comunidades usam a escrita. Relacionam as experiências de escolarização familiar com a atitude e motivação face à leitura. Referem resultados que sugerem uma relação positiva entre um ambiente rico em oportunidades de interacção com material escrito e o interesse das crianças pré-escolares por livros e contos, bem como o interesse, mais tarde, em aprender a ler e escrever (Durkin, 1966) ou que as práticas de leitura diária pelos pais e o número de livros em casa são, igualmente, determinantes na motivação das crianças para a leitura (Morrow, 1995).

Um outro tipo de estudos, referido por Purcell-Gates (2003), contempla o impacto das crenças e ideias dos pais acerca da literacia nas suas práticas educativas. Neste âmbito, Snow e colaboradores (1998) sublinharam que, se é certo que os adultos que cohabitam e interagem habitualmente com as crianças podem influenciar profundamente a qualidade e a quantidade das experiências de literacia das mesmas, por sua vez a natureza dessas interacções é afectada por uma gama alargada de factores, entre os quais as crenças e atitudes parentais acerca da leitura e da literacia, os comportamentos e a qualidade das oportunidades que os pais proporcionam aos filhos. Vários autores (Spiegel, 1994; DeBaryshe, 1995; Baker *et al.*, 1995) defendem que os valores, atitudes e expectativas dos pais e cuidadores face à literacia, assim como o contexto socio-emocional das experiências precoces se relaciona directamente com a motivação das crianças para mais tarde aprenderem a ler. Por exemplo, filhos de pais que acreditam na leitura como fonte de entretenimento possuem uma visão mais positiva acerca da leitura do que os filhos de pais que enfatizam os aspectos das competências de desenvolvimento da leitura (Baker *et al.*, 1997).

Fitzgerald, Spiegel e Cunningham (1991) numa investigação sobre as ideias e crenças de famílias com diferentes níves de habilitações escolares sobre a aprendizagem precoce da leitura e da escrita, revelaram que os pais e as mães estavam de acordo com a ideia de que a aprendizagem da leitura/escrita começa com a etapa pré-escolar. Porém, enquanto os pais com formação académica superior viam a escolarização inicial sobretudo como uma prática cultural, dando maior importância à modelagem de comportamentos em torno da leitura, os pais com habilitações literárias mais baixas davam mais importância a ter em casa livros e outros artefactos dirigidos às habilidades leitoras. De referir, ainda, os estudos que procuraram perceber a influência das representações parentais acerca do interesse dos seus filhos pela leitura e pela escrita, nomeadamente ao nível de acções promotoras de experiências relacionadas com o impresso. Hiebert (1981) destacou os pais que acreditam no interesse dos seus filhos pela leitura tenderem a proporcionar um maior número de experiências relacionadas com material escrito do que os pais que não percepcionam esse interesse.

Analogamente, a preocupação sobre o impacto das crenças parentais no desenvolvimento literácito das crianças, nomeadamente de sujeitos pertencentes a grupos socio-culturais minoritários, surge retratada nos trabalhos de Gadsden (1998). Esta, adoptando um paradigma metodológico de natureza qualitativa, identificou quatro tipos de assunções parentais acerca da literacia. Na primeira, a literacia é perspectivada como meio de acesso e de evolução dentro e fora dos limites étnicos. A literacia cria oportunidades e reduz a pobreza. Os pais querem o sucesso para os seus filhos e acreditam que a literacia é um meio de o alcançar. Na segunda, considera-se que as escolas e as salas de aula não são necessariamente espaços que cativem as crianças para o desenvolvimento da literacia, simplesmente criam possibilidades para iniciar e manter o empenho. As possibilidades existem quando e se a diversidade e os interesses dos estudantes são reconhecidos ou os pais acedem aos professores e estes têm mais conhecimento acerca das famílias. A terceira refere-se à crença de que os pais apenas podem contribuir para a literacia dos filhos através da leitura e da sua própria literacia. Os pais com baixo rendimento ou que são fracos escreventes e leitores revelam frequentemente dificuldade na ajuda aos seus filhos. Na última, os contextos familiares e escolares são percebidos como domínios que estão embebidos de responsabilidade dos pais, professores e estudantes. A literacia é metacognitiva e comunal, constitui um conhecimento público.

Certos estudiosos, incindindo especialmente nas dinâmicas parentais em torno das experiências de literacia proporcionadas pelos pais aos seus filhos, referem-se, ainda, à acção de perguntar e responder como sendo o aspecto mais frequente nas interacções pais-crianças acerca do texto (Durkin, 1966; Yaden *et al.*, 1989). Teale (1978) assinalou a importância da influência parental na capacidade de leitura precoce através da frequência e do modo de responder às questões das crianças. Por seu lado, Whitehurst e colaboradores (1994) observaram existirem ganhos nas competências literácitas das crianças quando os pais adquiriram conhecimento sobre como se tornarem mais responsivos e dialogantes durante a leitura partilhada.

Experiências de literacia – bebés dos 0 aos 24 meses

A curiosidade e o interesse em perceber até que ponto, no reportório de comportamentos educativos dos pais de bebés, podemos, já, encontrar práticas e concepções orientadas para a promoção de experiências significativas no âmbito do desenvolvimento da literacia, nomeadamente da sua emergência, estiveram na origem da efectivação de um trabalho de investigação, propondo analisar as oportunidades de contacto com materiais de leitura e de escrita por parte de bebés nos dois primeiros anos de vida, bem como identificar e caracterizar diferentes práticas educativas e concepções maternas no domínio da literacia emergente. Definiu-se um conjunto de quatro questões de investigação: que experiências envolvendo a linguagem escrita no seio familiar são proporcionadas aos bebés nos dois primeiros anos de vida? Qual a importância e valor atribuído pelos pais às experiências de literacia dos seus bebés? Como percepcionam os pais o seu papel na promoção do desenvolvimento literácito dos filhos? O que sabem os pais ou pensam saber, acerca de como podem contribuir para o desenvolvimento da literacia? (Moreira, 2007).

Assim, conceberam-se dois estudos de cariz complementar e exploratório. Um, sob a designação *Com o que brincam os bebés* (op.cit.) visava a descrição do tipo de brinquedos, incluindo livros e materiais de escrita porporcionados aos bebés. Construiu-se, para o efeito, um questionário que se aplicou a pais de bebés com idade igual ou inferior a 24 meses, oriundos de dois distritos do norte do país. O outro, *O que dizem e pensam as mães* (op.cit.), apresentava como principal objectivo conhecer como se processa o contacto com livros e materiais de escrita. Para este, de entre as mães que, no estudo anterior, afirmaram os seus bebés possuírem livros, foram entrevistadas seis mães com bebés de idades compreendidas entre os 12 e os 24 meses, possuindo diferentes graus de formação académica e exercendo actividades profissionais diversas.

Sem perder de vista as questões de investigação, a organização das categorias emergentes da análise de conteúdo do discurso das mães seguiu o modelo multidimensional ORIM, proposto por Hannon (2000), ao qual se acrescentou uma nova dimensão de análise: representações parentais acerca da literacia (RP). Mais do que saber-se se os bebés, nas suas brincadeiras, tinham a possibilidade de contactar com material envolvendo linguagem escrita, mais ou menos convencional, importava perceber como se processava esse contacto. Pretendia-se, especificamente, identificar e caracterizar diferentes práticas educativas e concepções maternas no domínio da literacia emergente, procurando perceber-se até que ponto existiriam diferenças decorrentes das concepções e práticas educativas parentais no modo como os bebés tinham acesso às experiências de contacto com material escrito e de escrita. Pressupunha-se que, dependendo das representações maternas acerca da literacia, as práticas educativas poderiam assumir contornos distintos o que, consequentemente, poderia significar que existiriam bebés cujas experiências precoces estariam mais orientadas para o desenvolvimento da literacia do que outros.

Os resultados encontrados nos dois estudos e, particularmente, os relatos maternos merecem destaque no presente capítulo. Abrem-nos perspectivas acerca do modo como estas proporcionam, estimula e intencionalizam experiências de exploração de livros e de outros materiais impressos por parte dos seus bebés. Revelam não só o tipo e a qualidade das experiências de literacia dos seus filhos (o quê? como?), mas também o posicionamento delas próprias face a esta realidade (para quê? porquê?).

Que experiências envolvendo a linguagem escrita no seio familiar são proporcionadas aos bebés nos dois primeiros anos de vida?

Se relativamente a alguns brinquedos, tais como as bonecas e os meios de transporte, se notam algumas diferenças relacionadas com o género, sugestivas da influência de alguns esterótipos sociais (as meninas brincam com bonecas e os meninos com carrinhos), no que se refere aos restantes, particularmente os livros e outro material com letras, o mesmo não se verifica. A maioria dos bebés participantes, independentemente do sexo a que pertença, tem contacto com este tipo de brinquedos, tendendo a um maior contacto nos escalões etários mais elevados. Nota-se, no entanto, uma ligeira superioridade da percentagem de meninas possuidoras de livros e de jogos com letras, relativamente aos rapazes. Desde muito cedo, na segunda metade do primeiro ano de vida, os bebés passam por experiências com livros, ainda que as mães de habilitações mais baixas tendam a considerar precoce comprá-los antes do ano de idade.

Além dos livros, o contacto com revistas, folhetos publicitários, jogos e outros brinquedos surgem referenciados pontualmente e sobretudo pelas mães com níveis de habilitações mais elevados.

Quanto às características dos livros, de um modo geral as mães atendem às preferências manifestadas pelos filhos na compra dos mesmos. O conteúdo é predominantemente figurativo, combinando imagens com letras, parecendo existir uma certa relação entre a complexidade do texto e a utilização dada ao livro: se for para a criança manipular mais à vontade, como "brinquedo", textos muito simples; se se destinarem a contar histórias (por exemplo, ao deitar), textos mais elaborados (por exemplo, contos tradicionais). As mães são unânimes em considerar que os bebés se focalizam mais nas imagens do que nas letras, pelo que, como critério utilizado para a selecção dos livros, o conteúdo figurativo parece sobrepor-se. Procuram, essencialmente, livros apelativos pela imagem, mais do que pelo código escrito em si mesmo, deixando esta preocupação para idades mais adiantadas. Parece, assim, vir ao encontro de uma das ideias defendidas por Rigolet (1997), a de que, para escalões etários precoces, a linguagem utilizada no livro deva ser simples, útil e adequada ao desenvolvimento cognitivo e linguístico da criança, ou seja, deva utilizar o vocabulário de uso frequente e construção sintáctica não complexa. Na mesma linha de atenção ao interesse manifestado pelos bebés, bem como de adequação à idade, os temas dos livros a que os bebés têm acesso são diversos, desde livros de desenhos animados popularizados nos *media*, a livros temáticos ou livros de contos tradicionais, observando-se, a este nível, um forte ascendente dos meios audio-visuais sobre as preferências demonstradas. Relativamente ao tipo de material de que os livros são feitos, os de cartão grosso são os mais frequentes, a que parece estar subjacente a preocupação de adequar o material à idade e ao tipo de manipulação do bebé. A referência a livros em materiais de utilizar dentro de água surge mais relacionada com a variável nível sócio-cultural, mães com habilitações superiores. Para além do conteúdo e do género, também a forma dos livros é comentada por uma das mães com habilitações mais elevadas como possível elemento incentivador para a interacção da criança com os livros.

Se, no que concerne às características dos livros, não terão surgido diferenças significativas, o mesmo não se parece verificar relativamente ao modo como o contacto se processa, surgindo algumas variações relacionadas com os padrões educacionais das mães. Apesar de a maioria das mães facilitar a manipulação espontânea dos livros por parte do bebé, algumas (sobretudo as de níveis de habilitações mais elevados), actuam já como mediadoras, quer através da introdução de regras simples de manipulação, quer na organização dos espaços (arrumar os livros em lugar acessível à criança, por exemplo), preocupando-se em incutir-lhes valores como o do respeito pela propriedade e pelo livro.

As refeições e o deitar figuram entre as situações mais citadas em que adulto e criança interagem em torno do livro. Apenas uma mãe, pertencente ao grupo das mães com menores habilitações, admite não ter implementado a rotina de ler ao bebé antes de o adormecer. Por outro lado, uma mãe de nível cultural mais elevado, sublinha que, embora tenha a rotina de ler para a filha ao deitar, o faz pelo acto em si mesmo e não para provocar o sono.

Paralelamente às experiências com livros, o contacto com actividades percurssoras da escrita é também evidente, todavia mais tardio do que o contacto com material de leitura, que se verifica sensivelmente um ano mais tarde. Em relação à experimentação gráfica, se bem que a maior parte das mães tenha feito referência ao contacto dos bebés com materiais de pintura e materiais de escrita (folhas de papel, cadernos), nem todas manifestaram o mesmo nível de permissão relativamente à utilização dos mesmos. De facto, algumas delas, particularmente as mães com menor grau de instrução, tendem a inibir este tipo de comportamento, com receio de que estraguem alguma coisa ou se magoem. Surge, também, já alguma preocupação em incutir regras de utilização, ainda que nenhuma mãe se preocupe com a qualidade da produção, permitindo a expressão livre dos bebés. Ainda ao nível dos materiais utilizados na experimentação gráfica, o computador é apontado por duas das mães com grau académico mais elevado, que se colocam, não obstante, em posições opostas. Uma afirma que o bebé já tentou mexer no computador e a outra que ainda não permitiu essa experiência. Tal facto poderá, contudo, ser entendido como elemento diferenciador das experiências vivenciadas pelos bebés.

Continuando no domínio de como se processam as experiências de literacia, a dimensão interacções mães-filhos em torno de actividades de leitura e de escrita permitiu constatar ser comum as mães envolverem-se em actividades de leitura com os seus bebés, desde tenra idade, sobretudo a partir do ano e meio. De entre os materiais de leitura, destacam-se os livros infantis, ainda que algumas mães se preocupem já em ler outros materiais do quotidiano, tais como rótulos de produtos alimentares e de higiene. O acto de leitura de livros assume-se frequentemente como um momento de interacção familiar, extensivo aos outros filhos e mutuamente participado, no respeito pelos gostos e pelo ritmo do bebé. Porém, em alguns casos, apesar de ser permitida liberdade de escolha ao bebé, algumas mães preocupam-se já em orientar a leitura, sugerindo ou até mesmo decidindo qual o livro a ler, parecendo com isto indiciar uma certa preocupação pela aprendizagem. Este facto foi mais vísivel nas mães de habilitações mais baixas.

De um modo geral, a leitura decorre em clima afectivo ameno, com contacto físico próximo, afectuoso e flexível, respeitando o temperamento do bebé. Observa-se, portanto, um dos elementos considerados por Bettelheim e colaboradores (1983) de suma importância para o desenvolvimento do desejo de aprender a ler, a atitude positiva das mães perante o acto de leitura. Igualmente, poderá ilustrar um dos mecanismos de transferência de literacia intergeracional, considerados por Snow e Tabors (1996), que se define por divertimento e relação com alguém, ligando-se de perto com factores relativos às emoções, aos afectos e à motivação.

Os resultados indiciam, ainda, não existir um método único de leitura, podendo passar pela pura manipulação e observação dos livros, pela leitura simples ou pela leitura guiada por questões. Este tipo de atitude aproxima-se de uma atitude de exploração e experimentação em que a criança como que se vai apercebendo de que o livro é um objecto diferente do brinquedo, ao qual se vai afeiçoando. Como diriam Appleyard (1994) e Cadório (2001), neste período em que a criança não obstante ainda não ler, ouve histórias e, neste jogo (o esquema de assimiliação por excelência das crianças mais novas), vão emergindo comportamentos literácitos (Oliveira Lima, 2000). Todavia, nenhuma das mães apresenta, ainda, preocupações em direccionar intencionalmente a atenção dos bebés para as letras ou para as palavras. Algumas apenas referem que, por vezes, fazem perguntas sobre o conteúdo, à medida que a estória vai sendo lida. Este facto vem ao encontro de afirmações de investigadores como Durkin (1966), Yaden e colaboradores (1989), os quais apresentam as acções de perguntar e de responder como sendo o aspecto mais frequente das interacções pais-crianças acerca do texto.

Relativamente à participação dos pais do sexo masculino nos actos de leitura, verifica-se ser menor comparativamente com a das mães entrevistadas. Somente dois pais participam de forma equivalente às mães nestas actividades, o que poderá estar relacionado com o facto de o acto de leitura a dois surgir muito associado a duas actividades principais da rotina diária, a alimentação e o sono.

Para além do acto de leitura, observaram-se práticas educativas orientadas para o reconhecimento/apoio às experiências de literacia espontaneamente realizadas pelos bebés, tais como elogios verbais e incentivos à realização, sobretudo no que se refere à produção gráfica. No reforço de tipo não verbal, aparece o desenhar com o filho/a ou brincar em conjunto e entrar na actividade. Comportamentos do tipo arquivar as produções gráficas, bem como prestar atenção aos trabalhos produzidos e em exposição nas creches frequentadas pelos bebés, revelam-se mais comuns nas mães com maior grau académico.

Ainda no domínio das interacções, um outro género de experiências de literacia que emergiram do discurso das mães insere-se na área da linguagem, podendo retratar um outro mecanismo de transferência intergeracional descrito por Snow e colaboradores (1998), referido aos mecanismos linguísticos e cognitivos. Trata-se de um mecanismo no qual a estimulação do desenvolvimento da linguagem oral, nomeadamente através de experiências de auscultação de canções infantis, ver televisão, cantar rimas da creche e outros jogos, é perspectivada como um percursor da literacia. A este respeito, duas das mães afirmam terem o hábito de falar com o bebé durante as actividades da vida diária, especificamente nomear vocábulos relacionados com o corpo humano, vestuário, alimentos e alguns conceitos básicos. Outra, pertencente ao grupo das mães com nível de habilitações mais elevado, salienta a importância do comportamento de falar para o bebé, sublinhando o seu impacto no alargamento do vocabulário.

Igualmente enquadráveis no domínio das experiências de literacia e, portanto, complemento da resposta à primeira questão, surgem as acções dos pais enquanto modelos significativos desenvolvendo actividades de leitura e de escrita. De um modo geral, todas as mães realizam actividades de leitura e de escrita individual, ainda que com mais frequência este comportamento surja associado às mães com maiores habilitações. O recurso à leitura e à escrita cumpre, essencialmente, finalidades ligadas à formação (académica, carta de condução), trabalho (relatórios, organização e contabilidade de comércio próprio) ou entretenimento (leitura de livros e de revistas). Salienta-se, ainda, a referência a diferentes modalidades de escrita, manuscrita e em computador, surgindo esta última unicamente mencionada por duas mães de nível instrucional mais elevado. Este aspecto é particularmente interessante pelo carácter indutor do desenvolvimento da literacia, tal como o explicita Goodman (1988), através do que designa princípios funcionais: a exposição a este tipo de actividades poderá contribuir para que a criança vá percebendo o significado da linguagem escrita na sua vida, vá dando resposta à questão das finalidades da escrita.

Se considerarmos que existe uma relação positiva entre um ambiente rico em oportunidades de contacto regular, assim como em interacções em torno de material escrito e o interesse das crianças por livros e contos, bem como o interesse, mais tarde, em aprender a ler e a escrever (Durkin, 1966;

Wells, 1985; Cullinan, 1994; Morrow, 1995), poderemos inferir estarmos perante um grupo de mães altamente estimuladoras do desenvolvimento literácito, particularmente da motivação para a leitura por parte dos seus filhos. Na verdade, à luz de investigadores da área, tais como Sulzby e Teale (1991), estes dados constituem-se como bons preditores na formação dos conceitos acerca da literacia para estes bebés, na medida em que tais conceitos começam a ser formados desde os anos mais precoces através da observação e da interacção com leitores e escreventes, assim como através das próprias tentativas para ler e escrever.

De modo semelhante, os critérios adoptados na selecção e a liberdade de escolha dos livros permitida pela generalidade das mães, associados ao hábito de acompanhar a leitura com perguntas e questões poderão vir a ser favorecedores da aprendizagem da leitura, já que como o referem alguns autores, a frequência e o modo de responder às questões das crianças pelos pais influencia na capacidade de leitura precoce (Teale, 1978), sobretudo se as mães detiverem conhecimentos sobre como se tornarem mais responsivas e dialogantes durante a leitura partilhada (Whitehurst *et al*, 1994).

Atendendo ainda ao facto de que, embora não seja estatisticamente significativa a diferença verificada entre a percentagem de bebés do sexo feminino e bebés do sexo oposto que possuem livros, o facto de se verificar uma ligeira superioridade no sexo feminino poderá reflectir uma maior tendência dos pais e da sociedade em geral para esperar, por parte das meninas, uma maior apetência por actividades de leitura e para valorizar o desenvolvimento da competência leitora mais nas meninas do que nos meninos.

Por último, a informação disponível vislumbra um certo predomínio do livro entre os outros materiais impressos. O material impresso a que a criança tem acesso é pouco diversificado. Poucas são as mães que introduzem outro tipo de materiais tais como revistas, jornais ou leitura de rótulos de objectos do quotidiano. Tal poderá indiciar uma certa falta de consciência por parte destas relativamente ao valor de tais comportamentos ou, eventualmente, reforçar a ideia de que nesta idade é ainda um pouco precoce a simulação da leitura para identificar palavras ou letras. Então, poderá ser plausível a hipótese de que, nesta fase do desenvolvimento da criança, o livro não é ainda explorado no sentido da promoção da aprendizagem das competências de leitura e de escrita, mas antes como um instrumento de desenvolvimento global da criança e um meio auxiliar às actividades de rotina diária.

Qual o valor atribuído pelos pais às experiências de literacia dos seus bebés?

Para esta questão, as respostas encontradas orientaram-se sobre dois eixos fundamentais, ler e escrever como factores de desenvolvimento pessoal, de construção de conhecimento e ler e escrever como factores de desenvolvimento social. A primeira, mais referida pelas mães com habilitações mais elevadas, engloba variáveis relacionadas com a motivação e a aquisição de conhecimentos. As mães realçam o duplo papel do saber ler e escrever, ao mesmo tempo estímulo e instrumento indispensável para a realização de aprendizagens e motor de pesquisa de novos conhecimentos.

A referência à importância da literacia para o desenvolvimento social do indivíduo é focada sob duas perspectivas, a de condição necessária à vida e a de factor ou meio de ascensão social. A primeira apresenta-se mais ligada às mães do grupo de habilitações mais elevadas, que a perspectivam como fundamentação para a integração social. A ascensão social, exclusivamente referenciada pelas mães com nível de habilitações mais baixos, surge conotada com uma visão destas como meio para os seus filhos, no futuro, acederem a profissões mais qualificadas. Este aspecto foi, de certo modo, assinalado em estudos anteriores, como o de Gadsden (1998), em que a literacia surge perspectivada como um possível meio de mobilidade social, um possível meio de redução da pobreza.

Como percepcionam os pais o seu papel na promoção do desenvolvimento literácito dos filhos?

O papel dos pais no desenvolvimento literácito dos filhos, nomeadamente em idades muito jovens, é perspectivado em vários níveis, passando por falar para os bebés, ler (sobretudo histórias e contos infantis) e proporcionar oportunidades de contacto com livros. Mais detalhadamente, as mães referem-se à disponibilização de meios e de recursos (livros, materiais de escrita e jogos), à promoção do gosto pelos livros, facilitando um clima relacional positivo nas actividades com livros, ao acompanhamento dos seus filhos em colaboração com outros agentes educativos no processo de ensino-aprendizagem e, por último, à realização com os filhos de actividades de leitura. Nota-se, portanto, a atribuição de um elevado valor à sua participação activa, tomada como factor extrínseco ao indivíduo, o que abre caminho a uma prática não tão centrada nas diferenças individuais.

No discurso de algumas das mães ficou, contudo, perceptível a alusão a constrangimentos de natureza socio-economico-cultural, nomeadamente financeiros e de tempo. Por exemplo, o recurso a lojas não especializadas na venda de livros como as lojas dos 300 para a compra de publicações para os filhos, mencionado por uma das mães com menores recursos financeiros. Relativamente à disponibilidade de tempo, algumas mães referiram que gostariam de conseguir partilhar mais momentos de leitura com os filhos e diversificar as actividades de contacto com livros (por exemplo, ida a bibliotecas), atribuindo o facto de não o conseguirem a factores extrínsecos (exemplos de índole profissional). No entanto, uma delas, do grupo com habilitações mais baixas, não partilhou tanto esta opinião, remetendo esta questão da disponibilidade mais para factores intrínsecos (vontade própria) do que para factores externos.

O que sabem os pais ou pensam saber acerca de como podem contribuir para o desenvolvimento da literacia dos seus filhos e dos meios que existem para os ajudar nesta tarefa?

Se bem que as mães tenham sido bastante vagas na apreciação sobre o conhecimento percebido acerca de como promover o desenvolvimento literácito dos seus filhos, ao longo das entrevistas manifestaram opiniões e atitudes diversificadas sobre vários aspectos relacionados com esta problemática. Estas são indicadoras de uma certa consciência, não só da existência de várias fontes de conhecimento, tais como a partilha de experiência com outros pais, recurso à literatura ou a profissionais da área da educação (professores, educadores e psicólogos), como também de saberes acerca deste processo desenvolvimental.

Exemplificando, embora na generalidade não se tenham pronunciando sobre qual a idade mais apropriada para o contacto com livros e materiais de escrita, mostram já preocupação em proporcionar aos seus bebés o contacto com livros e consideram que nesta fase da vida é importante este contacto, ainda que não o privilegiem orientado para a grafia. Sublinham mais a importância da promoção de hábitos de leitura, sendo que as mães do grupo com habilitações mais elevadas dão relevo ao contributo destes hábitos para o alargamento do reportório vocabular e para a promoção da motivação e do gosto pela leitura. O contacto com livros é percepcionado como um possível factor explicativo da existência de crianças que gostam de ler e de outras que não apreciam a leitura.

O grupo das mães com menores habilitações enfatiza mais a importância dos hábitos de leitura como meio facilitador das aprendizagens que as crianças irão ter de fazer quando entrarem na escola e no futuro, opinião que foi também corroborada por uma das mães do grupo com maiores habilitações, a qual acrescenta a importância destes hábitos no desenvolvimento dos processos cognitivos, nomeadamente a capacidade de atenção/ concentração.

Quanto à aprendizagem da leitura e da escrita propriamente ditas, na sua globalidade as mães reconhecem a coexistência de vários factores influenciadores. Por um lado factores psicológicos, nomeadamente factores motivacionais e potencial cognitivo, e, por outro, factores socioculturais, tais como as práticas educativas parentais e de outros agentes educativos (práticas de leitura pela educadora de infância, por exemplo). Os factores biológicos, tais como condições de saúde, embora tenham sido mencionados, foram-no de forma muito ténue. Contudo, o peso atribuído a cada um dos outros factores surge perspectivado de modo diferente pelos dois grupos de mães. As mães com habilitações mais elevadas tendem a privilegiar factores psicológicos, especificamente o gosto, mencionando a importância do papel dos pais na sua promoção. A atenção a factores motivacionais, e não tanto a preocupação com a aprendizagem propriamente dita, parece, igualmente, evidenciar-se no facto de, no estudo *Com o que brincam os bebés*, os jogos com letras não terem surgido tão representados no grupo dos bebés com mães possuindo níveis mais elevados de habilitações, ao contrário de outros materiais de natureza mais apelativa e multisensorial como os CD de histórias. Já no discurso das mães com habilitações mais baixas, embora o factor motivação seja referenciado, observa-se uma maior tendência para o relativizar tendo em conta características individuais, nomeadamente o potencial cognitivo.

Confrontando estes dados com os de estudos como o de Baker e colaboradores (1997), poder-se-á levantar a hipótese de que os bebés filhos das mães com maiores habilitações desenvolverão uma visão mais positiva acerca da leitura do que os filhos das mães cujas habilitações são mais baixas, na medida em que as primeiras tenderam a percepcionar as experiências de literacia mais ao nível do desenvolvimento da motivação, não estando ainda tão preocupadas com as aprendizagens propriamente ditas.

Os dados encontrados parecem, ainda, vir ao encontro de estudos como os de Fitzgerald, Spiegel e Cunningham (1991), os quais revelaram que os pais e mães estavam de acordo com a ideia de que a aprendizagem da leitura/escrita começa com a etapa pré-escolar.

A fechar esta discussão dos resultados, duas últimas considerações se impõem. A primeira prende-se com o facto de, apesar de as mães mostrarem sensibilidade para proporcionar o contacto com livros e até mesmo para o acto de leitura, a leitura individual não constitui para elas uma actividade comum. Atente-se que a maior parte das mães entrevistadas lêem pouco, factor que se poderá constituir como obstáculo ao desenvolvimento da literacia dos seus filhos, na medida em que a sua influência enquanto modelos fica, assim, comprometida. Por outro lado, as razões adiantadas por elas para a não leitura (falta de tempo, no caso das mães com habilitações superiores, e interesse ou inclinação, no caso das mães com menores habilitações) fazem reflectir sobre a importância de, socialmente, se criarem condições susceptíveis de promoverem hábitos de leitura na população adulta, com vista a promover o desenvolvimento literácito das pessoas mais jovens.

A segunda e última consideração resulta da constatação de que, se é certo que a actuação destas mães como modelos não pareça ser muito consistente, por outro lado, as mães demonstraram estar bastante conscientes da importância de proporcionar aos seus bebés oportunidades de contacto com livros e integram nas suas práticas educativas a leitura partilhada, ainda que possam não estar tão conscientes acerca de como esse acto deverá ocorrer para ser mais eficaz, nem sobre qual o momento ideal para iniciar o contacto das crianças com os livros. A sua acção surge algo intuitiva, no entanto convergente com o que tem vindo a ser considerado pelos teóricos deste domínio, entre os quais Hannon (2000), como práticas facilitadoras para o desenvolvimento literácito.

Reflexões finais

O desenvolvimento da literacia é um processo complexo, progressivo e para o qual concorre um amplo conjunto de factores. Do mesmo modo que todas as construções que a criança vai fazendo, ao longo do seu desenvolvimento, a literacia poderá ser entendida como resultante de um processo de adaptação do indivíduo ao meio socio-cultural em que se inscreve. Se o papel da acção da criança sobre o meio é preponderante na apropriação do conhecimento, como o afirmam as correntes cognitivo-desenvolvimentistas, esta não acontece, todavia, no vazio. A quantidade e qualidade das experiências estão fortemente influenciadas por factores históricos e socio-culturais, nomeadamente factores de natureza interaccional. A mediação, mais propriamente a mediação orientada para a criação de zonas proximais de desenvolvimento, em que a acção educativa mais do que se focalizar no ontem deverá focalizar-se no amanhã do desenvolvimento individual (Vygotsky, 1982; Davydov & Zinchenko, 1993; Evans, 1993), assoma, portanto, como um factor decisivo neste processo e, nos primeiros meses de vida, acontece fundamentalmente no seio familiar.

Assim, a literacia é, actualmente, concebida como um processo contínuo ao longo do curso do desenvolvimento individual, que começa já nos primeiros dois anos de vida com a exposição à linguagem oral, à linguagem escrita, aos livros e às histórias (Strickland & Morrow, 1989). Mais do que aprender a ler e a escrever pressupõe progressão no sentido do conhecimento funcional dos princípios do sistema de escrita da cultura do indivíduo, num processo em que, como o sublinham Snow e colaboradores (1998), aprender a ler não significa necessariamente tornar-se literato.

Ler e escrever são dois desafios desenvolvimentais complexos, perspectivam-se não só como actividades psicolinguísticas e cognitivas, mas também como actividades sociais. São processos que se iniciam ainda antes da entrada para a escola (aprendizagem formal/convencional) e estão dependentes dos modos pelos quais as crianças se socializam. Neste percurso, a família enquanto vector essencial ao desenvolvimento humano adquire centralidade. As perspectivas da literacia familiar sublinham o seu papel enquanto educador, evidenciam diferentes mecanismos indutores do desenvolvimento da literacia subjacentes às práticas educativas das famílias, salientando que estas não acontecem no vazio, estão imbuídas dos valores socio-culturais da Comunidade de referência. A análise desses mecanismos e práticas ganha ênfase na comunidade científica, de onde emergem modelos que pretendem oferecer uma visão integradora das práticas educativas promotoras do desenvolvimento literácito, nomeadamente o proposto por Hannon (1995).

Tomando este modelo como base, acrescido da preocupação não só com as práticas mas também com as construções mentais que lhes possam estar subjacentes, esboçamos algumas respostas, que surgem, necessariamente, relativizadas pelas limitações inerentes ao estudo, nomeadamente a incidência preponderante em meio urbano, o reduzido número de participantes e a maior prevalência de pais com habilitações literárias ao nível do ensino superior. Todavia, fica-nos para reflexão, no que concerne à questão sobre que tipo de experiências de literacia são proporcionadas aos bebés, os dados mostraram ser prática comum destas famílias em particular, independentemente de serem meninos ou meninas, os bebés dos 0-24 anos terem acesso a livros infantis de diferentes géneros e formas, próprios ou dos irmãos, bem como a outro tipo de materiais envolvendo linguagem escrita, apesar das condicionantes económicas de algumas famílias. Este contacto dos bebés com livros acontece desde muito cedo, independentemente da condição socio-cultural das famílias, contemplando a possibilidade de escolha e liberdade de manipulação dos materiais por parte dos bebés. Verifica-se, assim, existir uma certa concordância entre os resultados encontrados e o que na literatura surge referenciado como experiências promotoras do desenvolvimento da literacia.

Ainda ao nível das práticas educativas, não obstante as mães, na sua quase totalidade, desenvolverem actividades de leitura com os bebés, os dados encontrados sugerem existir uma maior estrutura e regularidade dessas actividades por parte das detentoras de maiores habilitações. De um modo geral, nenhuma das mães mostra ainda preocupações com o código escrito, na medida em que a exploração dos livros é essencialmente centrada nas imagens com temas simples, muitas vezes voltados para o conhecimento do mundo (animais), conceitos básicos, contos tradicionais e personagens de filmes de animação. Este último é dos mais referidos, observando-se assim um forte ascendente dos meios de comunicação social, especialmente da televisão.

A diversificação das situações em que o livro é utilizado surge algo estereotipada, centrada nas actividades de rotina diária mais comuns (alimentação e sono). Contudo, sobretudo as mães com habilitações mais elevadas ou com apenas um filho, tendem a manifestar alguma diversidade de uso noutras situações (por exemplo, no banho, na sala, participação na exploração espontânea por parte da criança, ...). Verifica-se, ainda, o cuidado em adequar o material à idade e à situação, bem como a preocupação em incutir algumas regras na utilização dos livros, às quais estão subjacentes valores como o respeito pela propriedade do outro e respeito pelo livro.

O contacto com actividades precursoras da escrita surge em geral mais tardiamente, sendo que a experimentação tende a ser mais inibida do que a actividade exploratória dos livros. Este facto encontra-se muito relacionado com preocupações de segurança e de preservação dos espaços. Os materiais são basicamente os tradicionais: papel, livros de pintar e lápis de cor. Contudo, no caso das mães com níveis de habilitações superiores, aparece já a possibilidade de contacto, visual e até mesmo a manipulação, com meios mais sofisticados, como seja o computador.

Sublinhe-se, igualmente, no modo como decorrem estas experiências, a ocorrência de factores essenciais para o desenvolvimento da motivação e do gosto pela leitura e pela escrita. Por exemplo, a possibilidade dada aos bebés para escolherem os livros e materiais de desenho e a liberdade para os manipular. A este propósito parecem, no entanto, sobressair algumas diferenças relacionadas com as habilitações maternas, já que no grupo das mães com menores habilitações nem sempre a escolha é totalmente livre. Um outro elemento focado refere-se ao respeito pelo ritmo e temperamento do bebé, bem como ao clima de afecto que rodeia as actividades, particularmente a de leitura. O elogio às produções espontâneas e o respeito demonstrado por essas produções, nomeadamente guardando-as, é também um aspecto presente no discurso das mães, que ilustra uma prática facilitadora do desenvolvimento do gosto pela leitura. De modo idêntico, apoiando o desenvolvimento da literacia referiram-se acções experienciais de auscultação de canções infantis, ver televisão, cantar rimas da creche e outros jogos, facilitando a expansão do vocabulário e o desenvolvimento de processos essenciais à aprendizagem da leitura e da escrita, como, por exemplo, o desenvolvimento da consciência fonológica.

As mães apresentam-se, também, como modelos de utilização da linguagem escrita, ainda que, na sua maioria, de modo pouco consistente. As que têm menores habilitações utilizam-na essencialmente para resolução de situações práticas do dia a dia, não tão elaboradas como as outras mães, que tendem mais a manifestar comportamentos de leitura regular, para formação pessoal e lazer.

Progredindo para as questões mais relacionadas com as concepções parentais acerca do desenvolvimento da literacia e do seu papel na promoção desse desenvolvimento, ou seja, orientadas para os objectivos e finalidades das experiências de literacia, salientam-se entre os resultados encontrados as constatações que, a seguir, se apresentam. Ler, para as mães, assume dois significados: veículo de desenvolvimento pessoal (aquisição de conhecimentos, competências de comunicação) e veículo de desenvolvimento social, entendido por elas como instrumento de adaptação e de integração socio-profissional, bem como meio de progressão social ou melhoria das condições de vida, sobretudo para as mães com menores habilitações. Tal constação faz levantar a hipótese de que as mães com menores habilitações tendam mais a associar formação (desenvolvimento literácito) a maior poder económico e a profissões mais reconhecidas e menos duras.

Uma outra constatação terá sido a de que as mães demonstram uma certa consciência da importância do papel da família para o desenvolvimento da literacia dos seus filhos, não o centrando exclusivamente nas variáveis individuais, como sejam a inteligência. No entanto, as mães com menores habilitações parecem atribuir um maior peso a esta variável inteligência como factor influenciador das aprendizagens. As acções dos pais no sentido de, já nestas idades, providenciar oportunidades de contacto com livros e outros recursos, bem como de realizar actividades de leitura com os filhos, promovendo um clima relacional positivo, são aspectos que as mães perspectivam como devendo fazer parte da sua prática de educadoras, essencialmente pelo seu carácter promotor do gosto pela leitura, factor que consideram muito importante para a aprendizagem propriamente dita. No discurso de algumas delas foi ainda perceptível a alusão implícita a constrangimentos de natureza socio-cultural sobre esta acção, nomeadamente financeiros e de tempo.

Todavia, apesar de, na prática educativa, este grupo de mães apresentar já uma acção mediadora das experiências de literacia dos seus bebés, a sua consciência da mesma parece-nos ainda difusa e algo intuitiva. Atente-se que, não só foram vagas na apreciação sobre o conhecimento percebido acerca dos modos de promover o desenvolvimento literácito dos seus filhos, como não revelaram possuir conhecimentos específicos sobre a maneira de tornar mais eficazes as suas acções em torno da linguagem escrita. Por outro lado, foram unânimes na afirmação de que gostariam de saber mais, sendo que, algumas delas, procuraram já obter mais conhecimento, nomeadamente através de literatura especializada ou até mesmo em revistas generalistas. Este facto, associado a considerações referindo que a frequência e o modo de responder às questões das crianças pelos pais influencia a capacidade de leitura precoce, sobretudo se as mães detiverem conhecimentos sobre como se tornarem mais responsivas e dialogantes durante a leitura partilhada (Teale, 1978; Whitehurst *et al*, 1994), apoia a ideia de que a promoção de programas de literacia dirigidos aos pais poderá constituir-se como um meio importante no desenvolvimento da literacia das crianças, ou seja, este desenvolvimento poderá, também, passar pelo planeamento de programas de intervenção dirigidos aos progenitores, de forma a que estes se sintam mais seguros e intencionalmente comprometidos na promoção e no desenvolvimento literácito dos seus filhos.

No âmbito da promoção de experiências de literacia durante os anos pré-escolares, diversos têm sido os programas desenvolvidos em vários países tendo em vista dotar educadores e pais de estratégias de instrução assentes em dados da investigação. Existem já alguns orientados para faixas etárias inferiores aos dois anos de idade. De entre estes, a encerrar este capítulo, salientam-se, por exemplo, o Programa *PEEP – Peers Early Education Partership (*Reino Unido*), Bookstart (Reino Unido)* e, em Portugal, o Programa *"O meu brinquedo é um livro*".

O primeiro, dirigido a pais de crianças com idades do nascimento aos 5 anos, fundamenta-se no modelo ORIM de Hannon (1995). Privilegia uma abordagem estrutural-desenvolvimentista, com *curriculum* flexível, adaptável às necessidades de diferentes comunidades e contextos. Constrói-se sobre as forças das pessoas, centrando-se no que podem fazer. Valoriza a diversidade, acolhendo pessoas de todos os *backgrounds* e culturas. Como objectivos principais visa: promover a consciencialização dos pais e cuidadores para a aprendizagem e desenvolvimento precoces, partindo da maior parte das actividades e interacções diárias; apoiar os pais e cuidadores no seu relacionamento com as crianças, para que a auto-estima das mesmas seja reforçada; afirmar o papel crucial dos pais/cuidadores como os primeiros educadores dos seus filhos; apoiar os pais e cuidadores no desenvolvimento da literacia e da numeracia das suas crianças; apoiar os pais/cuidadores para que possam encorajar o desenvolvimento de dispositivos de aprendizagem positivos; e promover e apoiar a aprendizagem ao longo da vida dos pais e cuidadores.

O segundo, o Programa *Bookstart,* trata-se de um programa de âmbito nacional. Tem por finalidade a promoção do envolvimento das famílias na partilha de livros, partindo do princípio de que todas as crianças devem beneficiar e de desfrutar de livros desde a mais tenra idade, que estes contribuem para o aumento da probabilidade do seu sucesso escolar. Consiste, essencialmente, em um *kit* (pacote) oferecido aos pais de bebés de bebés dos 6 aos 9 meses de idade contendo livros para bebés, conselhos para os pais, informações genéricas e um boletim de inscrição para a família. De entre a informação dada aos pais dá-se particular relevo a algumas modalidades orais, como, por exemplo, as rimas.

Semelhante ao *Bookstart*, o programa *"O meu brinquedo é um livro"*, promovido pela Associação de Professores de Português (APP) e a Associação de Profissionais de Educação de Infância (APEI) desde Dezembro de 2004, ilustra um esforço no sentido da sensibilização para a leitura em idades precoces. Visa promover a partilha da leitura antes da idade escolar, presenteando os bebés portugueses com um *kit* contendo um livro, um brinquedo e um guia para pais. Complementarmente à oferta do *kit*, está prevista a formação em sala aos pais e avós com conselhos para os apoiar no desenvolvimento de actividades de motivação para a leitura, assim como um plano de formação dirigido a bibliotecários, assistentes sociais, pediatras e outros técnicos. Para a sua implementação recorreu ao estabelecimento de parcerias com Câmaras Municipais.

Programas como estes, envolvendo desde cedo a família no processo de promoção do desenvolvimento da literacia poderão assumir papel preponderante neste domínio, pois que, tal como o defendem Snow e colaboradores (1998), os programas de literacia caracterizam-se por serem programas que promovem a linguagem e a literacia no seio familiar, trabalham com famílias cujos adultos estão interessados em desenvolver a sua própria educação básica e em ajudar as suas crianças a aprenderem, constroem-se sobre as práticas familiares e têm como principais objectivos desenvolver as competências de literacia e confiança através das gerações.

Referências bibliográficas

ALTWERGER, B., Diehl-Faxon, J., & Dockstader-Anderson, K. (1985). Read aloud events as meaning construction. *Language Arts,* 62, 5, 476-484.

APPLEYARD, J. A., & S. J. (1994). *Becoming a reader: The experience of fiction from childhood to adulthood.* New York: Cambridge University Press.

Associação de Professores de Português, & Associação de Profissionais de Educação de Infância (2004). *Municípios*.3deMaio2006:www.app.pt/omb//municipios/municipios.htm).

Associação de Professores de Português, & Associação de Profissionais de Educação de Infância. (2005). *Porquê ler ao meu bebé*. 03 de Maio 2006, Gailivro: www.app.pt

BAKER, L., Serpell, R., & Sonnenschein, S. (1995). Opportunities for literacy learning in the homes of urban preschoolers. *In* L. M. Morrow (Ed.), *Family*

Literacy: Connections in Schools and Communities (pp. 236-252). Newark, DE: International Reading Association.

BAKER, L., Scher, D., & Mackler, K. (1997). Home and family influences on motivations for reading. *Educational Psychologist,* 32, 2, 69-82.

BEMPECHAT, J. (1990). *The role of parent involvement in children's academic achievement: A review of the literature*. New York: ERIC Clearinghouse on Urban Education.

BERNSTEIN, B. (1970). A sociolinguistic approach to socialization with some references to educability. *In* F. Williams (Ed.), *Language and poverty* (pp. 25-50). Chicago, IL: Markham.

BETTELHEIM, B., & Zelan, K. (1983). *La lecture et l'enfant*. Paris: Éditions Robert Laffont.

BOOKTRUST. (2005). *Babies and books*. 5 de Agosto 2005, Booktrust, London: www.literacytrust.org.uk/Research/babiesbooks.html.

BOOKTRUST. (2005). *Bookstart a gift for life*. 4 de Agosto 2005, Booktrust, London: www.bookstart.co.uk/bookstart/parents/rhymes.php4.

BROWN, R., & Bellugi, U. (1964). Three processes in the child's acquisition of syntax. *Harvard Educational Rewiew, 34,* 133-151.

BROWN, R. (1973). *A first language: The early stages*. Cambridge, M. A.: Harvard University Press.

BURNS, M. S., & Casbergue, R. (1992). Parent-child interaction in a letter-writing context. *Journal of Reading Behavior,* 24, 3, 289-312.

CAMBOURNE, B. (1987). Language, learning and literacy. *In* A. Butler, & J. Turbill (Eds.), *Towards a reading-writing classroom* . Portsmouth, NH: Heinemann.

CLARK, M. M. (1976). *Young fluent readers*. London: Heinemann Educational Books.

CLARK, M. M. (1984). Literacy at home and at school: Insights from a study of young fluent readers. *In* H. Goelman, A. Oberg, & F. Smith (Eds.), *Awakening to literacy* (pp. 122-130). Portsmouth, NH: Heinemann.

COCHRAN-SMITH, M. (1984). *The making of a reader*. Norwood, NJ: Ablex.

CULLINAN, B. E. E. (1994). *Invitation to read: more children's literature in the reading program*. Newark, Delaware, USA: IRA, International Reading Association.

DAVYDOV, V. V., & Zinchenko, V. P. (1993). Vygotsky's contribution to the development of psychology. *In* H. Daniels (Ed.) *Charting the agenda-Educational activity after Vygotsky* (pp. 93-106). London & New York: Routledge.

DEBARYSHE, B. D. (1995). Maternal belief systems: Linchpin in the home reading process. *Journal of Applied Developmental Psychology,* 16, 1, 1-20.

DURKIN, D. (1966). *Children who read early*. New York: Teachers College Press.

EVANS, P. (1993). Some implications of Vygotsky's work for special education. *In* H. Daniels (Ed.) *Charting the agenda-Educational activity after Vygotsky* (pp. 30-45). London & New York: Routledge.

FITZGERALD, J., Spiegel, D. L., & Cunningham, J. W. (1991). The relationship between parental literacy level and perceptions of emergent literacy. *Journal of Reading Behaviour,* 13, 2, 191-212.

FLOOD, J. (1977). Parental styles in reading episodes with young children. *The Reading Teacher, 30, 8,* 864-867.

GADSDEN, V. L. (1998). Family cultures and literacy learning. *In* J. Osbon, & F. Lehr. (Eds.), *Literacy for all-issues in teaching and learning* (pp. 32-72). New York: Guilford Press.

GOODMAN, Y. M. (1988). O desenvolvimento da escrita em crianças muito pequenas. *In* E. Ferreiro, & Margarita G. Palacio (Eds.), *Os processos de leitura e escrita: novas perspectivas* (pp. 85-101). Porto Alegre: Artes Médicas.

GOODMAN, Y. M. (Ed.). (1990). *How children construct literacy: Piagetian perspectives*. Newark, DE: International Reading Association.

GOODY, J., Cole, M. & Scribner, S. (1977). Writing and Formal Operations: A Case Study among the VAI. *Africa: Journal of the International African Institute*, 47, 3, pp. 289-304.

HANNON, P. (1995). *Literacy, home and school*. London: Falmer Press.

HANNON, P., Weinberger, J., & Nutbrown, C. (1991). A study of work with parents to promote early literacy development. *Research Papers in Education, 6, 2*, 77-97.

HANNON, P., & Nutbrown, C. (1997). Teachers use of a conceptual framework for early literacy education involving parents. *Teacher development,* 1, 3, 405-20.

HANNON, P. (2000). *Reflecting on literacy in education*. New York: Routledge Falmer.

HESS, R. D., & Holloway. (1984). Family and school as educational institutions. *In* R. D. Parke (Ed.), *Review of Child Development Research, 7: The Family* (pp. 179-222). Chicago: University of Chicago Press.

HIEBERT, E. (1981). Developmental patterns and interrelationships of pre-school children´s point awareness. *Reading Research Quarterly,* 16, 236-260.

HOLDAWAY, D. (1979). *Foundations of literacy*. New York: Ashton Scholastic.

HUCK, C. S. (1994). Books for emergent readers. *In* B. E. Cullinan (Ed.), *Invitation to read: more childrens's literature in the reading program* (pp. 2-13). Newark, Delaware.

Mason, J., & Allen, J. B. (1986). A review of emergent literacy with implications for research and practice in reading. *Review of Research in Education,* 13, 3-47.

Moreira, M. F. (2007). *Experiências de literacia dos bebés entre os 0 e 0s 24 meses*. Dissertação de Mestrado em Psicologia. Braga: Instituto de Educação e Psicologia.

Morrow, L. M. (1993). *Literacy development in the early years: Helping children read and write*. Boston, MA: Allyn & Bacon.

Morrow, L. M. (Ed.). (1995). *Family literacy: Connections in schools and communities*. New Brunswickm, N. J.: Rutgers University.

Morrow, L. M., Paratore, J., & Tracey, D. (1994). *Family Literacy: New perspectives, new opportunities*. Newark, DE: International Reading Association.

Morrow, L. M., Tracey, D. H., & Maxwell, C. M. (Eds.). (1995). *A Survey of family literacy in.the United States*. Newark, DE: International Reading Association.

Ninio, A., & Bruner, J. (1978). The achievement and antecedents of labeling. *Journal of Child Language, 5*, 1-15.

Oliveira Lima, A. F. S. (2000). *Pré-escola e alfabetização: uma proposta baseada em Paulo Freire e J. Piaget*. (13.ª Edição). Petrópolis: Editora Vozes.

Peers Early Education Partnership (2006). *PEEP aims*. 6 de Maio de 2006. www.peep.org.uk/standard.asp?id=78.

Peers Early Education Partnership (2006). *PEEP Principles*. 6 de Maio de 2006. www.peep.org.uk/standard.asp?id=161.

Philips, S. U. (1972). Participant structures and communicative competence: Warm Springs children in comunity and classroom. *In* C. B. Cazden, Vera P. John, & Dell Hymes (Eds.), *Functions of language in the classroom* (pp. 370-394). New York: Teachers College Press.

Projecto O meu brinquedo é um livro (2007). *Acções de formação*. 28 de Outubro 2007: www.app.pt/omb.

Purcell-Gates, V. (2003). La alfabetización familiar: coordinación entre los aprendizajes de la escuela y del hogar. *In* A. Teberosky, & M. S. Gallart. (Eds.), *Contextos de Alfabetización inicial* (pp. 31-45). Barcelona: Editorial Horsori.

Quelhas, M. I. (2001). *Despertar o gosto pela leitura*. Dissertação de Curso de Especialização em Educação Infantil e Básica Inicial no ramo de Língua Portuguesa e Literatura Infantil. Braga: Instituto de Estudos da Criança da Universidade do Minho.

Radecki, K., K. (1987). *An annotated bibliography of the literature examining the importante of adults reading aloud to children*. Washington, DC: U.S. Department of Education. (ERIC Document Reproduction Service No. ED 294274).

Rigolet, S. A. N. (1997). *Leitura do mundo – leitura de livros*. Porto: Porto Editora.

Roser, N. M., & Martinez, X. (1985). Roles adults play in preschool responses to literature. *Language Arts, 62,* 485 – 490.

Skage, S. (1995). *A Practical Guide to Family Literacy. – Definitions and Discussions*. 12 de Novembro 2006, Family Literacy Action Group Alberta: http//www.nalds.ca/CLR/Pgfl/page 6-9.htm.

Snow, C. E. (1977). Mothers speech research: From input to interaction. *In* C. E. Snow, & C. A. Ferguson (Ed.), *Talking to children: Language input and acquisition* (pp. 31-49). New York: Cambridge University Press.

Snow, C. E. (1983). Literacy and language: Relationships during the preschool years. *Harvard Educational Review, 53, 2,* 165-189.

Snow, C., & Tabors, P. (1996). Intergenerational transfer of literacy. *In* L. A. Bejamin & J. Lord (Eds.), *Family literacy: Directions in research and implications for practice* (pp. 73-79). Washington, DC: Office of Educational Research and Improvement, U.S. Department of Education.

Snow, C. E., Burns, M. S., & Griffin, P. (1998). *Preventing reading difficulties in young children*. Washington, DC: National Academy Press.

Spiegel, D. L. (1994). A portrait of parents of successful readers. *In* E. Cramer, & Castle, M. (Eds.). *Fostering the love of reading: The affective domain in reading education*. (pp. 74-87). Newark, DE: International Reading Association.

Strickland, D. S., & Morrow, L. M. (1989). *Emerging literacy: Young children learn to read and write*. Newark, DE: International Reading Association.

Sulzby, E., & Teale, W. (1991). Emergent literacy. *In* R. Barr, M. L. Kamil, P. B. Mosenthal, & P. D. Perarson (Eds.), *Handbook of reading research* (Vol. 2, pp. 727-757). New York: Longman.

Taylor, D. (1983). *Family literacy: The social context of learning to read and write*. Exeter, NH: Heinemann.

Teale, W. H. (1978). Positive environments for learning to read: What studies of early readers tell us. *Language Arts, 55,* 8, 922-932.

Teale, W. H. (1981). Parents reading to their children: What we know and need to know. *Language Arts, 58, 8,* 902-912.

Teale, W. H. (1984). Reading to young children: Its significance for literacy development. *In* H. Goelman, A. Oberg & F. Smith (Eds.), *Awakening to literacy*. London: Heinemann.

Van Kleeck, A. (1990). Emergent literacy: Learning about print before learning to read. *Topics in Language Disorders, 10, 2,* 25-45.

Voz do Caima (2005). *Câmara Municipal de Vale de Cambra oferece livros a todos os bebés com 1 ano de idade*. 22 de Dezembro 2005: www.vozdo-caima.com/noticias/ detalhes.php? cod=1342.

Vygotsky, L. S. (1982-84). *Collected Works,* 2 vols. Moscow: Progress Publishers.

Wells, G. (1985). Pre-school literacy-related activities and success in school. *In* D. R. Olson, N. Torrance, & A. Hildyard (Eds.), *Literacy, language and learning*. Cambridge: Cambridge University Press.

Whitehurst, G. J., Arnold, D. S., Epstein, J. N., & Angell, A. L. (1994). A picture book reading intervention in day care and home for children from low-income families. *Developmental Psychology, 30*, 5, 679-689.

Woods, C. A. (1988). A lectoescrita nas interacções: uma busca das dimensões e significados no contexto social. *In* E. Ferreiro, & M. G. Palacio (Eds.), *Os processos de leitura e escrita: novas perspectivas* (pp. 250-267). Porto Alegre: Artes Médicas.

Yaden, D. B., Smolkin, L. B., & Conlon, A. (1989). Preschooler's questions about pictures, print conventions, and story text during reading aloud at home. *Reading Research Quarterly, 24*, 2, 188-21.

CAPÍTULO 3

PRÁTICAS DE LITERACIA FAMILIAR EM IDADE PRÉ-ESCOLAR

*Joana Cruz**
*Iolanda Ribeiro***

Introdução

Actualmente o papel da família no desenvolvimento da leitura e escrita é indiscutível (Mata, 1999). Embora prevaleça a noção de que as crianças são agentes activos no desenvolvimento da literacia emergente, é também atribuída uma importância central aos pais e adultos significativos na facilitação da aprendizagem da literacia emergente (Baker, & Scher, 2002; Saracho, 2008; Sénéchal, & LeFevre, 2002; Serpell, Sonnenschein, Baker, & Ganapathy, 2002). A família constitui o ambiente de aprendizagem mais precoce em que as crianças se inserem (Haney, & Hill, 2004), sendo importante conhecer como diferentes aspectos do envolvimento parental e do ambiente familiar influenciam o desenvolvimento da literacia (Saracho, 2000b; Sénéchal, & LeFevre, 2002). Diversos autores têm procurado caracterizar as práticas de literacia familiar (Mata, 2006; Sénéchal, 2006b) e analisar em que medida diferentes actividades realizadas no contexto familiar podem impelir a consequências distintas no desenvolvimento linguístico e literácito das crianças (Sénéchal, & LeFevre, 2001). Considerando estas preocupações, a primeira parte deste capítulo focalizar-se-á na descrição das práticas recorrentes de promoção de competências pré-leitoras no ambiente familiar, designadamente nas actividades relacionadas com a leitura de histórias e treino de competências de literacia emergente.

* Câmara Municipal de Matosinhos.
** Escola de Psicologia – Universidade do Minho.
Morada para correspondência: Escola de Psicologia, Campus de Gualtar, 4710-057, Braga. iolanda@iep.uminho.pt

Em seguida serão analisadas as influências de práticas distintas, bem como o impacto das crenças e dos hábitos dos pais, no desempenho das crianças.

Práticas de literacia familiar

A família participa em diversas actividades de literacia, formais e informais, proporcionando às crianças materiais diversificados e motivantes (Saracho, 1997b; 1999; 2000a; 2002; Sénéchal, & LeFevre, 2002; Sénéchal, 2006a). As actividades informais expõem a criança de um modo involuntário ao contacto com o impresso, nomeadamente através da leitura partilhada de histórias, sendo a preocupação central a mensagem contida no material impresso. As experiências formais focalizam-se na linguagem escrita e envolvem, por exemplo, o treino da escrita do nome das letras e da escrita do nome próprio. O termo formal remete para a estrutura da linguagem escrita, embora não implique necessariamente a realização de actividades estruturadas.

Saracho (2002) refere igualmente que nos diferentes meios familiares é frequente a leitura de histórias, a modelagem da leitura, a acessibilidade aos materiais de leitura e de escrita e o incentivo para as crianças responderem a perguntas. Um estudo realizado por esta autora indica que muitas das actividades realizadas pelas famílias não incluíam necessariamente livros ou uma instrução formal de leitura, mas antes constituíam experiências informais, motivadoras que eram efectuadas de acordo com os interesses dos seus elementos. A título de exemplo refere-se o brincar com rimas e com os sons iniciais das palavras. Saracho (1999) identificou quatro categorias que as famílias utilizavam para desenvolver competências literácitas. Uma primeira categoria englobava a leitura em casa, incluindo as interacções que envolvam a leitura de materiais da escola, mas também jornais, revistas, banda desenhada, cartas pessoais, receitas de culinária, rótulos de embalagens, entre outros materiais. Uma segunda dimensão abrangia a leitura fora do contexto familiar. Incluíram-se aqui actividades de leitura de tabuletas, sinais, mapas, menus nos restaurantes, utilizando-se o material impresso para suscitar as interacções. A terceira categoria relacionava-se com outras actividades de literacia, englobando a realização de jogos de tabuleiro, jogos de palavras, visualização de telenovelas, desenhos animados, notícias na televisão e visitas a bibliotecas públicas. O estudo de Baker, Serpell e Sonnenschein (1995) conduziu igualmente à descrição de práticas familiares que parecem enquadrar-se nesta categoria. Famílias de crianças em idade pré-escolar costumavam cantar canções ouvidas na rádio ou na televisão e realizar actividades familiares relacionadas com essas cantigas e com jogos de rimas.

Finalmente, a última dimensão englobava actividades de escrita, como mensagens, notas, listas de compras, jogos como "A Forca", cartas para amigos ou familiares e tentativas de escrita inventada.

Este estudo permitiu concluir, por um lado, que as famílias realizavam actividades promotoras do desenvolvimento de competências pré-leitoras e, por outro, que o desenvolvimento da literacia pode ser promovido nas experiências quotidianas das famílias, ocorrendo nos mais variados contextos e situações. Num outro estudo (Saracho, 2000b), a autora procurou confirmar a tipologia de actividades realizadas com a família, bem como analisar o tipo de materiais utilizados para promover o desenvolvimento de competências de literacia emergente no contexto familiar. Os resultados foram ao encontro das evidências do seu estudo anterior (Saracho, 1999), verificando-se que as famílias se envolviam em práticas de literacia com as crianças, quer no ambiente familiar, quer noutros contextos, realizando predominantemente actividades que proporcionassem a obtenção de informação, bem como outras que envolvessem a escrita. Este estudo permitiu ainda constatar que as famílias são sensíveis aos interesses e às competências das crianças na selecção das actividades e materiais a utilizar.

Ainda no que concerne os hábitos de literacia familiar, Mata (2006) verificou que, numa amostra portuguesa, os filhos observavam situações de leitura com frequência e através de actividades diversificadas. Porém as situações de escrita eram escassas e associadas ao trabalho dos pais. No que se refere a actividades partilhadas por pais e filhos, encontraram-se três padrões de interacções. Um primeiro padrão, realizado com bastante regularidade, relacionado com a leitura, é a escrita do nome das crianças, de letras isoladas, de nomes de pessoas e/ou objectos e a leitura de histórias. Um segundo tipo de interacções, realizado com uma frequência variável, remetia para situações de leitura e escrita utilitária e informativa. Finalmente, no quarto padrão, raramente existiam interacções relacionadas com actividades de leitura e de escrita. Relativamente ao início destas práticas, o estudo evidencia uma precocidade na iniciação da leitura de histórias (primeiros anos de vida da criança), constatando-se que a maioria das famílias só posteriormente começava a desenvolver actividades de escrita. Ao analisar a associação entre concepções dos pais sobre a aprendizagem da literacia e as práticas de literacia familiar, Mata (2006) concluiu que os pais que valorizavam uma abordagem funcional da linguagem escrita (contextualizada, lúdica) desenvolviam mais práticas de literacia com e para as crianças, iniciavam precocemente estas actividades e realizavam-nas durante mais tempo.

As práticas de literacia nas famílias hispanico-latinas parecem caracterizar-se igualmente pela existência de apoio, participação e preocupação com o desenvolvimento da leitura e de escrita das crianças, verificando-se uma grande diversidade nas actividades e recursos adoptados (Ortiz, 2004). Diversos estudos (Saracho, 2002) sugerem, contudo, que as famílias podem aprender práticas de literacia e obter um maior conhecimento sobre o desenvolvimento da literacia, de forma a encorajarem a criança a adquirir, desenvolver e utilizar essas competências. Paralelamente, o ambiente familiar deve influenciar positivamente o desenvolvimento da literacia, nomeadamente através da acessibilidade aos livros e materiais escritos. Segundo Saracho (2002), é importante que as famílias utilizem os interesses e competências das crianças para a criação de estratégias, actividades e materiais de promoção da linguagem e da literacia.

Das diversas actividades mencionadas, a leitura de histórias e o treino de competências de literacia emergente parecem ser as práticas mais recorrentes nos diversos contextos familiares (Mata, 2006; Sénéchal, 2006b). Sénéchal e LeFèvre (2001) associam a leitura de histórias a uma actividade informal de literacia e o treino de competências a actividades formais. Sénéchal, Pagan, Lever e Ouellette (2008) sugerem que nem todos os pais que se envolvem em actividades de leitura para as crianças, relatam a instrução directa de competências de literacia, o que indica aparentemente que a leitura de histórias e o treino de competências específicas de literacia parece constituir experiências independentes, as quais podem ter implicações na aquisição da leitura e da escrita.

De acordo com Mata (2004), parece existir consenso sobre o papel da leitura de histórias na aquisição de competências pré-leitoras e na aprendizagem formal da leitura e da escrita. Esta prática deve ser considerada significativa, na medida em que pode proporcionar uma variedade de interacções que, por sua vez, facilitam o desenvolvimento da literacia emergente e da motivação para a leitura e para a escrita.

De acordo com Baker, Mackler, Sonneschein e Serpell (2001), os pais são encorajados por educadores, políticos, pediatras e outros técnicos a ler para as suas crianças. No entanto, Sonnenschein e Munsterman (2002) referem que, para compreender o impacto da leitura partilhada de histórias, é essencial atender à frequência e à natureza das trocas que ocorrem durante esta actividade, bem como à qualidade afectiva das interacções, às características dos participantes e à influência destas práticas no desenvolvimento das competências de literacia das crianças. Baker e colaboradores (2001) realçam ainda a necessidade de analisar a natureza das conversas que acompanham a leitura. No estudo que desenvolveram com mães e crianças do 1.° ano de escolaridade, verificaram que estas interacções não envolviam a exploração de competências de descodificação leitora com as crianças, mesmo quando estas já frequentavam a aprendizagem formal da leitura e da escrita.

O tipo de diálogo estabelecido durante as interacções que envolvem a leitura depende ainda da familiaridade com o livro que vai ser lido (Sonnenschein, & Munsterman, 2002), bem como do tipo de vinculação existente, verificando-se que quando existe uma relação segura, as crianças se encontram menos distraídas e os pais se envolvem menos em comportamentos disciplinares. Estes resultados parecem ir ao encontro dos pressupostos de Sonnenschein e Munsterman (2002), segundo os quais, mais importante que a frequência da leitura e partilha de histórias é a qualidade das interacções que ocorrem durante esta actividade. Deste modo, é essencial que os pais se tornem conscientes da importância atribuída à natureza das interacções, sendo relevante a discussão sobre os melhores métodos de tornar a leitura de histórias uma actividade interessante. Algumas sugestões da literatura (Saracho, 1999; 2000a; 2002) vão no sentido de os pais prepararem este momento e permitirem que as crianças partilhem os seus temas de interesse com eles. Durante a leitura da história é sugerida a utilização de entoação distinta consoante as personagens do texto, sendo igualmente recomendada a gravação da leitura de histórias para que as crianças possam ouvi-las sempre que os pais não estejam em casa. É ainda incentivada a leitura através de diferentes registos e de acordo com os interesses das crianças, nomeadamente através de jogos, manuais de construção de objectos ou revistas sobre os videojogos. Finalmente, é aconselhada a utilização da biblioteca local ou da escola, principalmente quando ocorrem eventos, para os pais, de promoção de competências nos filhos.

Hargrave e Sénéchal (2000) desenvolveram uma intervenção focalizada na leitura dialógica que engloba o incentivo à participação da criança, o *feedback* sobre o seu comportamento e a adaptação do estilo de leitura às suas capacidades linguísticas. Nesta abordagem são valorizadas as perguntas iniciadas por "Quem", "Onde", "Porquê" e "Quando", já que se procura promover uma atitude activa da criança e o uso da linguagem. São, portanto, criadas oportunidades para os filhos se expressarem, para desenvolverem a linguagem através de questões estruturadas e conhecerem modelos ricos em termos de linguagem. Jong e Leseman (2001) acrescentam que a leitura de histórias, sendo um acontecimento narrativo, facilita o envolvimento da criança em discussões que ultrapassam a informação imediata transmitida pelos textos, facilitando o desenvolvimento de processos de inferência e testagem de hipóteses. Portanto, a leitura partilhada de histórias pode ser bastante útil se os leitores enfatizarem aspectos relacionados com o material impresso durante a leitura e fomentarem uma atitude crítica face ao que ouvem (Sonnenschein, & Munsterman, 2002).

Mata (2004) procurou ainda caracterizar os hábitos de leitura de histórias e analisar as percepções dos pais sobre a forma como estas interacções decorriam, bem como as razões subjacentes à realização desta actividade. No que se refere às razões apontadas pelos pais para a realização da leitura de histórias, o estudo demonstra que os pais parecem aperceber-se das vantagens desta actividade, não só ao nível das atitudes face à literacia, mas também no desenvolvimento de competências pré-leitoras que, por sua vez, facilitam a aprendizagem formal da leitura e da escrita.

Enquanto a investigação sobre a influência da leitura de histórias é recorrente, existem poucos estudos sobre o impacto das experiências formais de literacia, ou seja, das actividades que envolvem o treino de competências específicas, no contexto familiar (Sénéchal, & LeFevre, 2002). Segundo Haney e Hill (2004), é fundamental aumentar a investigação sobre as estratégias mais eficazes que os familiares podem utilizar para promover o desenvolvimento da literacia emergente, bem como analisar em que medida desempenhos diferentes podem ser dependentes de actividades distintas promovidas no contexto familiar. Mata (2004) e Roberts, Jurgens e Burchinal (2005) enfatizam a importância dos estudos sobre as práticas de literacia familiar e a apreciação do seu impacto no desempenho literácito das crianças, apresentando-se como essencial analisar os aspectos específicos do ambiente familiar que contribuem para o desenvolvimento da linguagem e da literacia. Esta linha de investigação tem vindo a permitir verificar que existem associações específicas entre o tipo de práticas familiares e as variadas competências de literacia emergente (Storch, & Whitehurst, 2001). Torna-se, deste modo, importante conhecer os estudos que analisam: i) o impacto de actividades específicas realizadas no contexto familiar com o desenvolvimento de competências pré-leitoras e com o rendimento escolar; ii) o impacto de variáveis parentais na promoção do desenvolvimento literácito das crianças.

No que concerne à primeira linha de estudos têm sido realizadas investigações que procuram conhecer o impacto de actividades relacionadas com a leitura de histórias, o treino de competências de literacia emergente e, num número mais reduzido de estudos, a "leitura" de histórias por parte das crianças.

Começando por analisar a influência da leitura de histórias, Sénéchal e LeFevre (2002) concluíram que a realização de actividades informais como a leitura de histórias com crianças de 5 anos de idade estava associada ao desempenho em termos de vocabulário e de nível de leitura, aquando do 3.° ano de escolaridade, enquanto as actividades formais de ensino da leitura se relacionavam com o desenvolvimento da literacia emergente. De acordo com estes resultados, estas autoras sugerem que as experiências informais de literacia parecem não ser suficientes para desenvolver competências específicas sobre o impresso. Estes resultados foram corroborados por Levy, Gong, Hessels, Evans e Jared (2006), os quais sugerem que a leitura de histórias realizada no contexto familiar tem um reduzido impacto no conhecimento que as crianças desenvolvem sobre o material impresso. O estudo desenvolvido por Mata (2004) parece contradizer estas evidências, já que constatou a existência de uma relação entre os hábitos de leitura de histórias no contexto familiar e a emergência da literacia nas crianças, não só ao nível das conceptualizações sobre a linguagem escrita, mas também da motivação para a leitura e da percepção das crianças sobre a funcionalidade da linguagem escrita.

A leitura de histórias constitui uma oportunidade lúdica para promover o vocabulário e o conhecimento sobre o mundo, para que a criança se familiarize com a estrutura dos livros e para que aprenda a extrair significado dos textos, sendo portanto uma prática que fomenta o desenvolvimento linguístico, que, por sua vez, influencia significativamente o desenvolvimento literácito (Deckner, Adamson, & Bakeman, 2006; Hargrave, & Sénéchal, 2000; Sonnenschein, & Munsterman, 2002; Storch, & Whitehurst, 2001). A utilização de livros pouco familiares, contendo palavras novas, é uma estratégia fundamental para a aquisição de novo vocabulário, quer receptivo (que a criança compreende quando ouve), quer expressivo (que a criança verbaliza) (Sénéchal, & LeFevre, 2001). A repetição da mesma história é igualmente benéfica, já que as crianças são confrontadas com as mesmas estruturas sintácticas e morfológicas. A leitura de histórias favorece o desenvolvimento linguístico, nomeadamente o vocabulário expressivo, visto que a linguagem utilizada nos livros é mais complexa e sofisticada que a linguagem oral e contribui para o desenvolvimento do conhecimento morfológico e para a compreensão sintáctica, sendo estas competências mediadas pelo nível de literacia dos pais (Sénéchal *et al.*, 2008).

A leitura de histórias promove igualmente atitudes positivas quando as crianças sentem prazer nestas interacções, influenciando a escolha desta actividade mais tarde (Baker *et al.*, 2001). Estes autores procuraram verificar se a opção pela realização de resposta à perguntas que iam além de informação factual transmitida pelo texto constituía um factor preditor da compreensão leitora em anos subsequentes (3.° ano). No entanto, esta hipótese não foi verificada, embora existissem indícios de que este tipo de exploração das histórias se correlacionava significativamente com a qualidade afectiva das interacções e com a quantidade de livros lidos nos 2.° e 3.° anos de escolaridade. Ainda no que se refere à natureza das interacções, Baker e colaboradores (2001) constataram que o diálogo sobre as ilustrações era o tópico mais comum de exploração das histórias, encontrando-se correlacionado com a qualidade afectiva das interacções. Embora esta estratégia pareça ser importante na criação de ambientes agradáveis de leitura, não influencia directamente as competências das crianças. Este estudo permitiu verificar que as dimensões qualitativas associadas à leitura partilhada de histórias, nomeadamente a atmosfera afectiva subjacente, influenciam o rendimento escolar das crianças e a motivação para a leitura. Deckner e colaboradores (2006) encontraram resultados similares, tendo verificado a ocorrência de uma associação entre o interesse da criança na leitura de histórias e o tipo de conversas que acompanhavam estas actividades, sugerindo que as práticas e esforços dos pais são essenciais na concretização das práticas de literacia familiar.

Estes parecem constituir alguns dos poucos estudos que relacionam práticas de literacia familiar com a motivação para a leitura (Baker, & Scher, 2002). Em contrapartida, Zhou e Salili (2008) verificaram que, quando se controlam os efeitos do nível educacional dos pais e a idade das crianças, existem indicadores de literacia familiar que influenciam a motivação intrínseca das crianças para a leitura. Dessas variáveis, o modelo parental face ao comportamento na leitura, constituiu o preditor mais poderoso da motivação para a leitura.

No que se refere ao impacto do treino específico de competências de literacia emergente, Haney e Hill (2004) procuraram analisar a relação entre diferentes tipos de treino que os pais efectuavam com as suas crianças e o desenvolvimento de competências específicas de literacia. Os resultados do estudo indicaram que, quando os pais relatam o envolvimento em algum tipo de instrução relacionada com a literacia, verificam-se melhores desempenhos nas crianças, em todas as competências pré-leitoras avaliadas, nomeadamente ao nível do vocabulário, do conhecimento do alfabeto e de conceptualizações sobre a linguagem escrita. Estes resultados sugerem que os programas de literacia familiar deveriam encorajar os pais a tornarem-se elementos facilitadores do desenvolvimento da literacia emergente, através do treino de competências de literacia.

No que se refere ao tipo de treino utilizado, verificou-se que a instrução directa do nome e dos sons das letras foi a actividade mais frequente, verificando-se que não foram experimentadas outras estratégias devido à crença parental de falta de capacidade e desconhecimento das actuais perspectivas de literacia emergente.

Adicionalmente constatou-se que os desempenhos das crianças estavam associados a estratégias distintas de instrução parental, sendo que o treino da escrita de palavras se correlacionou de modo significativo com o conhecimento das letras e com as competências de descodificação leitora. Estes resultados foram igualmente encontrados no estudo de Silva e Alves-Martins (2002), verificando-se que as experiências de escrita parecem facilitar a segmentação do oral em unidades fonémicas, proporcionando um conhecimento sobre a linguagem verbal como um sistema simbólico com significado, bem como a consciência de regras gramaticais associadas à estrutura da linguagem. Também Sénéchal e LeFevre (2001) referem resultados similares, evidenciando que a instrução parental é um factor familiar fundamental no sucesso na leitura nos primeiros anos de escolaridade, além de se relacionar de um modo significativo com as competências de literacia emergente das crianças. Diferentes estudos (Haney, & Hill, 2004; Saracho, 1997b; Sénéchal, & LeFevre, 2001) têm permitido alcançar resultados similares que mostram um melhor desempenho nas crianças cujos pais realizam actividades de promoção de competências pré-leitoras, nomeadamente quando se focalizam nas competências linguísticas e no conhecimento sobre o impresso (Saracho, 2002). São sugeridas na literatura (Saracho, 2007) diversas experiências de treino de competências de literacia através da criação de um ambiente rico em materiais impressos e de leitura (símbolos, logótipos, publicidade), da existência de jornais, revistas, dicionários, mapas, listas telefónicas, manuais e livros de histórias, e da realização de actividades que envolvam a descodificação de palavras, figuras ou nomes bem como a utilização do computador para actividades de escrita.

Recentemente tem vindo a ser estudado o efeito de uma estratégia particular de literacia familiar, em que os pais ouvem as crianças "ler", bem como a sua influência no desenvolvimento literácito das crianças (Mata, 2006; Sénéchal, 2006b). No estudo realizado por Mata (2006) verificou-se que esta era uma das actividades referidas pelos pais como sendo desenvolvida regularmente em casa. Também na meta-análise desenvolvida por Sénéchal (2006b) esta estratégia foi assinalada, constatando-se que os pais foram treinados para realizar esta actividade. Uma das técnicas ensinadas relacionou-se com a leitura emparelhada, através da qual o adulto e a criança lêem simultaneamente. A autora concluiu que a utilização da "leitura" efectuada pelas crianças apresentou um efeito moderado (0.51) no seu desenvolvimento literácito.

O Modelo de Literacia Familiar proposto por Sénéchal e LeFevre (2002) procura descrever as actividades realizadas no contexto familiar, bem como explicitar as implicações dessas práticas no desenvolvimento literácito e na aprendizagem formal da leitura e da escrita das crianças. O modelo, que congrega os resultados supracitados, postula a criação de dois tipos de actividades distintas de literacia familiar: a leitura partilhada de histórias e o treino/ensino de competências pré-leitoras, estipulando uma relação diferenciada de cada actividade com o desenvolvimento da linguagem e da literacia emergente. A leitura partilhada de histórias promove o desenvolvimento de competências linguísticas, enquanto o treino parental desenvolve competências pré-leitoras. De acordo com este modelo nenhuma das actividades referidas se relaciona directamente com a consciência fonológica, sendo a relação mediada pela linguagem e pela literacia emergente.

Também de acordo com este modelo existem relações longitudinais entre as actividades de literacia familiar e os resultados escolares das crianças, embora se trate de percursos e de influências indirectas. Por exemplo, Sénéchal (2006a) sugere que o treino parental está relacionado com as competências pré-leitoras que, por sua vez, se encontram associadas à leitura no 1.° ano de escolaridade. Este desempenho no 1.° ano parece igualmente ser preditor de competências de leitura mais complexas.

Este modelo foi testado inicialmente com crianças cuja língua partilhada era o inglês, verificando-se que as mesmas características são encontradas nas crianças de língua francesa. No estudo de Sénéchal (2006a) verificou-se a consistência dos pressupostos do modelo de literacia familiar e a inclusão de novas evidências: i) a leitura de histórias e o treino parental constituem domínios distintos nas práticas de literacia familiar, embora muitos pais se envolvam em diferentes práticas familiares; ii) existe uma relação directa entre a leitura partilhada de histórias e o desenvolvimento da linguagem, nomeadamente do vocabulário, evidência já identificada em estudos observacionais, correlacionais e em programas de intervenção; iii) a leitura de histórias é uma variável preditora da motivação para a leitura no 4.° ano; iv) há uma relação directa entre o treino parental e as competências pré-leitoras, que por sua vez são preditoras da aquisição da leitura no 1.° ano e da velocidade de leitura no 4.° ano; e uma relação indirecta com a consciência fonológica; v) constata-se uma relação indirecta entre a leitura de histórias e a compreensão leitora no 4.° ano de escolaridade.

Para além das actividades de literacia familiar, o desenvolvimento literácito das crianças é mediado por variáveis associadas a características parentais (Hargrave, & Sénéchal, 2000; Levy, *et al.*, 2006; Roberts, *et al.*, 2005), que serão descritas em seguida.

Levy e colaboradores (2006) verificaram o papel fundamental dos pais no acompanhamento das práticas de literacia familiar, como elementos facilitadores do envolvimento dos filhos com o impresso, já que uma participação activa das crianças pareceu ser mais eficaz no desenvolvimento de competências de escrita do que ouvir passivamente os pais lerem histórias. Hargrave e Sénéchal (2000) acrescentam que esta participação activa pode ainda ocorrer durante a leitura de histórias, facilitando o desenvolvimento do vocabulário de crianças em risco de atraso neste domínio. Roberts e colaboradores (2005) procuraram também analisar em que medida variáveis associadas ao ambiente familiar (frequência da leitura partilhada de histórias, estratégias maternas, sensibilidade durante a leitura e interesse da criança na leitura) se relacionavam com as competências linguísticas e pré-leitoras de crianças com idades compreendidas entre os 3 e os 5 anos. Os resultados revelaram a existência de correlações significativas entre as variáveis relacionadas com a sensibilidade e a utilização de estratégias durante a leitura de histórias e o nível de vocabulário receptivo das crianças aos 3 anos de idade. Deste modo, a adopção de um estilo sensível, responsivo e de apoio por parte das mães durante a leitura de histórias e de outras actividades de promoção de competências pré-leitoras parece facilitar uma interacção positiva entre as mães e os filhos, motivar e envolver as crianças nestas actividades, bem como promover a linguagem e o desenvolvimento cognitivo (Roberts, *et al.*, 2005). Também Aram e Levin (2004) e Levy e colaboradores (2006) constataram que a qualidade da mediação maternal nestas actividades, nomeadamente o apoio e acompanhamento, facilitava o desenvolvimento das competências de literacia (linguísticas, de compreensão e de leitura) e do rendimento escolar no domínio da leitura, ao longo dos primeiros anos de escolaridade. O estudo realizado por Deckner e colaboradores (2006) vem ainda acrescentar a importância das verbalizações maternas, bem como das rotinas metalinguísticas no desenvolvimento literácito das crianças.

Considerando o nível socioeconómico das famílias, Britto e Brooks-Gunn (2001) analisaram as relações existentes entre o ambiente de literacia familiar e as competências de literacia emergente, em famílias com nível socioeconómico desfavorecido e nível educacional baixo. As dimensões do ambiente familiar estudadas relacionaram-se com as interacções linguísticas, o clima de aprendizagem e o ambiente social e emocional do contexto familiar. As competências de literacia emergente avaliadas contemplaram o vocabulário receptivo, a linguagem expressiva e a prontidão para a aprendizagem. Os resultados mostram que as interacções linguísticas se relacionavam com a linguagem expressiva da criança, que o clima de aprendizagem se encontrava associado igualmente à linguagem expressiva da criança, mas também à prontidão para a aprendizagem e que o clima social e emocional estava significativamente correlacionado com a prontidão para a aprendizagem e, de um modo mais modesto, com a linguagem expressiva da criança. De um modo geral, os resultados sugerem que o modo como os pais interagem com as crianças está associado ao desenvolvimento literácito dos filhos.

Ainda no que concerne a qualidade das interacções adulto-criança, Jong e Leseman (2001) realizaram um estudo longitudinal, acompanhando o desenvolvimento literácito de crianças holandesas desde os 5 anos até ao final do 1.° e 3.° anos de escolaridade. Os autores (2001) estudaram os efeitos das práticas de literacia familiar no desenvolvimento da leitura, designadamente da descodificação e da compreensão leitora. As práticas de literacia avaliadas relacionaram-se com a oportunidade proporcionada às crianças para interagir com a linguagem escrita, a qualidade da instrução parental e a qualidade das interacções pais-criança. Os resultados do estudo apontam para uma evolução diferenciada das competências de descodificação e de compreensão leitora ao longo do tempo, quando relacionadas com as práticas familiares de literacia. Enquanto a descodificação leitora vai declinando a sua relação com as variáveis familiares avaliadas ao longo da escolaridade, a compreensão leitora vai tornando a sua relação mais significativa. Deste modo, a influência da educação familiar no desenvolvimento da descodificação leitora é limitada até ao primeiro ano da aprendizagem formal da leitura e da escrita. Os resultados sugerem que as interacções com a linguagem escrita quando são precoces, espontâneas e acompanhadas pelos pais, promovem competências de literacia emergente, que facilitam igualmente a mestria relacionada com o princípio alfabético na aprendizagem formal da leitura e da escrita. Quanto à compreensão leitora, o estudo parece indicar que esta variável se torna mais dependente de competências relacionadas com a instrução parental e a qualidade das relações estabelecidas que, por sua vez, parecem fomentar o desenvolvimento de competências de linguagem oral pragmáticas, como o vocabulário e a compreensão oral.

As variáveis parentais englobam não só a qualidade das interacções com as crianças, mas também têm sido apontados como indicadores do ambiente familiar o conhecimento que os pais possuem sobre literatura infantil, a precocidade das interacções, a quantidade de livros existentes no contexto familiar, bem como as expectativas e hábitos de literacia dos pais, sendo importante conhecer o seu impacto no desenvolvimento da literacia das crianças (Mata, 2006; Sénéchal, & LeFevre, 2001; 2002; Storch, & Whitehurst, 2001).

Mata (2006) encontrou uma associação positiva entre as características do ambiente familiar, avaliadas através do número de livros, da precocidade e duração das actividades de literacia com os filhos e dos conhecimentos de literatura, assim como as conceptualizações das crianças sobre a linguagem escrita. Os resultados sugerem que ambientes ricos e interacções precoces facilitam a descoberta da linguagem escrita. O conhecimento que os pais possuem sobre os livros de histórias parece ser também preditor das competências de vocabulário e de compreensão oral em crianças de 5 anos, o que justifica a elevada pertinência da realização de leitura partilhada de histórias (Sénéchal, & LeFevre, 2001; 2002). Storch e Whitehurst (2001) sugerem ainda que o ambiente literácito e as expectativas e características parentais influenciam significativamente as competências de vocabulário das crianças que, por sua vez, facilitam o desenvolvimento de competências relacionadas com o conhecimento sobre o impresso e sobre a consciência fonológica.

Finalmente, é essencial considerar o papel de modelo que os pais desempenham, quando utilizam a linguagem escrita, quer para fins pessoais, quer quando envolvem involuntariamente as crianças nestas situações, despertando-lhes o gosto e a compreensão do seu valor (Mata, 2006; Saracho, 1997b). De acordo com Saracho (2002), a interacção frequente dos elementos da família com as crianças nas actividades promotoras das competências pré-leitoras facilita a aquisição da consciência da importância da linguagem escrita. No entanto, as funções de apoio e de incentivo ao desenvolvimento da literacia das crianças são influenciadas pelas próprias experiências que os pais tiveram enquanto crianças, bem como pelos papéis que os seus progenitores desempenharam (Haney, & Hill, 2004; Saracho, 1997b). Haney e Hill (2004) acrescentam que as experiências vividas na infância influenciam igualmente o tipo de instrução que os pais utilizam com os seus filhos, sendo frequente a perpetuação de estratégias relacionadas com o treino da escrita do nome e da identificação dos sons das letras. Saracho (1997a) exemplifica, demonstrando que muitos pais não associam a leitura a momentos de prazer e de diversão, já que as suas experiências com o material impresso, e mesmo com a escola, foram negativas. Baker e Scher (2002) partilham desta opinião, referindo que as crenças dos pais e as experiências vividas são essenciais ao seu papel parental, embora sejam poucas vezes encaradas como importantes. No estudo realizado com pais de crianças que frequentavam o 1.° ano de escolaridade, verificaram que, quando os pais indicavam que tinham prazer nas actividades de leitura, consideravam igualmente que se tratava de experiências importantes para as crianças. Constatou-se ainda que não existiam diferenças significativas em termos de nível socioeconómico, no que se refere à partilha desta crença. Paralelamente, o estudo evidencia que esta concepção da leitura como fonte de prazer parece contribuir positivamente não só no que respeita à motivação para a leitura, mas também ao desenvolvimento de competências de literacia e à escolha por parte das crianças de actividades de leitura.

Serpell e colaboradores (2002) evidenciam igualmente que não é o nível socioeconómico, a raça ou a linguagem partilhada pelos pais que influencia o desenvolvimento da literacia, mas antes as práticas específicas de socialização e as crenças que os pais possuem sobre este domínio. Num estudo sobre as crenças dos pais acerca da pertinência das práticas de literacia familiar, Ortiz (2004) verificou que as razões subjacentes à realização destas actividades se relacionavam com a preocupação de juntar a família, partilhar momentos divertidos, sendo que para alguns pais se tratava de tarefas necessárias, para outros formas de divertimento e para outros ainda, um desafio. No entanto, todos os pais referiram que se envolviam nestas práticas porque elas constituíam uma função no seu quotidiano, sendo um modo de expressarem emoção e de concretizarem os seus objectivos, ou seja, funcionavam como um meio de comunicação.

Como foi possível analisar através da descrição das práticas de literacia familiar, os pais adoptam actividades e posturas diferenciadas na promoção da literacia emergente das crianças. Por sua vez, as práticas desenvolvidas promovem competências pré-leitoras distintas, ainda que nem todas as experiências de literacia familiar influenciem o desenvolvimento literácito das crianças com o mesmo impacto.

Programas de Literacia Familiar

Os programas de literacia familiar têm vindo a ser desenvolvidos com o objectivo de promover o desenvolvimento de competências e de criar oportunidades educacionais para os pais, tendo em vista o desenvolvimento da literacia nas crianças, bem como para ajudar os familiares a aprender estratégias e a tornarem-se elementos mais conscientes e críticos no desenvolvimento literácito das crianças (Saracho, 1997a; 2002; 2007).

Na análise dos programas de literacia familiar iremos começar por considerar os modelos teóricos subjacentes à sua realização, bem como as variáveis comummente utilizadas. Posteriormente serão abordadas as metodologias de avaliação dos programas, e será efectuada uma descrição detalhada das intervenções recentes neste domínio.

Os programas de literacia familiar começaram a ter maior relevância a partir da década de 80 (Saracho, 1997a), e de acordo com St. Pierre, Ricciuti e Rimdzius (2005) baseiam-se em três pressupostos essenciais: i) as aprendizagens precoces das crianças são influenciadas pelos pais; ii) os pais devem desenvolver e valorizar as suas competências literácitas de forma a apoiar o sucesso educativo das crianças; iii) os pais são os primeiros e principais professores dos seus filhos.

Embora a implementação destes programas seja recorrente, parece existir uma certa ambivalência no que se refere às teorias sobre literacia familiar (Saracho, 2002), tendo sido apontados dois modelos orientadores dos programas de literacia familiar: i) o modelo de défice; ii) o modelo de enriquecimento (Caspe, 2003; Saracho, 2002).

O modelo de défice baseia-se no pressuposto de que as famílias de nível socioeconómico baixo apresentam défices nas competências de literacia e parentais, bem como um reduzido conhecimento sobre a aprendizagem das crianças, sendo necessário dotá-las de ferramentas para promover a literacia dos filhos. Este modelo postula que as intervenções devem focar-se nas interacções pais-criança, alargando o trabalho desenvolvido na escola ao contexto familiar. De acordo com esta teoria, os pais devem ser ensinados a utilizar estratégias de promoção de competências linguísticas e de literacia emergente. A designação atribuída ao modelo relaciona-se com o interesse nos défices das famílias, negligenciando o tipo de práticas familiares, o seu estilo de vida e as idiossincrasias de cada contexto.

No modelo de enriquecimento, a aprendizagem da literacia emerge das características das famílias, sendo explorados temas sociais como a imigração, o desemprego, a segurança ou as drogas. De acordo com Saracho (1997b) e Caspe (2003), estas intervenções devem basear-se no conhecimento cultural e económico das famílias, partir das práticas desenvolvidas pelos pais, reforçando e apoiando novos conhecimentos e competências.

A implementação de programas de literacia familiar integra pressupostos associados às teorias de Vygotsky (1998) e de Bruner (1976). A teoria sociocultural de Vygotsky (1998) postula que através das interacções sociais as famílias transmitem às crianças competências, conhecimentos e valores relacionados com a literacia. Aliado a este pressuposto é também fundamental relacionar a noção da zona de desenvolvimento proximal, segundo a qual as famílias podem promover o apoio necessário para facilitar as aprendizagens das crianças.

O pressuposto de instrução directa é também utilizado nos programas de literacia familiar. Segundo Bruner (1976), que criou o termo "*scaffolding*", é essencial que os familiares não só auxiliem a criança, proporcionando um ambiente de aprendizagem favorável, mas também é esperado que modifiquem o tipo de instrução utilizado de forma a corresponder ao nível de competência da criança.

Considerando os diferentes pressupostos teóricos, é possível constatar que os programas de literacia familiar requerem uma abordagem multifacetada com as famílias, focalizada na estimulação das crianças, através da melhoria da qualidade das interacções pais-crianças e do ambiente familiar

(Saracho, 1997b). Paralelamente é fundamental ajudar os pais a tornarem-se mais envolvidos na leitura e na escrita, a compreenderem os pressupostos relativos à literacia, parentalidade e desenvolvimento da criança e a desenvolverem bons hábitos e estratégias de ensino (St. Pierre, *et al.*, 2005). De um modo geral, pretende-se o desenvolvimento das competências, não só nas crianças, mas também nos pais. Neste sentido, os programas de literacia devem constituir-se como uma rotina familiar, envolvendo os pais no planeamento e na tomada de decisões e desenvolvendo as intervenções com base nas suas necessidades (Nistler, & Maiers, 2000). De acordo com Saracho (2007) e Karther (2002), é ainda essencial que os programas de literacia familiar ocorram num horário conveniente para os pais. Nistler e Maiers (2000) sugerem também a existência de *baby-sitting* no local das sessões. As preferências de leitura dos pais, bem como os seus interesses, atitudes e perspectivas, devem ainda ser considerados quando se preparam os materiais e as actividades de promoção de competências pré-leitoras (Karther, 2002). Saracho (2002) sugere igualmente que os programas de literacia familiar devem fazer uso de objectos e materiais da comunidade e do contexto familiar, da linguagem das crianças e dos seus interesses e competências. Nistler e Maiers (2000) acrescentam que é essencial criar um sentido de comunidade com os pais, de forma a que desenvolvam um sentimento de pertença e, em conjunto, consigam desenvolver estratégias de promoção de competências literácitas. O papel do técnico que implementa a intervenção é outro factor importante, nomeadamente no estabelecimento de relações seguras com os pais, sendo também essencial na manutenção da comunicação com estes, quer através de mensagens, quer de conversas telefónicas ou visitas familiares.

Embora pareça existir consenso na importância da realização de programas de literacia familiar (Jong, & Leseman, 2001), o mesmo não se verifica quanto ao impacto e eficácia dessas intervenções (Saracho, 1997a). Para compreender as circunstâncias em que as aprendizagens ocorrem e as actividades que melhor preparam as crianças para uma aprendizagem formal da leitura e da escrita com sucesso (Sénéchal, & LeFevre, 2001) é importante conhecer as variáveis e tipos de intervenção utilizados nos programas que melhor predizem o desempenho das crianças. Em seguida será efectuada uma análise dos tipos de intervenção mais eficazes, bem como das características dos participantes neste tipo de programas, em termos de: i) idade das crianças; ii) nível socioeconómico das famílias; iii) envolvimento do pai e/ou da mãe.

No sentido de analisar o impacto dos programas de intervenção, Sénéchal (2006b) efectuou uma meta-análise envolvendo 14 intervenções e 1174 famílias, verificando que foram propostos diferentes tipos de envolvimento parental. Em alguns estudos estudou-se a influência da leitura de histórias, noutros o impacto do treino de competências de literacia emergente, e num outro tipo de estudos analisou-se a influência da leitura por parte das crianças no seu desenvolvimento literácito. Os resultados sugerem que as intervenções em que os pais eram treinados para promover competências de literacia nas crianças eram aquelas que produziam melhores desempenhos literácitos, com um efeito elevado.

No que se refere à quantidade de treino que os pais receberam nos diferentes programas por sessão, Sénéchal (2006b) sugere que as intervenções que proporcionavam menos treino (duas horas de duração) apresentavam maior impacto do que as de longa duração (três a oito horas). No que se refere à duração de todo o programa, não se verificaram diferenças significativas nos resultados, o que implica que a extensão das intervenções não teve impacto nos resultados encontrados.

Sénéchal (2006b) comparou os efeitos do envolvimento parental consoante a idade das crianças, concluindo que o impacto das práticas familiares era similar para crianças em idade pré-escolar e idade escolar (1.° e 3.° anos de escolaridade). No que se refere a programas destinados à promoção de competências pré-leitoras, tem-se assistido a uma predominância de intervenções focalizadas nas crianças que frequentam o último ano da educação pré-escolar (Saracho, 2000b; Sénéchal, & LeFevre, 2002), embora estudos recentes salientem a eficácia destes programas também com crianças entre os dois e os quatros anos (Aram, & Biron, 2004; Deckner, *et al.*, 2006; Hargrave, & Sénéchal, 2000; Levy, *et al.*, 2006; Sénéchal, *et al.*, 2008; Storch, & Whitehurst, 2001), nomeadamente ao nível da linguagem oral (Deckner, *et al.*, 2006), do vocabulário receptivo (Aram, & Biron, 2004) e expressivo (Hargrave, & Sénéchal, 2000) e das competências de literacia emergente relacionadas com a linguagem escrita (Levy, *et al.*, 2006). Mesmo no que se refere à existência de livros favoritos, Sénéchal e LeFevre (2001) sugerem que crianças com 3 anos já possuem preferências por determinados livros que, por sua vez, facilitam a aquisição de conhecimentos sobre a estrutura narrativa das histórias. Paralelamente, estas autoras verificaram que, as crianças mais novas quando têm experiências com livros de um modo regular, possuem melhores competências de vocabulário, as quais facilitam, posteriormente, a compreensão leitora.

No que se refere à influência do nível socioeconómico nos resultados dos programas de literacia familiar, Sénéchal (2006b) mostrou que não existiam diferenças significativas no impacto das intervenções associadas aos contextos de proveniência das famílias. No entanto, o nível socioeconómico parece constituir-se como uma das variáveis moderadoras do desenvolvimento literácito das crianças (Sénéchal, 2006a). Aram e Biron (2004) sugerem que as crianças de níveis socioeconómicos mais desfavorecidos tendem a apresentar desempenhos inferiores no domínio da literacia, quando comparadas com os seus pares de níveis socioeconómicos médios ou elevados, pelo que se torna essencial desenvolver intervenções precoces, como meios de combater os efeitos das condições sociais nestas populações. Storch e Whitehurst (2001) parecem partilhar estas evidências, sugerindo que quando o ambiente familiar não proporciona experiências relacionadas com a linguagem escrita, as crianças encontram-se em risco de desenvolver dificuldades na aprendizagem formal da leitura e da escrita, sendo este panorama característico de famílias pertencentes a níveis socioeconómicos desfavorecidos. Deste modo, devem ser desenvolvidos esforços para que as competências de literacia emergente sejam fomentadas no contexto familiar destas crianças, antes da entrada no 1.° ciclo, com o objectivo de aumentar as experiências neste domínio e de fomentar a motivação para actividades de leitura e de escrita.

O nível socioeconómico parece ainda influenciar os recursos promotores de competências pré-leitoras no contexto familiar. A maior diferença entre pais de níveis socioeconómicos diferentes relaciona-se com o sistema de apoio à literacia (Saracho, 1997a). Storch e Whitehurst (2001) parecem apoiar este pressuposto, acrescentando que o nível socioeconómico influencia a exposição das crianças a experiências que podem facilitar o seu desenvolvimento literácito. A existência de livros em casa, bem como a qualidade e frequência das interacções com a linguagem escrita parecem constituir oportunidades fortemente influenciadas pelo nível socio -económico em que as famílias se inserem. O estudo realizado por Mata (2004) vai ao encontro destas evidências, verificando-se serem as crianças que possuíam mais livros infantis em casa aquelas que apresentavam concepções mais elaboradas sobre a linguagem escrita. Sénéchal e LeFevre (2002) constataram igualmente que o acesso e a exposição a livros, para além da leitura partilhada de histórias, constituem influências indirectas no desenvolvimento de competências de leitura. No entanto, segundo Mata (2004), não é apenas o número de livros que influencia o desenvolvimento das competências de literacia emergente, embora ele se relacione com o aumento das oportunidades de interacção com o material impresso. Para este desenvolvimento é essencial a existência de interacções ricas e diversificadas com as crianças.

Finalmente, o nível socioeconómico parece influenciar as crenças e as expectativas dos pais face à educação e desenvolvimento literácito dos filhos, bem como as práticas de literacia familiar (Baker *et al.*, 2001). Metsala (1996) descreve um estudo longitudinal no qual se verificou que famílias de todos os níveis socioeconómicos referiam a criação de oportunidades frequentes para que os filhos se envolvessem em actividades de promoção de competências pré-leitoras. No entanto, as famílias de nível socioeconómico médio adoptavam uma perspectiva das actividades de literacia como uma fonte de divertimento, enquanto as de nível socioeconómico baixo percepcionavam a literacia como um conjunto de competências a desenvolver. Consoante estas concepções, as actividades realizadas com as crianças eram distintas. De um modo geral, o estudo evidenciou que as famílias de nível socioeconómico médio procuravam criar oportunidades para as crianças construírem conhecimentos sobre a literacia através da acessibilidade a materiais impressos e a actividades lúdicas, envolvendo-se mais em acções de leitura partilhada de histórias, enquanto as famílias de nível socioeconómico baixo valorizavam a realização de actividades estruturadas e direccionadas para o desenvolvimento de competências, focalizando as actividades realizadas, por exemplo, no ensino das letras, o que de acordo com Baker e colaboradores (2001) diminui a qualidade afectiva das interacções.

Vários estudos parecem encontrar resultados semelhantes. Karther (2002) verificou que pais de nível socioeconómico baixo e com poucas competências de literacia, embora valorizassem a utilização de livros com as crianças, tendiam a realizar uma leitura de histórias limitada e a ensinar o reconhecimento das letras. No que concerne às famílias de nível socioeconómico médio, Sonnenschein e Munsterman (2002) sugerem que a leitura partilhada de histórias é uma prática comum, sendo menos usual nas famílias de nível socioeconómico baixo. Em Portugal, Mata (2006) salienta igualmente a importância da leitura de histórias, realizada frequentemente e enquanto prática lúdica, nas famílias de nível socioeconómico médio. Serpell e colaboradores (2002) constataram que pais de nível socioeconómico médio, com crianças que frequentavam o 2.° ano de escolaridade, valorizavam o diálogo durante as refeições, quer como estratégia para o desenvolvimento linguístico dos filhos, quer como ritual da família. Também Baker e colaboradores (2001) salientam que pais deste nível socioeconómico tendem a envolver--se em diálogos com os filhos sobre as histórias, indo além do contexto imediato proporcionado pelos textos. No que se refere à qualidade afectiva das interacções entre mães e crianças durante a leitura partilhada de histórias, constata-se que esta é mais pobre quando as mães têm níveis inferiores de educação e provêm de meios socioculturais mais desfavorecidos, o que parece relacionar-se com dificuldades dos próprios pais na leitura e na modelação efectiva de comportamentos face à leitura. O nível de educação parental foi também estudado por Dearing, MacCartney, Weiss, Kreider e Simpkins (2004), verificando-se que crianças cujas mães tinham um nível de educação superior, eram as mais envolvidas nas actividades de literacia, apresentando ainda sentimentos mais positivos relativamente a este domínio. No entanto, crianças cujas mães tinham um reduzido nível de educação, mas um elevado envolvimento na sua educação, apresentavam desempenhos similares aos seus pares de nível socioeconómico médio. Em contrapartida, Mata (2006) constatou que no estudo realizado com pais cujas habilitações literárias mínimas consistiam na equivalência ao 12.° ano, cerca de 4,5% das famílias indicava que os seus filhos raramente ou nunca os viam ler ou escrever. Nesta linha de ideias, Serpell e colaboradores (2002) sugerem que existe uma variabilidade considerável em sujeitos do mesmo nível socioeconómico, não só nas actividades realizadas, mas nas crenças partilhadas, verificando-se igualmente concepções comuns entre sujeitos de nível socioeconómico distinto.

No sentido de analisar os programas de literacia familiar, tem vindo a aumentar o interesse pela definição concreta dos destinatários directos destas intervenções, já que, segundo Ortiz (2004), os "pais" são frequentemente as mães (Aram, & Biron, 2004; Britto, & Brooks-Gunn, 2001; Caspe, 2003; Jong, & Leseman, 2001), ou não são claros quais os participantes dos estudos e das intervenções (Sénéchal, & LeFevre, 2002; Sénéchal, *et al.*, 2008). Paralelamente, é comum o estereótipo relativo ao reduzido envolvimento do pai no acompanhamento das crianças em geral e no desenvolvimento da literacia emergente, em particular associado à falta de investigação e de conhecimento sobre a contribuição dos pais no desenvolvimento da leitura e escrita das crianças (Ortiz, 2004; Saracho, 2007; Saracho, 2008). Apenas nesta década foi reconhecida a importância do envolvimento dos pais no cuidado e desenvolvimento das crianças (Ortiz, 2004). Estudos recentes (Karther, 2002; Ortiz, 2004; Saracho, 2008) sugerem que o pai, tal como a mãe, pode contribuir para o desenvolvimento da leitura da escrita, bem como influenciar os resultados escolares dos seus filhos. Saracho (2007) acrescenta que os pais valorizam a necessidade de proporcionar às crianças experiências que promovam o desenvolvimento da literacia emergente.

Ortiz (2004) estudou as razões subjacentes ao envolvimento dos pais em actividades de literacia emergente, identificando três grandes factores que influenciam a sua participação: i) curiosidade sobre o impresso, que se relaciona com as reacções dos pais ao interesse natural das crianças por actividades de leitura e de escrita; ii) valores e crenças pessoais, transmitidos pelos pais sobre a importância da aprendizagem da leitura e da escrita, nomeadamente através da modelação de comportamentos, o que facilita a transmissão implícita da importância da actividade literácita; iii) papel de cônjuge, ou seja, participação do pai na educação e desenvolvimento das crianças, designadamente no que concerne à distribuição das responsabilidades e tarefas em geral, e ao apoio na aprendizagem da leitura e da escrita, em particular.

Karther (2002) sugere ainda que o envolvimento do pai influencia as expectativas das crianças sobre o seu rendimento escolar. No estudo que desenvolveu, a autora (2002) concluiu que os pais têm incertezas quanto ao seu papel na aprendizagem da leitura dos filhos, sendo essencial procurar contactá-los directa e indirectamente no sentido de fomentar uma participação activa no desenvolvimento das crianças.

Considerando as variáveis supracitadas é possível constatar que os programas de literacia familiar são caracterizados por uma diversidade de estratégias, populações abrangidas e objectivos distintos, o que parece relacionar-se com a existência de resultados pouco consistentes (Sénéchal, 2006b). De acordo com Sénéchal e LeFevre (2001; 2002) a inconsistência dos resultados pode também encontrar-se associada às medidas de avaliação utilizadas para aceder às práticas de literacia familiar.

Deckner e colaboradores (2006) referem que as práticas de literacia familiar tendem a ser medidas através de relatos dos pais, em entrevistas ou questionários. Saracho (2000a) desenvolveu um questionário sobre as práticas de literacia familiar, com o intuito de ele ser utilizado em entrevistas. Com este instrumento pretendia analisar as percepções das famílias relativamente ao seu contributo na promoção da aquisição das competências de leitura e de escrita das crianças. O questionário englobava um conjunto de questões sobre a frequência de actividades realizadas no contexto familiar, relacionadas com a leitura de histórias e outros materiais impressos, escrita, realização de jogos e utilização do computador, bem como acções desenvolvidas no exterior, tais como a leitura de sinais, mapas, menus de restaurantes e visitas a bibliotecas. De acordo com a autora (2000a) as informações provenientes deste instrumento seriam importantes para a criação de programas de literacia familiar. No entanto, não existe referência às características psicométricas do questionário, nem a resultados encontrados, sendo apenas referido que ocorreu um acordo entre especialistas sobre os itens e dimensões avaliados.

Também Levy e colaboradores (2006) desenvolveram um questionário para facilitar a descrição das práticas de literacia familiar, bem como a sua frequência e o tipo de materiais utilizados. Os autores estavam ainda interessados em analisar o grau de envolvimento parental nas diferentes actividades, bem como em perceber quais as práticas que as crianças começavam por sua iniciativa e de modo independente.

Boudreau (2005) construiu um questionário cujo objectivo consistia na avaliação da percepção dos pais sobre as competências pré-leitoras dos filhos, tais como a consciência fonológica, a identificação de letras, a orientação para a literacia e as interacções relacionadas com a escrita e com os livros. Os resultados do estudo demonstram uma forte correlação entre este instrumento e outras medidas formais de avaliação da literacia emergente. Paralelamente, as evidências encontradas sugerem que os instrumentos baseados nas percepções dos pais constituem uma ferramenta válida e importante para a avaliação das competências pré-leitoras. Outros autores já haviam recorrido às percepções dos pais sobre o desenvolvimento das crianças, como, por exemplo, Dickinson e DeTemple (1998) que entrevistaram mães nos seus contextos familiares, verificando uma correlação significativa entre as respostas obtidas nas entrevistas e as medidas de avaliação das competências pré-leitoras, bem como entre aquelas e as avaliações efectuadas pelos docentes.

Além das entrevistas e dos questionários, outros instrumentos têm sido utilizados na avaliação das práticas de literacia familiar. Metsala (1996) descreve a utilização de diários com comentários dos pais sobre o efeito de actividades de promoção de competências pré-leitoras, enquanto Saracho (2008) descreve o recurso a estudos de caso. Este procedimento foi escolhido para analisar o contributo que os pais consideram oferecer para o desenvolvimento da literacia emergente das crianças, após uma intervenção focalizada na promoção de estratégias facilitadoras das competências pré-leitoras. Haney e Hill (2004) sugerem ainda a utilização de gravações das interacções durante a leitura de histórias. Baker e colaboradores (2001) utilizaram esta metodologia, utilizando gravações vídeo e áudio das interacções durante a leitura partilhada de histórias entre mães e crianças do 1.° ano de escolaridade, no seu contexto familiar. Neste estudo foram analisadas as interacções verbais, bem como a qualidade afectiva dessas interacções. De acordo com Sénéchal e LeFevre (2001), as medidas de avaliação da leitura de histórias são ferramentas úteis na análise do papel desta estratégia no desempenho das crianças de idade pré-escolar, permitindo compreender o modo como estas são expostas à leitura partilhada de histórias em casa.

Alguns programas utilizam várias medidas de avaliação, como é o caso da intervenção realizada por Roberts e colaboradores (2005), na qual foram utilizados questionários, observação por investigadores independentes e codificação do comportamento através de gravações em vídeo das interacções mãe-criança. Também no estudo de Jong e Leseman (2001) foram utilizadas metodologias distintas, desde a realização de entrevistas, à gravação vídeo das interacções mãe-criança e ainda ao recurso a baterias de testes para avaliar as competências de leitura das crianças.

Finalmente, os *designs* dos programas de literacia familiar são igualmente diversificados. Segundo Saracho (1997a; 2002), a maioria das intervenções apresenta uma metodologia correlacional, cujas principais orientações sugerem que: i) a utilização de material escrito no contexto familiar tem um impacto no desempenho na leitura; ii) os níveis de literacia dos pais influenciam o sucesso escolar das crianças; iii) a quantidade de tempo que os pais despendem em momentos de leitura com as crianças tem um impacto no seu desempenho escolar. Sénéchal e LeFevre (2001) acrescentam que existem igualmente estudos experimentais, bem como estudos sobre o impacto de programas de literacia familiar, ainda que poucos apresentem grupo de controlo e *designs* com qualidade (Sénéchal, 2006b).

No que se refere à descrição dos programas, é possível constatar que, embora todos visem o desenvolvimento literácito das crianças, se focalizam: i) alguns na promoção de competências de literacia dos adultos e na inserção na comunidade; ii) outros na articulação entre a família e a escola; iii) outros ainda apenas no desenvolvimento de competências de treino parental.

Relativamente ao primeiro tipo de intervenções, Caspe (2003) fez a revisão de programas de literacia familiar intergeracionais, que se focalizavam na família, em detrimento de analisar separadamente as crianças ou os pais. Este tipo de programas congrega os efeitos de intervenções precoces, educação parental e literacia para adultos, direccionando-se para famílias de emigrantes residentes nos EUA. O *Pajaro Valley Experience* (1998) consiste num programa para pais que apresenta como objectivos consciencializar estes agentes educativos para o seu papel e para a sua responsabilidade na promoção do futuro dos filhos e aumentar as interacções entre pais e crianças em idade escolar relacionadas com a leitura de histórias e o desenvolvimento de competências linguísticas. Através de encontros mensais, realizados na biblioteca pública local, os docentes lêem com os pais um livro infantil e efectuam a sua exploração, valorizando não só as aprendizagens adquiridas pelas crianças, mas principalmente as interacções vividas.

Outro programa analisado por Caspe (2003) refere-se ao *Intergenerational Literacy Project* (1999), destinado a emigrantes que procuram melhorar as suas competências linguísticas e de literacia, bem como conhecer estratégias para promover a educação das crianças. Este programa está a ser desenvolvido há mais de dez anos, incluindo sessões com horários de manhã e de tarde, nas quais tutores ensinam e treinam com os pais competências literácitas, que os adultos necessitam desenvolver. Ao mesmo tempo que os pais frequentam estas sessões, as crianças participam em programas de promoção de competências linguísticas e pré-leitoras.

Finalmente, o *Jane Addams School for Democracy* (2002) consiste num programa que se baseia no pressuposto de que os círculos de aprendizagem fomentam a aquisição de competências através da partilha de opiniões entre os sujeitos. Este programa engloba três grupos distintos de intervenção: um primeiro grupo em que os participantes estudam para efectuar o exame que lhes confere a cidadania americana, outro grupo no qual se promovem e partilham competências linguísticas e, finalmente, um círculo em que as crianças são co-construtoras e realizam actividades promotoras do sucesso escolar.

Embora a descrição dos programas seja importante, não é feita referência a qualquer tipo de avaliação, não sendo possível analisar o impacto destas intervenções nas famílias, nem nas crianças.

Os programas *Even Start*, inserem-se na mesma tipologia de intervenções e começaram a ser realizados pelo Departamento de Educação dos Estados Unidos em 1989, com o objectivo de treinar pais para ajudarem as crianças a atingir o seu potencial enquanto aprendentes. Destinavam-se a crianças com menos de oito anos e a pais com mais de dezasseis anos, sem escolaridade e com um nível socioeconómico baixo. Este tipo de programas continua a ser desenvolvido apresentando uma intervenção alargada a diferentes domínios: educação precoce com as crianças, ensino da literacia com adultos, educação parental e interacções estruturadas no âmbito da literacia entre pais e crianças.

Karther (2002) descreve os serviços que englobavam as interacções relacionadas com a literacia, mencionando a existência de visitas semanais ou bimensais aos contextos familiares, com a duração de aproximadamente uma hora e trinta. Um educador familiar sugere e treina com as famílias actividades desenvolvimentalmente apropriadas; oferece ainda livros seleccionados para as crianças e para as famílias.

St. Pierre, Ricciuti e Rimdzius (2005) procuraram avaliar o impacto de 18 projectos *Even Start* que abrangiam 463 famílias. Após um acompanhamento de dois anos, não se verificaram diferenças significativas nas famílias submetidas à intervenção, no que se refere ao desempenho literácito das crianças, ao desenvolvimento da literacia nos pais e às interacções pais-crianças. A aparente falta de eficácia destes programas foi atribuída quer à reduzida participação das famílias, quer ao currículo e domínios abrangidos pelos programas.

Também Karther (2002) avaliou a evolução das crianças submetidas a um destes projectos, existindo indícios de que aumentou a frequência da leitura partilhada de histórias, provavelmente devido à oferta de livros, que os tornou mais acessíveis às famílias.

O *California's Families for Literacy Program* consistiu num programa de literacia familiar que extravasava igualmente o contexto familiar, envolvendo a comunidade local. Entre 1998 e 1999 este programa abrangeu mais de 5000 famílias, procurando melhorar as competências de literacia dos adultos, desenvolver competências de literacia emergente nas crianças, facilitar a partilha e interacção intergeracional e proporcionar oportunidades de discussão sobre a parentalidade. Este programa contemplava a oferta de livros às famílias, o desenvolvimento de encontros nas bibliotecas, de modo a facilitar o acesso aos recursos disponíveis e o treino de promoção de competências pré-leitoras, como a selecção de livros apropriados para as crianças, estratégias para a leitura em voz alta e actividades orientadas para a leitura. Uma das estratégias utilizadas para envolver as famílias no desenvolvimento de competências de literacia emergente relacionava-se com a entrega de malas de literacia familiar, que incluíam livros seleccionados para a idade das crianças e actividades estruturadas para serem realizadas em casa (Saracho, 2002).

No que concerne aos programas que postulam a articulação com a escola, salientam-se os que foram desenvolvidos por Hargrave e Sénéchal (2000), Nistler e Maiers (2000) e Aram e Biron (2004). Hargrave e Sénéchal (2000) procuraram verificar se trinta e seis crianças, com idades compreendidas entre os três e os cinco anos e com reduzido vocabulário, aprendiam novas palavras através da leitura de histórias. Nesta intervenção envolveram não só o jardim-de-infância que frequentavam as crianças, mas também o ambiente familiar de cada uma. Antes da implementação, quer os educadores, quer os pais tiveram treino sobre a dinamização da leitura de histórias através do método dialógico. Esta formação ocorreu em cinco sessões de uma hora, enquanto a intervenção teve a duração de quatro semanas. Os educadores foram incentivados a realizar, no mínimo, dez minutos de leitura com os livros cedidos para este efeito. Aos pais foi sugerida a leitura de livros diferentes, igualmente oferecidos, cinco vezes por semana, durante aproximadamente dez minutos. Foi utilizado um grupo de controlo, em que quer educadores, quer pais foram incentivados à leitura de histórias em condições similares, através das estratégias que habitualmente utilizavam.

Os resultados revelaram que as crianças com reduzidas competências de vocabulário aprenderam novas palavras através dos episódios de leitura de histórias, quer meramente ao ouvir a história, quer através de uma participação activa na leitura dos livros. Em termos da eficácia das estratégias utilizadas, constatou-se que as crianças submetidas à leitura dialógica apresentaram significativamente mais ganhos na linguagem do que as do grupo de controlo, numa intervenção curta no tempo. Esta técnica parece proporcionar um ambiente estimulante para a promoção da linguagem. As questões realizadas pelos adultos facilitam a estruturação de respostas, e o uso da linguagem, melhorando estas competências. Também o elogio e a repetição das verbalizações das crianças foram utilizados na abordagem dialógica.

Embora os resultados sejam animadores, a intervenção com os pais falhou, não só devido à dificuldade de estes manterem a frequência prevista de leitura de histórias, mas também devido ao facto de os pais do grupo da leitura dialógica não efectuarem correctamente esta estratégia. Finalmente, o número de livros que as crianças receberam em casa (três) pode não ter sido o suficiente para aperfeiçoar o seu vocabulário.

Nistler e Maiers (2000) desenvolveram também um programa de literacia conjunto entre a família e a escola, com o objectivo de ajudar os pais a compreender que o desenvolvimento literácito das crianças pode ser potenciado e deve ser valorizado no contexto familiar, além de ser encarado como uma responsabilidade partilhada entre a escola e a família. O programa focalizava-se nas actividades que pais e crianças do 1.° ano, sem experiências de literacia emergente significativas, realizavam em conjunto durante o horário escolar. O programa teve a duração de treze sessões semanais no primeiro ano e quinze no segundo. Em cada sessão, os pais visitavam a sala de aula das crianças e em conjunto desenvolviam actividades estruturadas de literacia que poderiam igualmente repetir em casa. Paralelamente, durante as semanas de intervenção, os pais encontravam-se com a professora e discutiam estratégias de promoção do desenvolvimento literácito dos filhos, bem como outros temas do seu interesse (como, por exemplo, desemprego e saúde). Os efeitos desta intervenção foram avaliados através de registos efectuados pela docente, de entrevistas gravadas com os pais, antes, durante e no final de cada ano lectivo e, ainda, através de observações das interacções realizadas por observadores independentes. Os resultados sugerem que ocorreu a modelação de comportamentos e de actividades no ambiente familiar; indiciam ainda que os pais se tornaram mais conscientes das capacidades dos filhos. Outra conclusão do estudo revela que este tipo de intervenção permite dar voz aos pais, através das suas acções, como parceiros na promoção do sucesso dos seus filhos.

Aram e Biron (2004) procuram avaliar o impacto de dois programas de promoção de competências pré-leitoras: um programa direccionado para a leitura e outro para a escrita. O desenvolvimento da intervenção envolveu as famílias das crianças, dos três aos cinco anos, provenientes de níveis socioeconómicos desfavorecidos. O envolvimento dos pais ocorreu em apenas dois momentos, um no mês após o início dos programas e o outro no final da implementação. Os pais assistiam à aplicação de estratégias a utilizar com as crianças, sendo que lhes eram também apresentados os pressupostos teóricos que consubstanciavam as intervenções. Os resultados evidenciam que as crianças dos dois programas apresentaram uma maior evolução nas competências de literacia emergente do que as do grupo de controlo. No entanto, o grupo submetido à intervenção direccionada para a escrita apresentou um desempenho significativamente superior aos dois restantes grupos. No que se refere à influência parental verificaram-se dois resultados distintos: no grupo de promoção de competências de leitura, ler histórias no contexto familiar foi considerada uma actividade preditora das competências linguísticas. No grupo de promoção de competências de escrita, a natureza das interacções mãe-criança mostrou-se preditora da escrita e da leitura de palavras, bem como da consciência fonológica e ortográfica.

O último tipo de programas focaliza-se apenas no treino parental, sendo um exemplo deste tipo de intervenção o programa desenvolvido por Saracho (2008) com vinte e cinco pais de crianças de cinco anos. A intervenção teve uma duração de cinco meses em que se realizaram quinzenalmente sessões de três horas. Neste programa os pais treinaram diferentes estratégias para promover a aquisição da literacia dos seus filhos, sendo as actividades realizadas baseadas nos interesses dos pais e das crianças e relacionadas com acontecimentos e experiências do quotidiano da família. Este estudo permitiu verificar que os pais criaram um ambiente literácito no contexto familiar e contribuíram para o desenvolvimento literácito das crianças, ajudando-as a adquirir, desenvolver e utilizar as competências de leitura e de escrita, embora não tenham sido utilizadas medidas para avaliar as competências pré-leitoras das crianças.

Anteriormente, a mesma autora (1997b) tinha implementado um programa para pais de crianças da educação pré-escolar que visava a melhoria das competências parentais que, por sua vez, facilitassem uma melhor compreensão do desenvolvimento da literacia. A intervenção foi dinamizada por docentes formados para esse fim. As estratégias utilizadas relacionavam-se com modos convencionais e não convencionais de promoção do desenvolvimento da literacia no contexto escolar e familiar. Os pais frequentaram *workshops* de duas em duas semanas, durante cinco meses, nos quais aprendiam a promover a literacia nos seus contextos familiares, como, por exemplo, através da leitura de histórias, discussão sobre os livros, incentivo à leitura de livros e demonstração de actividades a implementar em casa, associadas aos objectivos pretendidos. Os materiais utilizados nas sessões envolviam apenas os recursos disponíveis no contexto familiar. Por vezes, as crianças eram convidadas a participar nas sessões, de modo a que ocorresse a prática de actividades em conjunto. Era igualmente sugerido que os pais demonstrassem actividades do seu interesse e as partilhassem com o grupo.

Através da avaliação do programa, Saracho (1997b) sistematizou quatro tipos de recursos que os pais utilizavam em casa para promover competências de literacia. O primeiro relacionava-se com materiais sem linguagem escrita, que proporcionavam estimulação visual na interacção pai-criança. Por exemplo, depois da leitura da história que envolvia um cacto, os pais mostravam um cacto verdadeiro à criança, bem como outras plantas e recriavam a história com os materiais. Um segundo tipo de materiais focalizava-se apenas nos impressos, como, por exemplo, jornais, revistas, letras do alfabeto e outros recursos escritos do interesse da criança. Um terceiro tipo de recursos encontrava-se associado a materiais disponíveis quer na escola, quer nas bibliotecas, como livros e figuras. Finalmente, foram salientados os recursos humanos que envolviam as oportunidades das crianças interagirem com adultos ou pares, no sentido de facilitar as aprendizagens.

Embora este programa não tenha avaliado o desenvolvimento de competências de literacia emergente das crianças envolvidas, permitiu verificar que os pais estão receptivos à adopção de novos papéis para facilitar o desenvolvimento literácito dos seus filhos.

Também Saint-Laurent, Giasson e Drolet (2001) sugerem o desenvolvimento de programas similares aos anteriores, focalizados no desenvolvimento de competências parentais que, por sua vez, facilitem o desenvolvimento literácito das crianças. Os autores (2001) construíram um manual em que é abordado um programa de literacia familiar para crianças que entram no 1.° ano de escolaridade. Trata-se de um programa que encoraja os pais a proporcionar actividades de qualidade desenvolvimental, apropriadas às crianças que iniciam a aprendizagem formal da leitura e da escrita. O manual apresenta oito *ateliers* e a sugestão de uma visita à biblioteca. Cada *atelier* tem a duração aproximada de uma hora e meia, devendo realizar-se com uma frequência semanal e, por sugestão dos autores (2001), na escola, durante o horário lectivo dos alunos. Em paralelo com as sessões, existem ainda cinco vídeos de trinta minutos de duração, que ilustram as intervenções e actividades realizadas nos *ateliers*. No final do programa os pais devem preencher um questionário de avaliação sobre a satisfação com as sessões, as actividades realizadas, a duração do programa e as dificuldades encontradas na implementação das actividades.

Em Portugal os programas de literacia familiar começam a dar os primeiros passos, nomeadamente através das bibliotecas públicas. A Biblioteca Municipal D. Dinis, em Odivelas, desenvolveu um laboratório de leitura intitulado "Dois braços para embalar uma voz para contar: actividades de leitura para bebés dos 9 meses aos 3 anos", patrocinado pela Fundação Calouste Gulbenkian, no âmbito do projecto Casa da Leitura. Este laboratório destinou-se a pais, familiares e crianças e apresentou como principais objectivos o contacto precoce, seguro e estimulante com os livros e a leitura, antes da idade escolar, bem como a criação de relações de afecto e de prazer entre pais, crianças e livros. O projecto centrou-se em acções de sensibilização (doze sessões quinzenais), dinamizadas por técnicos da biblioteca, que são complementadas com acções de manutenção (quatro sessões mensais), em que se pretende a exploração do espaço, dos livros e da leitura na Biblioteca e, posteriormente, no contexto familiar. A avaliação deste projecto englobou a utilização de questionários e entrevistas aos pais (Silvestre, s/d).

Outra experiência portuguesa no âmbito do trabalho com famílias tem vindo a ser desenvolvida pela Biblioteca Municipal José Saramago, de Beja (Taquelim, s/d). A preocupação com a promoção da leitura fomentou a criação de um programa de formação de leitores que abrange um conjunto de projectos desenvolvidos em contexto extra-escolar e que se designa Rotas de Leitura. A participação dos pais está focalizada nos clubes de leitura de pais e filhos, destinados a populações específicas: pais e crianças dos dezoito aos trinta e seis meses; pais e crianças dos três aos cinco anos; pais e crianças dos seis aos nove anos, e pais e crianças dos dez aos onze anos. A intervenção é acompanhada por mediadores qualificados, técnicos da biblioteca ou docentes convidados. Através destas iniciativas pretende-se promover a descoberta do livro e da leitura, bem como treinar competências de leitura e de escrita. As actividades proporcionadas englobam não só as sessões na biblioteca, mas igualmente experiências exteriores como visitas a exposições, espectáculos e encontros com ilustradores e escritores. Este programa foi recentemente redefinido como um projecto Gulbenkian/Casa da Leitura, tendo-se iniciado um processo de avaliação das práticas e resultados junto de dezassete pares de pais e filhos distribuídos por três clubes de leitura (com crianças dos três aos onze anos).

A Biblioteca Municipal de Ílhavo iniciou igualmente um projecto de promoção da leitura que envolve pais e crianças dos três aos seis anos de idade. O projecto "Ler para crescer" abrange não só sessões na biblioteca, mas também contempla idas das técnicas de animação da biblioteca aos jardins-de-infância, bem como acções de sensibilização e formação para pais e educadores. Os grandes objectivos do projecto, em consonância com os exemplos anteriores, remetem para o contacto precoce com o livro e com a leitura, bem como a promoção da motivação e do gosto pela leitura (Prole, s/d).

Uma outra iniciativa de destaque que está a ser implementada em Portugal designa-se "Projecto A PAR" e está a ser desenvolvido em Lisboa (Nabuco, & Prates, 2008). Este projecto é uma adaptação do *Peers Early Education Partnership* de Oxford e dirige-se a populações carenciadas. Trata-se de uma intervenção alargada que engloba a educação das crianças, educação parental, apoio à educação de adultos e promoção de competências de literacia emergente. Destina-se a pais e crianças dos zero até aos cinco anos e desenvolve-se em sessões semanais de uma hora na instituição sede (Associação Aprender em Parceria – A PAR).

TABELA 1 – Caracterização dos Programas de Literacia Familiar

Autores/Programa	Tipo de programa	NSE	Idade crianças	Duração	Tipo de envolvimento
Pajaro Valley Experience (1988)	Intervenção alargada	Baixo	Idade escolar	Indeterminada	Leitura de histórias
Intergenerational Literacy Project (1999)	Intervenção alargada	Baixo	Não refere	Indeterminada	Não refere
Jane Addams School for Democracy (2002)	Intervenção alargada	Baixo	Não refere	Indeterminada	Indeterminado
Even Start (2005)	Intervenção alargada	Baixo	Menores de 8 anos	Indeterminada	Misto
California's Families for Literacy Program (1999)	Intervenção alargada	Baixo	Pré-escolar	Não refere	Treino de competências
Hargrave, & Sénéchal (2000)	Escola-Família	Baixo	Pré-escolar	4 semanas	Leitura de histórias
Nistler, & Maiers (2000)	Escola-Família	Baixo	1.° ano	2 anos	Treino de competências
Aram, & Biron (2004)	Escola-Família	Baixo	Pré-escolar	7 meses	Misto
Saracho (1997b)	Treino Parental	Médio-baixo	Pré-escolar	5 meses	Misto
Saracho (2008)	Treino Parental	Não refere	Pré-escolar	5 meses	Misto
Saint-Laurent, Giasson, & Drolet (2001)	Treino Parental	Indiferente	1.° ano	8 semanas	Misto
Silvestre (s/d)	Treino parental	Não refere	Pré-escolar	6 meses	Misto
Taquelim (s/d)	Treino parental	Médio	Até aos 11 anos	1 ano	Misto
Prole (s/d)	Escola-Família-Biblioteca	Não refere	Pré-escolar	3 anos	Misto
Nabuco, & Prates (s/d)	Intervenção alargada	Baixo	Pré-escolar	3 anos	Misto

Através de uma análise dos programas realizados a nível nacional e internacional (cf. Tabela 1) é possível constatar-se a existência de similaridades e diferenças nas intervenções. De um modo geral, os programas apresentados destinam-se a populações de nível socioeconómico baixo, procurando promover o desenvolvimento literácito de crianças em idade pré-escolar e escolar. No que se refere à duração das intervenções, assiste-se a implementações distintas, desde curtas durações (quatro semanas) a programas com término indeterminado. Também o tipo de envolvimento parental é dissemelhante consoante os estudos, envolvendo quer a leitura de histórias, quer o treino parental de competências pré-leitoras, ou a combinação destas técnicas.

Conclusão

Neste capítulo foram abordadas as práticas de literacia recorrentemente utilizadas nos contextos familiares (cf. Figura 1). Vários autores (Saracho, 2007; Sénéchal, 2006b) têm procurado categorizar as acções realizadas neste domínio, verificando-se um consenso na existência de actividades formais e informais de literacia. A leitura de histórias tem sido apontada como a actividade informal mais realizada pelas famílias, enquanto as actividades formais estão relacionadas com o treino parental de competências pré-leitoras, como, por exemplo, a realização de rimas, as correspondências entre o nome e os sons de cada letra e a escrita inventada.

A caracterização das práticas de literacia familiar tem vindo a abranger igualmente a qualidade das interacções que ocorrem entre adultos e crianças, designadamente o clima afectivo envolvente, as relações de vinculação, a precocidade das interacções, a acessibilidade a materiais impressos e as características parentais, como as crenças sobre o desenvolvimento da literacia e o estilo adoptado nestas actividades (Baker, *et al*., Sonnenschein, & Munsterman, 2002). Um factor que tem merecido também atenção por parte dos investigadores relaciona-se com o modelo de comportamento que os pais constituem para as crianças (Zhou, & Salili, 2008).

FIGURA 1 – Implicações das práticas de literacia familiar e de variáveis moderadoras no desenvolvimento da literacia.

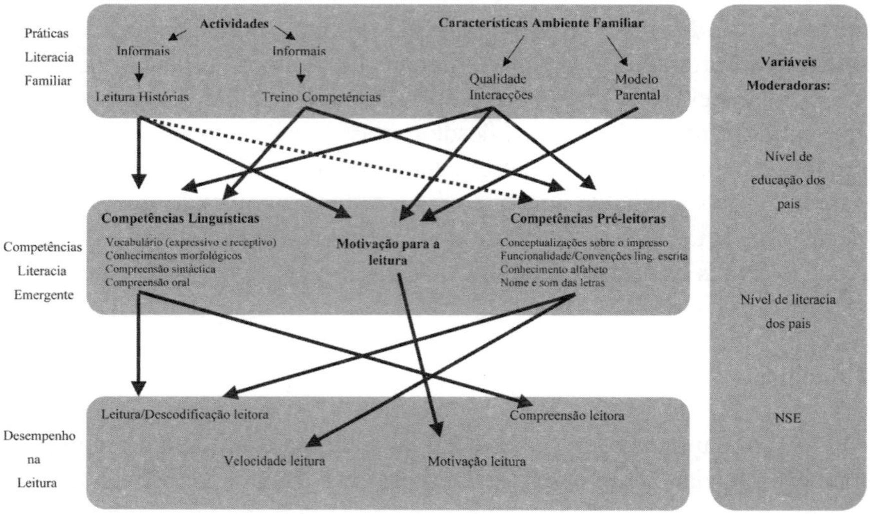

Uma das preocupações das investigações tem remetido para o impacto das práticas de literacia familiar no desenvolvimento literácito das crianças. Diversos estudos (Levy *et al.*, 2006; Sénéchal, & LeFevre, 2002) evidenciam a existência de trajectórias desenvolvimentais, nas quais as práticas de literacia familiar promovem competências de literacia emergente que, por sua vez, facilitam o desempenho e a aprendizagem formal da leitura e da escrita. Como foi analisado anteriormente, práticas distintas parecem influenciar o desenvolvimento de competências específicas. No que se refere à leitura de histórias, os estudos sugerem ela que se encontra directamente relacionada com a mestria nas competências linguísticas (vocabulário receptivo e expressivo, conhecimentos morfológicos, compreensão sintáctica e oral) e com a promoção da motivação para a leitura. Existem ainda estudos, como o de Mata (2004), que apontam para uma relação desta actividade com o desenvolvimento de competências de escrita, embora estes resultados sejam inconsistentes com outros estudos, merecendo, por isso, mais investigação.

O treino parental de competências específicas parece promover não apenas o desenvolvimento de competências pré-leitoras como as conceptualizações, convenções e funcionalidades sobre o impresso e o conhecimento do alfabeto, mas também as competências linguísticas e a motivação para a leitura. A qualidade das interacções entre adultos e crianças facilita igualmente o desenvolvimento de competências linguísticas e pré-leitoras e da motivação leitora. Finalmente, a modelação parental parece influenciar directamente a motivação das crianças para a leitura. Uma das variáveis comummente estudadas com crianças de idade pré-escolar, a consciência fonológica, parece não ser directamente influenciada pelas práticas de literacia familiar, embora os estudos apontem para resultados pouco consistentes.

As competências de literacia emergente têm sido consideradas como factores preditores do sucesso na aquisição e no desempenho da leitura e da escrita. A realização de estudos longitudinais (Jong, & Leseman, 2001; Metsala, 2006) tem facilitado a análise destas trajectórias, verificando-se que as competências linguísticas influenciam directamente a descodificação leitora e o desempenho na leitura, nos anos iniciais de escolaridade, bem como a compreensão leitora, a partir do 3.° ano. A promoção de competências pré-leitoras parece predizer a proficiência na descodificação leitora e na velocidade de leitura. Existem ainda indícios de que a motivação para a leitura, na educação pré-escolar, influencia a manutenção de padrões de interesse e a valorização da leitura ao longo da escolaridade, ainda que esta trajectória não seja linear.

Como foi possível observar, existem práticas de literacia familiar diversificadas que têm um impacto diferenciado no desenvolvimento literácito das crianças. Esta influência é ainda moderada por um conjunto de variáveis relacionadas predominantemente com o nível socioeconómico das famílias e os níveis de educação e de literacia dos pais.

Tendo em consideração as influências familiares nos percursos literácitos das crianças, têm sido desenvolvidos variados programas que procuram facilitar precocemente a aprendizagem da leitura e da escrita, designadamente em populações de risco (Aram, & Biron, 2004; Caspe, 2003; Karther, 2002; Nistler, & Maiers, 2000; Saracho, 2007; 2008). Ao longo do capítulo foram analisados diversos programas que utilizavam metodologias distintas, desde a realização de intervenções alargadas à família e à comunidade, à articulação entre a escola e a família, bem como ao treino parental. Os programas parecem reger-se por pressupostos distintos, que influenciam os objectivos e estratégias adoptados, bem como a duração das intervenções e o tipo de envolvimento parental pretendido. É, no entanto, fundamental atender aos *designs* utilizados, verificando-se que muitos programas apresentam uma fraca qualidade destes, influenciando o tipo de avaliação efectuada, assim como os resultados encontrados (Sénéchal, 2006b). A ausência de informação relevante sobre as intervenções é outro dos factores que põe em causa o impacto dos programas, assistindo-se regularmente à falta de conhecimento sobre o modo como são administrados e avaliados. Deste modo, é essencial apostar na implementação de programas bem estruturados e fundamentados teoricamente, preferencialmente com um *design* experimental e com a existência de um grupo de controlo (Sénéchal, 2006b). Através de procedimentos metodológicos mais rigorosos, torna-se possível perceber quais as estratégias, técnicas e actividades que promovem o desenvolvimento literácito das crianças, bem como os processos que facilitam a sua aquisição.

Em Portugal a promoção da leitura não é uma preocupação recente, embora o envolvimento das famílias seja uma linha de acção que só agora começa a ser valorizada como forma de mediar o gosto pela leitura desde a primeira infância e ao longo da vida.

Referências bibliográficas

ARAM, D., & Biron, S. (2004). Joint storybook reading and joint writing interventions among low SES preschoolers: Differential contributions to early literacy. *Early Childhood Research Quarterly, 19*, 588-610.

ARAM, D., & Levin, I. (2004). The role of maternal mediation of writing to kindergartners in promoting literacy achievements in school: A longitudinal perspective. *Reading and Writing: An Interdisciplinary Journal, 17*, 4, 47-61.

BAKER, L., Mackler, K., Sonnenschein, S., & Serpell, R. (2001). Parents' interactions with their first-grade children during storybook reading and relations with subsequent home reading activity and reading achievement. *Journal of School Psychology, 39*, 5, 415-438.

BAKER, L., & Scher, D. (2002). Begining readers' motivation for reading in relation to parental beliefs and home reading experiences. *Reading Psychology, 23*, 239-269.

BAKER, L., Serpell, R., & Sonnenschein, S. (1995). Opportunities for literacy-related learning in the homes of urban preschoolers. *In* L. Morrow (Ed.), *Family literacy: Multiple perspectives to enhance literacy development* (pp. 236-252). Newark, DE: International Reading Association.

BOUDREAU, D. (2005). Use of a parent questionnaire in emergent and early literacy assessment of preschool children. *Language, Speech, and Hearing Services in Schools, 36*, 33-47.

BRITTO, P., & Brooks-Gunn, J. (2001). Beyond shared book reading: Dimensions of home literacy and low-income African American preschoolers' skills. *New Directions for Child and Adolescent Development, 92*, 73-87.

BRUNER, J. S. (1976). *Uma nova teoria da aprendizagem*. Rio de Janeiro: Ed. Bloch.

CASPE, M. (2003). Family literacy. A review of programs and critical perspectives. *Harvard Family Research Project,* 1-10.

DEARING, E., MaCartney, K., Weiss, H., Kreider, H., & Simpkins, S. (2004). The promotive effects of family educational involvement for low-income children's literacy. *Journal of School Psychology, 42*, 445-460.

DECKNER, D., Adamson, L., & Bakeman, R. (2006). Child and maternal contributions to shared reading: Effects on language and literacy development. *Applied Developmental Psychology, 27*, 31-41.

DICKINSON, D., & DeTemple, J. (1998). Putting parents in the picture: Maternal reports of preschoolers' literacy as a predictor of early reading. *Early Childhood Research Quarterly, 13*, 2, 241-261.

HANEY, M., & Hill, J. (2004). Relationships between parent-reaching activities and emergent literacy in preschool children. *Early Child Development and Care, 174*, 3, 215-228.

HARGRAVE, A., & Sénéchal, M. (2000). A book reading intervention with preschool children who have limited vocabularies: The benefits of regular reading and dialogic reading. *Early Childhood Research Quarterly, 15*,1, 75-90.

JONG, P., & Leseman, P. (2001). Lasting effects of home literacy on reading achievement in school. *Journal of School Psychology, 39*, 5, 389-414.

KARTHER, D. (2002). Fathers with low literacy and their young children. *The Reading Teacher, 56*, 2, 184-193.

LEVY, B., Gong, Z., Hessels, S., Evans, M., & Jared, D. (2006). Understanding print: Early reading development and the contributions of home family experiences. *Journal of Experimental Child Psychology, 93*, 63-93.

MATA, L. (1999). *Hábitos e práticas de leitura de histórias na família*. Comunicação apresentada na VII Conferência Internacional Avaliação Psicológica: Formas e Contextos. APPORT, Braga.

MATA, L. (2004). Era uma vez... *Análise Psicológica, 1*, XXII, 95-108.

MATA, L. (2006). *Literacia Familiar. Ambiente familiar e descoberta da linguagem escrita*. Porto: Porto Editora.

METSALA, J. (1996). Early literacy at home: children's experiences and parents' perspectives. *The Reading Teacher,* 50, 1, 70-72.

NABUCO, M., & Prates, M. (2008). O Projecto A PAR. *Cadernos de Educação de Infância, 83*, 10-14.

NISTLER, R., & Maiers, A. (2000). Stopping the silence: Hearing parents' voices in an urban first-grade family program. *The Reading Teacher,* 53, 8, 670-680.

ORTIZ, R. (2004). Hispanic/Latino fathers and children's literacy development: Examining involvement practices from a sociocultural context. *Journal of Latinos and Education, 3*, 3, 165-180.

PROLE, A. (s/d). Pepino torcido: Conselhos teóricos para torcer o pepino. Acedido em 1 de Junho de 2009 no site www.casadaleitura.org.

ROBERTS, J., Jurgens, J., & Burchinal, M. (2005). The role of home family practices in preschools children's language and emergent literacy skills. *Journal of Speech, Language, and Hearing Research,* 48, 345-359.

SAINT-LAURENT, L., Giasson, J., & Drolet M. (2001). *Lire et écrire à la maison. Programme de littératrice familiale*. Montreal: Chenelière/McGraw-Hill.

SARACHO, O. (1997a). Perspectives on family literacy. *Early Child Development and Care,* 127-128, 3-11.

SARACHO, O. (1997b). Using the home environment to support emergent literacy. *Early Child Development and Care,* 127-128, 201-216.

SARACHO, O. (1999). Families' involvement in their children's literacy development. *Early Child Development and Care, 153*, 121-126.

SARACHO, O. (2000a). Assessing the families' perceptions of their young children's acquisition of literacy. *Early Child Development and Care, 161*, 83-91.

SARACHO, O. (2000b). Literacy development in the family context. *Early Child Development and Care, 163*, 107-114.

SARACHO, O. (2002). Family literacy: Exploring family practices. *Early Child Development and Care, 172*, 2, 113-122.

SARACHO, O. (2007). Fathers and young children's literacy experiences in a family environment. *Early Child Development and Care, 177*, 4, 403-415.

SARACHO, O. (2008). A literacy program for fathers: A case study. *Early Childhood Education Journal, 35*, 4, 351-356.

SÉNECHAL, M. (2006a). Testing the Home Literacy Model: Parent involvement in kindergarten is differentially related to grade 4 reading comprehension, fluency, spelling, and reading for pleasure. *Scientific Studies of Reading, 10*, 1, 59-87.

SÉNÉCHAL, M. (2006b). *The effect of family literacy interventions on children's acquisition of reading. From kindergarten to grade 3*. New Hampshire: National Institute for Literacy.

SÉNÉCHAL, M., & LeFevre, J. (2001). Storybook reading and parent teaching: Links to language and literacy development. *New Directions for Child and Adolescent Behavior, 92*, 39-51.

SÉNÉCHAL, M., & LeFevre, J. (2002). Parental involvement in the development of children's reading skill: A five-year longitudinal study. *Child Development, 73*, 2, 445-460.

SÉNÉCHAL, M., Pagan, S., Lever, R., & Ouellette, G. (2008). Relations among the frequency of shared reading and 4-year-old children's vocabulary, morphological and syntax comprehension and narrative skills. *Early Education and Development, 19*, 1, 27-44.

SERPELL, R., Sonnenschein, S., Baker, L., & Ganapathy, H. (2002). Intimate culture of families in the early socialization of literacy. *Journal of Family Psychology, 16*, 4, 391-405.

SILVA, C., & Alves-Martins, M. (2002). Phonological skills and writing of presyllabic children. *Reading Research Quarterly, 37*, 466-483.

SILVESTRE, S. (s/d). *Dois braços para embalar, uma voz para contar. Partilhar livros com bebés dos 9 meses aos 3 anos*. Acedido em 1 de Junho de 2009 no site www.casadaleitura.org.

SONNENSCHEIN, S., & Munsterman, K. (2002). The influence of home-based reading interactions on 5-years-olds' reading motivations and early literacy development. *Early Childhood Research Quarterly, 17*, 318-337.

ST. PIERRE, R., Ricciuti, A., & Rimdzius, T. (2005). Effects of a family literacy program on low-literate children and their parents: Findings from an evaluation of the Even Start Family Literacy Program. *Developmental Psychology, 41*, 6, 953-970.

STORCH, S., & Whitehurst, G. (2001). The role of family and home in the literacy development of children from low-income backgrounds. *New Directions for Child and Adolescent Development, 92*, 53-69.

TAQUELIM, C. (s/d). Rotas da leitura. Biblioteca Municipal de Beja. Acedido em 1 de Junho de 2009 no *site www.casadaleitura.org*.

VYGOTSKY, L. (1998). *A formação social da mente: O desenvolvimento dos processos psicológicos superiores*. São Paulo: Martins Fontes.

ZHOU, H., & Salili, F. (2008). Intrinsic reading motivation of Chinese preschoolers and its relationships with home literacy. *International Journal of Psychology*, 1, 1-5.

CAPÍTULO 4

A ESCOLA E O GOSTO DE LER.
Da "obrigação" à "devoção"

*Conceição Rolo**
*Clara Silva**

> *Todos os dias leio um pouco dos livros da biblioteca de turma (...). Por mais mágicos que existam no Mundo, nenhum consegue fazer tão grande magia como esta de ler.*
>
> ANDRÉ (10 anos), *In* M. C. Rolo (2001). "Ler, maior magia do mundo!" (p. 7)

Introdução

O objectivo deste capítulo é enunciar factores presentes ou ausentes da vida das crianças e desocultar práticas pedagógicas que levem os alunos, tal como o André, a encontrar motivação intrínseca para a leitura.

Quando se trata de factores endógenos, como a organização da biblioteca da escola ou da sala de aula, ou ainda a formação dos professores, a Escola pode e deve agir sobre eles. Se se trata de factores exógenos, como os hábitos de leitura das famílias, ou o convívio com bens da cultura clássica em casa, então, a Escola precisa de envolver outros actores, para melhorar o seu próprio desempenho.

Vamos, pois, debruçar-nos sobre a forma como a Escola potencia alguns factores que influenciam o processo de motivar para a leitura, de modo a fidelizar leitores. Partilhando responsabilidades, a Escola deve

---

* Núcleo de Investigação – Acção em Literatura e Literacia da Liga Portuguesa de Direitos Humanos – Civitas; Centro de Estudos e Recursos de Literatura e Literacia Eça de Queiroz – Contactos: mccrolo@netcabo.pt; clarasilva@netcabo.pt.

chamar a si as famílias, envolver a terceira idade e aliar-se a outras instituições que, com recursos diferentes, vão certamente ajudar a abrir horizontes neste percurso. No que à própria escola respeita, há que repensar a forma de gerir o espaço e o tempo a dedicar ao ensino/aprendizagem da leitura, desenvolver estratégias de pilotagem e de clima de trabalho mais eficazes e, sobretudo, seleccionar cuidadosamente os conteúdos, procurando adequá-los aos diferentes públicos.

I PARTE

PODE A ESCOLA, SOZINHA, CRIAR LAÇOS DURADOUROS COM A LEITURA?

De acordo com os dados do PISA 2000, uma percentagem de 44% dos alunos de 15 anos da área da OCDE lê apenas para procurar informações; mais de um terço afirma que só lê se for obrigado e 21% está totalmente de acordo com a afirmação de que a leitura é uma perda de tempo (p. 114). Uma conclusão parece óbvia: a escola ensina a ler, condição básica para a aquisição do gosto e do hábito de ler, no entanto tem dificuldade em criar laços duradouros com a leitura. Identificar eventuais causas para que isto aconteça ajudará a encontrar soluções. Porque alguns dos factores causais escapam ao controlo da Escola, é necessário procurar parceiros melhor posicionados para desempenhar certas tarefas. A seguir se enumeram alguns aspectos que podem contribuir, favorável ou desfavoravelmente, para a aprendizagem e para a fidelização à leitura.

Falar primeiro, ler depois

João dos Santos (1982a) alerta para a prioridade do desenvolvimento da comunicação oral sobre a escrita:

> *Nem sempre os educadores se apercebem da enorme importância que tem o falar na formação da criança; e no entanto esta aprendizagem elementar representa para ela uma aquisição mais importante do que aquilo que a escola lhe dá com a leitura e a escrita. (...) Muitas crianças têm difi-*

> *culdades de aprender por não terem sido bastante estimuladas a falar antes da sua entrada para a escola; deve-se-lhes permitir as perguntas, deve-se-lhes ensinar a conversar e a expor as suas ideias.*
>
> *Muitos professores de hoje (...) ensinam a leitura mas não cultivam a imaginação através da palavra; mandam fazer cópias e ditados em vez de relatos escritos de acontecimentos vividos e esquecem-se completamente dos exercícios orais. Faz-se pouco a descrição pelo desenho, pintura ou escrita e quase se não faz a descrição verbal. (...) Deixem as crianças falar, liguem todos os ensinamentos pela palavra, cultivem o sentido de humor, ensinem-lhes a conversar! Elas aprenderão melhor e serão mais aptas e felizes* (pp. 52-53).

São muitas as implicações pedagógicas do facto de qualquer língua ter de ser ensinada/aprendida. Esta observação, que poderia parecer óbvia tem, contudo, uma forte razão de ser, pois a Escola actua, em muitas circunstâncias, como se a criança nascesse ensinada. Ora na linguagem oral, uma parte de aquisição é feita em meio natural mas, posteriormente, é necessária uma aprendizagem formal através do ensino.

Se na pedagogia do oral é assim, como se passam as coisas na pedagogia da escrita? Será interessante cotejar o pensamento de João Santos com o de Piaget (1972), que assinala o facto de nenhum idioma se fixar hereditariamente. É sempre por *uma acção educativa exterior ao meio familiar que a criança aprende a sua língua, tão bem apelidada de materna* (...) Acrescenta que a continuidade da linguagem colectiva seria *impossível sem uma transmissão social exterior (quer dizer, em primeiro lugar, educativa*) (p. 47).

Viana (2002) convoca Carroll para apresentar uma descrição das diferentes componentes da competência de leitura de que as crianças, progressivamente, terão de apropriar-se. No topo da lista surgem as seguintes: i) Adquirir e dominar a língua em que vai aprender a ler; ii) Aprender a segmentar as palavras faladas nos sons que as compõem (p. 18). A mesma investigadora, movida pelo desejo de identificar os requisitos para a iniciação à leitura, verificou que um melhor nível de competências linguísticas na educação pré-escolar estava correlacionado com um melhor desempenho em leitura, no final do 1.° ano de escolaridade. No estudo longitudinal que desenvolveu, acompanhou crianças durante o ano pré-escolar e o primeiro ano do Ensino Básico, tendo verificado que o nível de conceptualização que as crianças apresentavam sobre a linguagem escrita apareceu como uma variável a ter em conta na explicação das diferenças individuais encontradas, em termos de desempenho em leitura. Os resultados encontrados estão na base das recomendações formuladas: *a) necessidade de ajudar as crianças a utilizar processos ascendentes e descendentes, b) necessidade de, paralelamente à representação gráfica dos sons, se facultar às crianças mais vivência, mais exploração e ajuda na consciencialização dos sons da língua* (p. 115).

É ainda Viana que, num outro estudo (1996) se interroga acerca do modo como poderemos ajudar as crianças, não somente no progressivo domínio da linguagem oral, mas também na análise da língua que usam. E responde: falando e lendo. Mas adverte: "*Não chega ler para as crianças, é preciso ler com as crianças, mantendo-as activas e participantes nas histórias. E este ler para as crianças implica que a leitura se processe de uma forma "interactiva", isto é, fazendo-se pausas, colocando-se questões abertas, fazendo-se expansões, pedindo-se a opinião sobre as atitudes das personagens, explorando-se alternativas à continuação da história*" (p. 23). E prossegue: "com a sistematização da leitura de histórias, abre-se naturalmente caminho à sua exploração, às descrições e juízos sobre as personagens, à descoberta de palavras que rimem, à descoberta de contrários, de plurais... enfim, à descoberta da língua e do seu funcionamento" (Viana, 1996, p. 24).

Sabendo-se que a consciência dos sons da língua desempenha um papel decisivo na aprendizagem da leitura, é necessário organizar o ensino de modo a facilitar esta descoberta. De acordo com Sim-Sim, Ramos e Santos (2006) "*o estabelecimento da correspondência entre unidades sonoras e gráficas envolve mecanismos cognitivos de nível superior que requerem controlo e reflexão linguística, genericamente designados por consciência linguística. É por isso que aprender a ler e a escrever exige mobilização da capacidade cognitiva de reflectir conscientemente sobre a linguagem oral que o aprendiz de leitor já conhece*" (p. 63).

Sendo a escrita uma linguagem secundária, importa desenvolver, desde o berço, a linguagem oral, a primeira em que todos mergulhamos. Da qualidade dessa aprendizagem dependerá, em grande parte, a própria aquisição da linguagem escrita.

Adolfo Coelho (1883) lembrava-nos, há mais de um século, que "*os contos e rimas infantis parecem ser como o leite materno, que nenhuma preparação, por mais adiantada que esteja a ciência, poderá igualar*" (p. 65). Sabe-se hoje quanto estas criações, genericamente designadas por este autor como "pedagogia das amas"[9], são adequadas ao desenvolvimento do pensamento e linguagem dos bebés.

Em 1994, na apresentação da reedição da obra deste autor, Maria da Conceição Rolo procura explicitar a fórmula e as razões da eficácia destas "*criações inconscientes da humanidade*", concluindo que:

> "*Da fórmula constam, essencialmente, ritmo e melodia, determinados pela regularidade métrica e pela sonoridade das palavras, com relevo para a alternância de acentos fortes e fracos, para a rima e para as repetições. Constam ainda, gestos e mímica, ligados intimamente à linha prosódica e também processos de carácter poético ou lúdico que alimentam a criatividade, com particular relevo para o «nonsense». O seu modo de transmissão – de viva voz – pressupõe a proximidade, o prazer do contacto físico dos interlocutores e a permanente adequação comunicativa*" (p. 7). "*Quanto à eficácia, é hoje possível, graças às pesquisas sobretudo no âmbito da psicolinguística, da psicologia do desenvolvimento, da pedopsiquiatria e da pedagogia, cruzar pontos de vista para iluminar as intuições iniciais.*" (p. 8).

Rolo prossegue, procurando demonstrar de que modo os jogos e rimas infantis se adequam e favorecem a evolução humana, nos primeiros anos de vida:

> "*Não é preciso que a criança compreenda uma rima para se comprazer nela. Como afirma Adolfo Coelho, (...) «tem um grande sentido o facto das rimas infantis terem, consideradas em si, muito pouco sentido». Ora a composição das rimas infantis facilita a sua retenção e favorece a resistência à erosão do tempo. Também os movimentos, íntima e ritmicamente associados às palavras, reforçam a memorização. Permitem, além disso, antecipar procedimentos ligados à escrita pois, de acordo com Vygotsky (1988) «os gestos são a escrita no ar»*" (p. 8).

Entre nós, João dos Santos (1983) reforça a ideia da importância da interacção do adulto no desenvolvimento da linguagem, na primeira infân-

[9] Nomenclatura utilizada por Adolfo Coelho (1883), na obra *Os Elementos Tradicionais da Educação – Estudo Pedagógico*. Lisboa: Livraria Universal, p. 65.

cia. Para este autor, linguagem é enquadramento afectivo, que engloba "atitude, expressão, mímica, gesto, palavra e relação" (p. 65).

Na mesma linha de preocupações, Ana Margarida Ramos, no texto de introdução ao ante-projecto de criação de um *Centro Virtual de Pedagogia das Amas*[10] *(2003)*, a que aceitou dar colaboração, lembra-nos que as canções de embalar e as canções de uma maneira geral são uma espécie de catalizador, na importante transição do mundo não verbal da criança para o mundo da comunicação verbal, permitindo uma integração suave dos ritmos e melodias da língua materna.

Apesar da reconhecida importância das canções de embalar, das cantilenas, dos jogos de palavras, das lengalengas e rimas, a modernização das sociedades, sob a influência massificadora dos media e da própria escolarização, tem feito cair em desuso este capital de conhecimento transmitido de geração em geração, que Maria José Costa (1992) designou *continente poético esquecido* escolhendo esta expressão para título da sua obra.

As fórmulas ancestrais não só ensinam a articulação dos sons da língua, constituindo as bases da educação literária, fundamental para qualquer ser humano, como criam fortes laços de ternura entre adultos e crianças. Além disso, reduzem as dificuldades no acesso à descodificação da linguagem escrita (linguagem secundária) uma vez que o bom domínio da linguagem oral (linguagem primária), cuja aquisição se inicia na família, está correlacionado positivamente com a ulterior aprendizagem da leitura.

Vários estudos têm demonstrado que quem ganhou o gosto de ler teve livros ao alcance da mão, em casa, ou numa biblioteca próxima... mas sobretudo, teve, quase sempre, alguém que lhe contasse e /ou lesse histórias... Alguém que desse voz ao livro.

Em suma, a primeira de todas as preocupações terá de ser, então, a do desenvolvimento da linguagem oral, ligada intimamente à transmissão dos próprios valores colectivos. Desse aspecto nos ocuparemos a propósito da literatura de tradição oral.

---

[10] Projecto apresentado pela Liga-Civitas ao Instituto de Estudos de Literatura Tradicional (IELT), para candidatura aos Fundos Estruturais. Não publicado.

Da Oratura à Literatura – O papel do Narrador

A literatura de transmissão oral não se destinava, inicialmente, apenas às crianças, mas a uma população de todas as idades. Pelas suas características, porém, é previsível que as crianças nutrissem um imenso interesse por estas produções. É desta literatura de expressão oral que se passa, com naturalidade, para a chamada literatura para crianças. José António Gomes cita António Torrado quando este recebeu o Grande Prémio Gulbenkian de Literatura para Crianças e mostrou a relação entre oratura e literatura: "Nós, até porque gostamos de ser designados de contadores de histórias, nós porque decalcámos a literatura da oratura e a preferimos à me*nsagem escrita, nós ainda conseguimos estar próximos da infância da Humanidade"* (Gomes, 1991, p. 56).

João dos Santos (1983a), por sua vez, reforça a ideia da importância do narrador junto de uma criança, dizendo que, *o maravilhoso dos contos tradicionais, se tiver um bom e afectuoso narrador, tem tudo o que é preciso para estimular o sonho, a fantasia, a sabedoria e o saber da criança e do homem* (p. 153).

Histórias que nos acompanham do berço... até ao fim da vida

Baum inicia a introdução a'*O Feiticero de Oz* (1946) com a seguinte reflexão: "*As crianças têm uma paixão, que pode dizer-se instintiva, pelas histórias maravilhosas e manifestamente irreais. As fadas de Grimm e Andersen sempre interessaram mais os cérebros e corações infantis do que todas as criações humanas, por muito belas que sejam*". (p.5).

Porém, não são apenas as crianças que se interessam por histórias. Seabra Diniz (2002) explica a persistência da narrativa na vida da Humanidade começando por afirmar que as histórias têm uma inegável capacidade de captar o interesse de adultos e crianças. "«Era uma vez» funciona um pouco como fórmula mágica, que abre a porta da atenção e da curiosidade" (p. 65) Para este psicanalista, é difícil perceber se é melhor contar ou ouvir contar uma história. Conclui afirmando que este binómio faz movimentar "o mais íntimo da experiência individual" gerando aquilo que designa como "dinâmica relacional narrativa" e que "se quisermos compreender o nosso funcionamento mental e muitos fenómenos da sociedade e da cultura que criámos, é da maior importância procurar a explicação para esta dinâmica" (p. 65).

Com efeito, muitos estudiosos têm reflectido sobre a omnipresença da narrativa na vida humana. A esse propósito, Roland Barthes, citado por Gomes (1991), refere que "... *a narrativa está presente em todos os tempos, em todos os lugares, em todas as sociedades; a narrativa começa com a história da humanidade; não há, nunca houve em nenhum local um povo sem narrativa*" (p. 13).

Fernanda Irene Fonseca, igualmente citada por Gomes (1991), refere que "*narrar é (...) uma prática primitiva, ligada à infância dos indivíduos e das civilizações*" considerando que a comunicação através da narrativa é "*algo muito profundo que se enraíza no inconsciente individual e colectivo e torna possível a constituição de uma memória cultural*" (p. 14).

A consciência do poder da narrativa impõe que a Escola não fique alheia a esta temática.

A psicanálise mostrou que os contos de fadas intencionalmente escondem da criança a crueza dos nossos desejos e os medos mais profundos. Estes contos levam-nos a aprender "*acerca dos problemas interiores dos seres humanos e das soluções acertadas para as suas exigências em qualquer sociedade*" (Bettelheim, 1976, p. 14). Afirma este autor que foi com as crianças que percebeu a importância dos contos de fadas. Considerando que o homem está em permanente evolução e reflectindo acerca do sentido da vida, lembra que "*a compreensão do sentido da vida de cada um não se adquire de repente, em determinada idade, nem mesmo quando já tivermos chegado à maturidade cronológica. Pelo contrário, a maturidade psicológica consiste na aquisição de uma segura compreensão do que pode ou deve ser o sentido da nossa vida*" (p. 10).

Bettelheim alude ainda ao seu trabalho com crianças com necessidades educativas severas e afirma que se lhe tornou claro que estas poderiam viver sem ajuda especial, se tivessem um sentido para a vida. Refere também que se viu face à necessidade de "*deduzir quais as experiências que na vida de uma criança eram mais adequadas para promoverem a sua capacidade para essa tarefa*", concluindo que:

> (...) "*nada é mais importante do que o impacto dos pais e dos que tomam conta de crianças; a seguir em importância, vem a nossa herança cultural, quando transmitida à criança de forma acertada. Quando as crianças são pequenas é a literatura que da melhor maneira contém essa informação (...) Para que uma história possa prender verdadeiramente a atenção de uma criança, é preciso que ela a distraia e desperte a sua curiosidade. Mas,*

> *para enriquecer a vida, ela tem de: i) estimular a imaginação; ii) ajudá-la a desenvolver o intelecto e a esclarecer as suas emoções; iii) estar sintonizada com as suas angústias e as suas aspirações; iv) reconhecer plenamente as suas dificuldades e, ao mesmo tempo, v) sugerir soluções para os problemas que a perturbam"* (pp.10-11).

Bettelheim termina este inventário de critérios de qualidade de uma história, afirmando ainda que esta *"precisa de estar simultaneamente relacionada com todos os aspectos da personalidade [da criança] – e isto sem nunca a amesquinhar, mas pelo contrário dando todo o crédito à seriedade das suas exigências e (...) [fazendo aumentar] a sua autoconfiança"* (p. 11).

No entanto, no nosso país, durante longos anos "as fadas não foram à Escola", como demonstrou o estudo homónimo de Maria Augusta Seabra Diniz (1993). Analisando o corpus de textos incluído em manuais do 1.° Ciclo do Ensino Básico no período compreendido entre 1901 e 1975, a autora conclui que o maravilhoso está ausente: "*Uma estrutura normalizadora da escola, destinada a fomentar o conformismo com a ordem estabelecida e a transmitir conhecimentos, vê com desconfiança os elementos da fantasia e do maravilhoso, expulsa da aula as fadas como seres indesejáveis que nada têm a ensinar à criança e não encontram lugar na sociedade que se pretende construir. (...) Não encontrei vestígios de mitos nem de textos do Romanceiro, talvez por falarem das nossas origens, da nossa identidade e até dos medos. Não encontrei nenhuma história de fadas. Elas não foram à escola. Talvez representassem um tipo de maravilhoso que nela não tinha lugar"*. (p. 159).

Em pleno «estádio mítico», na perspectiva de Kieran Egan (Egan, 1992), as crianças encontram-se privadas do contacto com os textos tidos como mais adequados às características desta fase do desenvolvimento: mitos, contos de fadas e romanceiro.

Esta ausência afectou as crianças do 1.° ciclo, antes e depois do 25 de Abril. Só na década de 90 do século XX, com a Reforma Educativa, foram ratificadas as práticas de um crescente número de professores que contavam e liam contos de fadas aos seus alunos. Justo é lembrar, neste ponto, alguns mestres como Matilde Rosa Araújo que nunca deixaram de levar para as suas aulas a literatura dita para crianças. E também Natércia Rocha que, num esforço pioneiro, mobilizou a Direcção Geral do Ensino Básico e a Fundação Calouste Gulbenkian para os Encontros de Literatura para Crianças, que ainda perduram.

Aproximação afectuosa à leitura

Poderemos dizer, sem receio de exagerar, que todos os que se preocupam com o desenvolvimento equilibrado de uma criança percebem que o ambiente, caloroso ou repressivo, em que se dão as aprendizagens fica entranhado nas crianças, reforçando ou dificultando as mesmas aprendizagens. Muito antes da verificação destes resultados, pela psicologia, os pedagogos intuíram-no, através da observação atenta dos factos. Em 1876, foi publicado, em Portugal, um método para ser usado pelas mães, com a designação de *Cartilha Maternal*. Era destinado à "escola doméstica", dando à figura materna a responsabilidade de iniciar as crianças na leitura. O seu autor, João de Deus, que tinha um profundo conhecimento da língua portuguesa e da sua fonética e a sensibilidade de um poeta, foi, certamente por isso, capaz de mobilizar o afecto para a tarefa de ensinar a ler aos mais novos. São dele estas palavras:

> "*As mães que alimentam os filhos pequenos, que ensinam a pronunciar as primeiras palavras devem também ensinar "as primeiras letras". (...) Às mães (...) oferecemos neste sistema profundamente prático o meio de evitar a seus filhos o flagelo da cartilha tradicional.* "(p. 5).

Sabemos hoje que o suposto instinto maternal, resulta, no ser humano, de uma aprendizagem social mas, exceptuando esta afirmação marcada pelos conhecimentos da época, toda a restante dedicatória do método mantém actualidade. Esta aproximação afectuosa à aprendizagem dos sistemas primário e secundário da língua parece ser intuitiva, tirando partido da vinculação entre mãe e filho. O método ainda hoje é usado, com sucesso, nas escolas da Associação João de Deus, herdeiras deste saber.

A problemática do sentido das tarefas e os laços de afecto que nos prendem àqueles que se ocupam da nossa educação são decisivos. Para que surja o gosto de ler, é certamente precisa uma "*escola amiga das crianças*", como propõe a UNESCO[11].

---

[11] http://portal.unesco.org/education/fr

Quantidade e qualidade das experiências de alfabetização na família e no meio ambiente

Quando sabe ler ou é alertada para o seu papel decisivo nessa aprendizagem, a família, pela proximidade constante da criança, poderá ser o primeiro e melhor mediador entre esta e a linguagem escrita. Aliás, é o uso da escrita em casa que determina a maior ou menor familiaridade da criança com o princípio alfabético, quando chega à Escola pela primeira vez, como realça Ana Teberosky (2002). Esta investigadora, na sua conferência em Lisboa, no II Encontro Internacional *O Desafio de Ler e Escrever – Leitura e Coesão Social* (2001), referiu dados relativos à quantidade e à qualidade das experiências de alfabetização nas famílias: comparando as experiências de crianças oriundas de meios letrados e não letrados, concluiu (citando Adams, 1990) que, chegadas à escola, as primeiras tinham ouvido mil horas de leitura em voz alta; as outras, apenas vinte e cinco. Os filhos de pais letrados ouviam ler praticamente todos os dias. No que respeita à qualidade das experiências de leitura em voz alta, a autora recorre a Leseman e Long (1998) que, ao definirem a qualidade da experiência da leitura doméstica, chamam a atenção para a importância de dois aspectos: o *vínculo social e emocional* que os pais estabelecem com a criança, enquanto lêem para ela e a *qualidade instrucional das estratégias usadas pelos pais*. Consideram estes autores que uma atitude positiva dos pais face ao modo como as crianças respondem ao estímulo da leitura em voz alta e à forma como se exprimem através do desenho são encorajadoras para a criança (p. 31).

Da palavra dita à palavra escrita

Viana (2002) demonstrou que as crianças cuja competência de expressão oral era elevada aprenderam a ler mais rapidamente do que as outras. Assim, do interesse pela palavra dita e do seu domínio poderá surgir a curiosidade pela palavra escrita, se o convívio com o livro for introduzido sem ansiedade, para permitir o longo percurso de observação dos sinais impressos.

A experiência tem comprovado que quando as rimas, jogos e contos são articulados com o uso de livros, dão um contributo decisivo para a familiarização com a escrita. "A apropriação da leitura e da escrita, sabe-se hoje, inicia-se muito antes do ensino formal destas competências. A criança vive rodeada e imersa em escrita e muito cedo começa a desenvolver o que se assumiu designar por comportamentos emergentes de leitura e de escrita, que não são mais do que manifestações precoces do conhecimento de alguns princípios que regulam a linguagem escrita" (Sim-Sim *et al.*, 2006, p. 172).

Na reedição de *Jogos e Rimas Infantis* de Adolfo Coelho (1994), Maria da Conceição Rolo adianta que a cristalização de versões de textos da tradição oral (através da escrita) pode proporcionar às crianças que se iniciam na leitura e na escrita a oportunidade de estabelecerem *essa relação básica – mas não óbvia – entre os dois modos de enunciação* (p. 8). A autora conclui que a compreensão da escrita, *objecto misterioso,* nas palavras de Chauveau e Rogovas-Chauveau (1993), é facilitada pelo acesso a registos escritos de textos que saiba de cor, ou seja, com o coração.

Descodificar um texto implica o conhecimento das convenções da escrita – identificar as letras e juntá-las segundo determinadas combinações. Decifrar – traduzir grafemas em fonemas e o inverso – exige o conhecimento da correspondência entre os sons de uma língua e a sua representação gráfica. Estes conhecimentos sobre o funcionamento da própria língua (metalinguísticos) parecem ser a condição de base para a aprendizagem da leitura mas não garantem o hábito e o gosto de ler – ou seja a fidelização à leitura.

Ultrapassada com êxito a fase anteriormente descrita, começa a caminhada para o trabalho de levar a criança a ler por prazer. Na opinião de Mendes, citada por Rodrigues (2002), "é *mais decisivo na aprendizagem da língua, desde a primária, o convívio com textos de carácter estético, sejam eles os clássicos, sejam as criações populares tradicionais"* e "aprender a usar o Português passa menos pelas necessidades pessoais e mais pela afeição privada a essa língua, por uma apropriação mútua, progressiva, intuitiva, mediatizada por textos, autores e professores" (p. 57).

Através dos textos literários postos sistematicamente à disposição da criança, quando chega a esta nova etapa da sua aprendizagem – o tempo da compreensão da história, no caso dos textos narrativos, dos afectos e desafectos das personagens, do encantamento, nos lugares e tempos que se percorrem – talvez ousemos afirmar que a criança está, finalmente, pronta a descobrir, por si própria, o conjunto infindável de obras que a literatura lhe pode oferecer. O trabalho desenvolvido com a criança por uma teia de vontades convergentes terá encontrado ali, porventura, terreno fértil para florescer. Possivelmente, estaremos perante um leitor fidelizado, alguém para quem a leitura poderá constituir momentos de grande prazer.

Leitura para fruição e impacto na competência leitora

As conclusões do PISA 2000 são claras a respeito da leitura para fruição no desenvolvimento da competência leitora: o tempo consagrado à leitura durante os tempos livres tem um impacto directo no respectivo desempenho.

Expressões como "Só leio obrigado", "Tenho dificuldade em terminar um livro", "Para mim a leitura é uma perda de tempo", "Leio apenas para encontrar a informação de que preciso" ou "Não consigo ficar sentado(a) tranquilamente a ler mais do que alguns minutos", colocam os seus autores nos níveis inferiores da compreensão leitora. Pelo contrário, expressões como "A leitura é um dos meus passatempos preferidos", "Gosto de falar de livros com outras pessoas", "Fico contente quando recebo um livro de presente" ou "Gosto de ir a uma livraria ou a uma biblioteca" estão associadas a valores positivos em relação à média da OCDE. *Em todos os países, ou quase todos, há uma relação estreita entre o empenhamento na leitura e as competências dos alunos (...) Os fracos resultados dos alunos que não lêem por prazer mostram como é importante para os sistemas educativos oferecer um ambiente de aprendizagem que incentive os alunos a ler fora da escola* (pp. 114-116).

O tempo que os alunos dedicam à leitura recreativa é, pois, um factor que influencia fortemente os seus resultados. À mesma conclusão chegou um recente estudo inglês sobre leitura por prazer, conduzido pelo *National Literacy Trust*, que envolveu 8000 alunos (Clark & Rumbold, 2006). Este estudo aponta para que o hábito de ler tenda a regredir, após a conclusão dos estudos obrigatórios, quando a leitura foi associada exclusiva ou intensivamente a usos escolares.

Ora, pelo que vem sendo dito ao longo destas páginas, a leitura escolar tem de abrir-se a novas perspectivas, no sentido de responder àquilo que deve ser o objectivo primeiro de quem ensina a ler: incutir nos alunos o gosto pela leitura. Com efeito, não é bom leitor aquele que sabe ler e usa esse saber apenas porque tem necessidade. Há-de sê-lo, quando, por sua iniciativa escolher ler, em vez de brincar ou passear, porque ler passou a ser fruição, envolvimento, prazer. A leitura por prazer vai trazer novas exigências, vai obrigá-lo a questionar, a questionar-se, a pensar as realidades que o envolvem, desde sempre. O ser humano precisa de entender os seus sentimentos (amor, ódio, inveja, ciúme...), de superar os seus medos (morte, abandono, fome...) e de encontrar esperança (felicidade eterna, bem-estar, desejo de prolongamento da espécie...). É esta necessidade de respostas para algumas inquietações da vida que vai trazer o leitor para o mundo da literatura, vista como "*lugar da produção dos sentidos inesgotáveis da língua* (...) e *espaço privilegiado de problematização do humano*" (Rodrigues, 2002, pp. 53-56).

Os usos literários da língua ultrapassam, portanto, os usos escritos que dela fazemos para resolução de problemas quotidianos. Assim, o currículo escolar não pode subalternizar a leitura de textos literários em relação à leitura de textos não literários, sob pena de ver ainda mais agravados os desempenhos dos alunos portugueses, nas provas internacionais.

Literatura, Ciência e Emancipação

Danièle Sallenave (1997) dá-nos uma perspectiva histórica, política e social do papel da literatura, desde Aristóteles até aos nossos dias. Militante da causa da "*reintrodução generalizada das Letras na formação das crianças, dos adolescentes, e dos professores*", (p. 14) considera que os sistemas educativos falham, no que respeita à aprendizagem da distância, da reflexividade, do julgamento. A autora interroga-se sobre as vantagens da introdução do estudo da Filosofia no currículo de crianças[12], considerando que as Letras permitem confrontar escolhas de vida e ensinam a reflectir sobre a nossa própria existência. Lamenta ainda que os textos literários, na escola elementar, sirvam, frequentemente, apenas como suporte para o ensino da gramática, e não como pontos de partida para a introdução de situações vividas, passíveis de análise, para delas se retirar uma lição.

Sallenave reflecte, a seguir, sobre a ligação entre cultura literária e emancipação, procurando demarcar o uso do texto literário da exclusiva dimensão do prazer, da distracção e do gosto. Desta forma, pensa que a Escola estará a "*dar à emancipação «poética» – simultaneamente ética e*

[12] A autora refere-se, concretamente, ao 6.° ano de escolaridade do sistema educativo francês.

estética – de formação do juízo crítico através das belas obras, as grandes obras do pensamento e da linguagem" (pp.19-20). Na opinião desta autora, a criança leitora envolve-se de tal modo nas situações descritas, que passa a vivê-las, ela, também. Cria-se, no entanto, um efeito de distanciação, um pouco à maneira do que fizeram Aristóteles ou Brecht, porque, diz, "*não há trabalho de linguagem sem uma operação de distanciação*" (p. 20). A autora prossegue, com a ideia de que é tanto maior o valor educativo da obra literária, quanto mais precocemente a criança entre em contacto com ela. A convivência com a obra literária é como que um estádio anterior à sua entrada na vida política e social.

Profunda conhecedora do sentido original da palavra *pedagogia*, Danièle Sallenave conjuga a sua experiência docente com a mestria de um escritor que é capaz de desmontar os elementos de um texto literário. Na qualidade de viajante, sabe também que a Literatura é um guia para o percurso de cada um ou um roteiro da viagem que cada existência é. Insiste, porém, na ideia de que a criança não deve mergulhar precocemente na vida real, antes de um período de amadurecimento, absolutamente necessário para o seu desenvolvimento equilibrado. "*No entanto*", diz a autora, "*a escola faz o contrário, quando se abre totalmente àquilo que chama "a vida", quando substitui o texto literário pelos relatos crus do quotidiano*" (p. 20). Analisando, igualmente, a ligação entre ciência e literatura, recorda que a primeira produziu grandes mutações na nossa experiência do mundo (p. 15) mas a segunda, enquanto reflexão sobre as acções e paixões dos homens, "*não pode ser empreendida apenas com o apoio das ciências puras*" (p. 16). É por esta razão que a existência humana não pode ser plenamente entendida sem a literatura.

Para uma criança ou um jovem, a literatura é o alimento perfeito pois, nas palavras de Coseriu, citado por Rodrigues (2002), "*o uso literário não se institui como um desvio em relação ao uso corrente mas antes como uma intensificação e exploração de um potencial comum (...) A obra literária (...) não utiliza simplesmente a linguagem*", mas "*constrói linguagem, desenvolve, realiza virtualidades já contidas na linguagem*" (p. 57).

Também de uma forma muito clara, Fonseca, citada igualmente por Rodrigues (p. 57), sintetiza o seu pensamento nestes termos definitivos: "*Não se trata de ensinar língua mais literatura ou de ensinar língua e depois literatura, mas de ter consciência de que faz parte da competência do falante e está nela profundamente enraizada, desde as fases mais precoces da aprendizagem linguística, a capacidade de explorar as amplas virtualidades cognitivas e lúdico-catárticas de uma relação autotélica com a língua*" (p. 57).

II PARTE

QUAL O PAPEL DA ESCOLA NA MOTIVAÇÃO LEITORA?

A arte de ler que os mais novos adquirem de forma natural no seio de famílias letradas pode, no entanto, ser causa de grande estranheza para quem, abruptamente, com ela se confronta pela primeira vez, na Escola. Ler é um saber sagrado ou mágico, inicialmente reservado apenas a alguns, uma minoria, situação que, em Portugal, perdurou até há pouco mais de um século.

Cidade Moura (2005) lembra-nos que, em 1872, Eça escreve uma série de *Farpas* denunciando que "*das 700 000 crianças que existem em Portugal, o Estado ensina 97 000. Isto é, de 700 000 crianças, estão fora da Escola mais de 600 000!*" (p. 97). É esta pesada herança que ainda ensombra a vida de uma multidão de jovens que não tem em casa modelos de leitor. Muitos deles, tendo frequentado a Escola e aprendido a ler, não criaram laços afectivos com a leitura e a escrita. Portanto, uma tarefa continua ainda por fazer, no nosso país: a fidelização à leitura. Poderá a Escola juntar o saber técnico sobre ensino da leitura com os laços de afecto facilitadores das aprendizagens? É incerto. Mas, ainda que possa, certas aprendizagens são feitas tão precocemente, logo na primeira infância, ao colo de pais, avós ou amas que ficam totalmente fora da alçada da instituição escolar. A menos que...

Relativamente a factores exógenos

A menos que a Escola partilhe responsabilidades. Essa foi a conclusão a que chegaram muitos países quando perceberam que a "hecatombe escolar", radicada no défice de competência leitora, tem elevadíssimos custos sociais. Surgiram então projectos, alguns há mais de 50 anos, que envolvem instituições melhor colocadas para agir junto das crianças, antes da idade escolar, incluindo mesmo um público de bebés.

Com quem partilhar responsabilidades? Em primeiro lugar, com a Família. Logo depois, e sem hierarquias, com os Serviços de Saúde, com a

Terceira Idade, o Poder Autárquico, as Associações, entre outras possibilidades. Neste ponto, limitar-nos-emos a citar os traços mais pertinentes de projectos que estão ou estiveram implantados de forma mais sólida.

Família

Porque estão acessíveis na *Web*, não nos deteremos na sua descrição: *Talk to your baby*,[13] *Bookstart*[14], *Nati per Leggere*[15], *Peep*[16] são projectos que têm por alvo a primeira infância, envolvendo, frequentemente, estruturas locais. *Reading is Fundamental* [17] dirige-se a diversas faixas etárias, mobilizando a sociedade civil para o apoio às famílias, traduzido especialmente em voluntariado ou doações para compra e oferta de livros.

Em Portugal, desde 1997, o projecto *Literatura & Literacia* envolve as famílias na leitura dos livros que empresta às crianças. Isto mesmo, aconteceu com o projecto *Dar Vida às Letras* [18] e com o projecto *Levar a Ler*[19], prática também adoptada no projecto *Leitura em vai e vem*, do Plano Nacional de Leitura[20]. Em Espanha, a Fundação Sanchez Ruypérez[21] empresta livros às escolas que, por sua vez, os emprestam às crianças, para serem lidos em família.

Todas estas iniciativas e um incontável número de outras, constantes da base de dados do Centro de Estudos e Recursos de Literatura & Literacia[22], promovem o aconselhamento das famílias, fornecem orientações para a escolha de títulos de literatura infanto-juvenil e, nalguns casos, oferecem mesmo livros às crianças.

O Relatório do PISA 2000 demonstrou que é marcante para um bom desempenho em leitura um clima em que as interacções sociais, a propósito de bens culturais, entre pais e filhos, sejam frequentes (pp. 159-160). Este facto leva-o a recomendar aos Sistemas Educativos que dêem suporte

---

[13] http://www.literacytrust.org.uk/talktoyourbaby/

[14] http://www.bookstart.co.uk

[15] http://www.natiperleggere.it

[16] http://www.peep.org.uk

[17] http://www.rif.org

[18] http://www.casadaleitura.org/projectos

[19] http://www.cm-cascais.pt

[20] http://www.planonacionaldeleitura.gov.pt

[21] http://www.fundaciongsr.es/

[22] Centro de Estudos originado no Projecto Literatura & Literacia. Ver www.leituras.net

às famílias de risco, em especial àquelas em que as mães têm apenas a escolaridade básica (p. 162), às monoparentais (pp. 164-165) e às imigrantes (p. 166).

Na fase da passagem da literacia emergente para a da escrita convencional, as famílias pouco letradas devem ser encorajadas a dar ou a obter apoio para os filhos. Se as famílias não puderem garantir as condições mínimas às suas crianças, a escola deve suprir esta lacuna, criando condições para a igualdade de oportunidades.

Serviços de Saúde

Atendendo à necessidade de incutir desde cedo a familiaridade com o livro e a leitura, cada vez mais, os países desenvolvidos preconizam acções a desenvolver pelos serviços de saúde, onde se faz o acompanhamento metódico da primeira infância. Da parte dos pais, tem-se verificado receptividade a um aconselhamento mais vasto do que aquele que visa garantir o desenvolvimento físico do bebé. Tirando partido desta situação, multiplicam-se as intervenções de literacia precoce que associam um serviço de saúde local ao serviço cultural e à própria escola, alargando a informação/formação a toda a vida da criança.

Um dos projectos que melhor espelha esta linha de acção é o *Nati Per Leggere*, desenvolvido por uma associação de pediatria italiana, em parceria com uma associação de bibliotecários e outra de bem-estar infantil. Na Escócia, existe também um projecto de literacia e numeracia precoce que alia serviço de saúde, biblioteca e serviço social, locais, e que foi apresentado no II Encontro Internacional *O Desafio de Ler e Escrever– Leitura e Coesão Social* [23].

Entre nós, verifica-se a mesma preocupação. No âmbito do projecto de criação de um *Centro Virtual de Pedagogia das Amas*, da iniciativa da Civitas[24], alguns pediatras comprometeram-se a fazer a respectiva difusão.

O projecto *A Par,* coordenado por Emília Nabuco (2006)[25], e adaptado do *Peers Early Education Partnership (PEEP)*, integra este grupo de

[23] Encontra-se arquivada, no Centro de Estudos de Literatura e Literacia, uma cópia dos materiais usados localmente, oferecida pelo ex Instituto de Inovação Educacional, a quem coube a apresentação deste projecto no Encontro referido.

[24] Actualmente Liga Portuguesa de Direitos Humanos – Civitas.

[25] http://www.a.par.pt

acções de literacia precoce, junto de famílias muito distantes da cultura letrada, promovendo a formação de líderes comunitários.

Em caso de internamento ou seguimento em ambulatório, vários serviços pediátricos propõem às crianças e seus acompanhante actividades de leitura e sua recriação. É conhecido de longa data o trabalho desenvolvido no Serviço de Consulta Externa de Pediatria do Hospital de Santa Maria (Barbacena, Lopes & Galhardo, 2002). Também o projecto *Literatura & Literacia* tem estado, desde 2006, presente no Hospital Garcia de Orta, através do voluntariado de uma professora, membro da equipa. Na mesma linha de orientação, o Plano Nacional de Leitura lançou, em 2008, o projecto *Ler⁺ dá Saúde*[26] que "*visa sensibilizar e envolver os médicos de Clínica Geral para actuarem como promotores de leitura, junto dos familiares das crianças, a partir dos seis meses*".

Terceira Idade

Uma política de leitura deve envolver a terceira idade, mesmo que escassa ou nulamente letrada, como elo da cadeia de transmissão do património oral.

Um idoso, ainda que não saiba ler, é um guardião da cultura da comunidade. Por isso, alguns dos projectos mais inovadores em leitura reabilitam o papel social dos idosos, não só no incentivo à leitura das histórias que sabem contar de cor, como também no reequilíbrio do convívio entre todos os membros da sociedade. A terceira idade pode, então, constituir-se como um aliado fundamental nas políticas de leitura, nas sociedades pós-industriais. Além da experiência, da disponibilidade afectiva e de tempo para doar esse bem cultural às crianças, os adultos seniores conservam a qualidade da sua própria vida.

Em França e na Suíça francesa está em curso, desde 1999, o projecto *Lire et Faire Lire*[27] que recorre aos idosos, para lerem com e para os alunos da escola elementar, sob a orientação dos professores. Também o *Plan Nacional de Lectura* da Argentina (Cidade-Moura, Bombini & Salvi, 2002) foi, durante uma década, modelar no envolvimento de adultos seniores neste tipo de programas. Seria bom que, entre nós, este contributo fosse mais valorizado.

---

[26] www.planonacionaldeleitura.gov.pt

[27] http://lireetfairelire.org/LFL/

Autarquias

No panorama nacional, avultam as iniciativas desenvolvidas pela Rede Nacional de Bibliotecas Públicas, iniciada em 1987. Trata-se de uma realidade digna de registo, que transfigurou a face do País, ao disponibilizar atendimento especializado a crianças e adultos, a quem faculta fundos específicos em suporte papel, áudio, vídeo e multimédia, fornecendo também formação e ocupação de tempos livres. Estando estes serviços na dependência directa do poder autárquico, praticam uma política de proximidade que mais facilmente pode envolver os cidadãos. Alguns eventos promovidos em certos municípios como Oeiras, Cascais, Beja, Póvoa de Varzim alcançaram visibilidade nacional ou mesmo internacional, atraindo forasteiros, como é o caso das *Palavras Andarilhas* (Beja)[28] ou das *Correntes d' Escritas* (Póvoa do Varzim)[29], com mais de uma década de existência. A Associação de Municípios do Vale do Minho viu, em 2007, o projecto *Dar Vida às Letras*[30], galardoado com o prémio da *International Reading Association*.

No entanto, ainda há muito campo a desbravar, relativamente às pequenas localidades, distantes das sedes de concelho. Se observarmos, de perto, o que se passa no Verão, durante as interrupções lectivas, verificamos que muitas crianças que gozam férias longe dos grandes centros não incluem a leitura na ocupação dos seus tempos livres, por falta de oferta. Também no campo, o afastamento progressivo dos mais novos das fainas agrícolas gera, na mesma época, longos tempos livres, raramente promotores de hábitos de leitura. Encerrados os estabelecimentos de ensino, não há alternativas à biblioteca escolar.

Sem a pressão dos horários lectivos, dos trabalhos de casa, das leituras impostas, a experiência de leitura sem prestação de contas teria condições para conquistar muitos adeptos, se pudéssemos ver multiplicadas algumas meritórias experiências de bibliotecas de praia, de piscina, de jardim público, de colónias e campos de férias... Seriam, também, muito bem-vindas pequenas bibliotecas que dinamizassem a vida das comunidades, como sucedeu na época das Bibliotecas Itinerantes da Fundação Calouste

---

[28] http://www.cm-beja.pt

[29] http://www.cm-pvarzim.pt/go/correntesdeescritas

[30] Publicação deste projecto disponível em: http://195.23.38.178/casadaleitura/portalbeta/bo/documentos/LivroDVALnet.pdf

Gulbenkian e sucede em países da América Latina que ainda lutam contra altas taxas de iliteracia.

Outras instituições e estruturas sociais

As Fundações e Associações Cívicas e Culturais podem desempenhar um papel central na correcção de assimetrias. Na análise do papel destas instituições daremos especial relevo ao trabalho desenvolvido pela Liga Portuguesa dos Direitos Humanos – Civitas que incentivou o trabalho de investigação aplicada sobre *Políticas de Leitura* (2007), que está na base deste capítulo e que teve como objectivo disponibilizar linhas de orientação que facilitassem a intervenção dos próprios autarcas. No âmbito deste trabalho, foi preparado um guião de auto-avaliação da qualidade de tais políticas que aguarda uma oportunidade de aplicação em larga escala Esta Associação defende que a dinâmica de transformação da realidade do país, em matéria de elevação dos níveis de literacia, depende, fundamentalmente, da acção do Poder Local. Este, por sua vez, influenciará a própria Escola, como se tem verificado em diferentes ocasiões. Por essa razão, celebrou acordos de cooperação com algumas autarquias, como a de Cascais, que adoptou as estratégias e materiais dos projectos *Literatura & Literacia* e *Ler a Par*, e os adaptou ao projecto *Levar a Ler*[31]. Dedicou, também, várias iniciativas à promoção da literacia, incluindo duas Conferências Nacionais, que tiveram lugar no Auditório da Assembleia da República e das quais resultaram documentos enviados a todas as Autarquias e à Associação Nacional de Municípios, convidando-as à assunção de mais responsabilidades na matéria.[32] E várias responderam ao desafio.

Esta mesma associação viu ainda o projecto *Ler a Par* distinguido através do Prémio Leitura Solidária[33] (2002) instituído pelos Ministérios da Cultura e do Trabalho e Solidariedade Social. Este projecto, por seu turno, desencadeou outros dois – *Laço Social e Sonhar a Utopia* – que

[31] http://www.cm-cascais.pt

[32] O Plano Nacional de Leitura tem seguido esta mesma linha de acção, continuando a celebrar protocolos com autarquias de todo o país.

[33] Em edições anteriores foram laureados outros projectos, como *Escola Comunitária de S. Miguel de Machede* (Associação para o Desenvolvimento Comunitário & Associação de Desenvolvimento de S. Miguel de Machede, 1998); *Letras e Outros Saberes* (Associação para o Desenvolvimento das Comunidades Locais-S. Torcato Guimarães, s/d) e *Chuva de Letras* (Associação de Defesa do Património de Mértola, 1999/2001).

se têm desenvolvido, em consórcio, com o apoio do Serviço Voluntário Europeu, entre populações distantes da cultura letrada, com o objectivo da elevação dos níveis de literacia. Num vasto programa de intervenção integrada, salientamos a instalação de várias bibliotecas de proximidade, de uma ludoteca orientada para a literacia e de um espaço para a formação parental. Estes projectos têm sido financiados pela Associação de Solidariedade Social D. Pedro V e pela Fundação Calouste Gulbenkian.

Relativamente a factores endógenos

Sendo a leitura o cerne da cultura veiculada pela Escola, os esforços em direcção à qualidade do ensino e das aprendizagens têm de reflectir esta centralidade. Assim sendo, urge tomar medidas das quais salientamos as seguintes: i) Formar professores reflexivos; ii) Tornar a biblioteca "a alma" da escola; iii) Aumentar o tempo na tarefa; iv) Capacitar pais e encarregados de educação. Daremos especial atenção à segunda medida, sobre a qual pode exercer-se, directamente, a acção dos professores. Com efeito, certas tarefas dizem respeito a todos os professores e não apenas aos bibliotecários. São elas: a) seleccionar o acervo; b) adequar o acervo ao público alvo (organizando-o em espiral, avaliando o grau de interculturalidade de uma obra, formando constelações de textos); c) disponibilizar livros para leitura recreativa na sala de aula e d) participar na programação de sequências de aprendizagem significativas para todos (promovendo o efeito iogurte, treinando condutas autónomas, cuidando do género masculino).

Formar professores reflexivos

A formação de professores é a pedra de toque de (quase) todas as transformações necessárias aos Sistemas Educativos. A qualidade técnica e humana destes profissionais é a chave de uma política de leitura e, por consequência, de sucesso para Todos na Escola/Escola Inclusiva. Assim, o recrutamento exigente de candidatos a professor e a formação contínua, de elevado nível, designadamente na área das Ciências da Leitura e da Educação, devem constituir-se como a base de um sistema que vise a qualidade.

Com efeito, para ser mediador de leitura, é preciso conhecer o melhor possível, quer as necessidades dos (potenciais) leitores, quer um acervo significativo de obras que respondam adequadamente à curiosidade e à competência leitora de cada um. Sem esquecer, obviamente, cada etapa do seu desenvolvimento. Maria Cecília Diaz[34] recorda a afirmação do investigador inglês Aidan Chambers sobre a necessidade de conhecimento de 500 títulos para que um professor consiga apoiar os alunos nas suas escolhas. A mesma autora alerta "*talvez tão importante como conhecer de que modo as crianças vão construindo as suas ideias sobre a literatura é conhecer como lêem os docentes os livros para crianças. Aprofundar o conhecimento sobre esta matéria pode ajudar a desenhar currículos que contribuam para que os professores sejam leitores mais atentos e, portanto, mais aptos a acompanhar os seus alunos no processo de se tornarem leitores*".

A extensão e gravidade das lacunas de formação em Ciências da Leitura no corpo docente nacional parece apontar para a necessidade de dar continuidade ao actual Programa Nacional para o Ensino do Português no 1.° Ciclo – PNEP[35], alargando-o em termos de professores abrangidos e de ciclos de ensino.

Por seu turno, a avaliação dos professores, designadamente dos de Língua Materna, tem de ter em conta o papel da língua na estruturação da personalidade dos alunos, na apreensão da realidade e das culturas, na interacção dos saberes e das experiências e na organização das aprendizagens. Este cuidado implica uma avaliação dos alunos que favoreça a progressão pessoal e que reforce a autoconfiança, de forma a não atingir a pessoa do aluno que se expõe através das suas produções verbais, orais e escritas.

Tornar a biblioteca a "alma" da Escola

A biblioteca (e o museu) são, historicamente, a "alma" da Escola, como muito bem nos recorda Olga Pombo (2002). A Biblioteca deveria ser a primeira prioridade nos recursos de uma Escola e nunca é demais insistir nos efeitos devastadores da perda de memória deste facto, contra o qual tem trabalhado, com persistência, desde 1996, a Rede de Bibliotecas Escolares, tentando "tornar a Biblioteca Escolar um imperativo", na expressão de Teresa Calçada.[36]

Para que se dê um forte impacto na qualidade do serviço de orientação em leitura, é indispensável um trabalho estreito com os professores.

---

[34] http://www.cuatrogatos.org/6silvadiaz.html

[35] http://sitio.dgidic.min-edu.pt/linguaportuguesa/Paginas/PNEP.aspx

[36] http://vivabibliotecaviva.blogspot.com/2009/06/forum-rede-de-bibliotecas-escolares.html

Neste sentido, tem caminhado, também, a Rede de Bibliotecas Escolares, formando aqueles que desempenham funções nas bibliotecas e centros de recursos (BE/CRE). Na verdade, um serviço de orientação apelativo deve respeitar condições básicas das quais se enunciam as seguintes: a) Seleccionar criteriosamente o acervo; b) Adequar a selecção aos potenciais leitores; c) Disponibilizar livros para leitura recreativa, nas salas de aula; d) Participar na programação de sequências de aprendizagem significativas para todos.

Seleccionar criteriosamente o acervo

Qualquer biblioteca tem de definir critérios de aquisição. Aos professores nem sempre chega informação actualizada sobre o que se publica, pelo que é determinante a articulação entre estes profissionais e os dinamizadores da Biblioteca, nomeadamente da Biblioteca Escolar. Conhecer bem um texto permite ao professor a construção criativa de sequências de aprendizagem e a adequação às necessidades e interesses dos alunos. O Serviço de Apoio à Leitura (SAL)[37]criado pelo Instituto Português do Livro e das Bibliotecas (IPLB), actual Direcção – Geral do Livro e das Bibliotecas, e o Serviço de Orientação de Leitura (SOL), da Casa da Leitura-Fundação Calouste Gulbenkian[38], o Centro de Recursos e Investigação em Literatura Infanto-Juvenil (CRILIJ)[39] e o Centro de Estudos e Recursos de Literatura e Literacia Eça de Queiroz[40] produzem orientações de grande utilidade para os professores. Não deve ser omitido o papel dos *blogs*[41]e das páginas de autores, pela rapidez com que integram novos dados e diferentes pontos de vista sobre obras vindas a lume.

Noutros países, pode recorrer-se a uma infinidade de serviços que se encarregam de apoiar as famílias, os professores e os próprios bibliotecários, nesta exigente tarefa. O IBBY (*International Board on Books for*

[37] http://sal.iplb.pt

[38] http://www.casadaleitura.org

[39] http://www.boasleituras.com/crilijoquee.asp

[40] www.leituras.net

[41] Alguns *blogs* são alimentados por especialistas em Literatura infanto-juvenil, tais como Dora Batalim, Maria do Sameiro Pedro ou Virgínia Coutinho. Também um notável *blog* –De Rerum Natura – se ocupa, frequentemente, da temática da leitura e da educação das crianças.

Young People)[42], o CIELJ (*Centre International d' Études en Littérature de Jeunesse*)[43], o SOL (*Servicio de Orientación de Lectura*)[44] ou o Banco del Libro [45] constituem também bons exemplos deste tipo de recursos. De igual modo as revistas literárias em linha[46] permitem uma visão permanentemente actualizada do panorama editorial. Não pode deixar de citar-se *La revue des livres pour enfants* publicada durante largos anos pela associação francesa *La Joie par les livres* e, actualmente, pela própria Biblioteca Nacional de França (BNF)[47]. Com efeito, a acção desta associação pioneira foi integrada, em 2008, no Departamento de Literatura e Artes da BNF, a que nos referiremos mais adiante pela excelência dos seus conteúdos em linha. Não poderemos omitir, ainda, serviços da maior relevância prestados, através dos seus portais, por algumas grandes bibliotecas como a *Bibliothèque Nationale de France* que disponibiliza admiráveis materiais pedagógicos e a Biblioteca Cervantes[48] que faz apelo à participação dos jovens leitores, através da Biblioteca Encantada.

As palavras de Teresa Colomer (2005) ilustram bem a importância da criteriosa selecção do acervo: "*A terceira* [condição para que crianças e adolescentes se convertam em leitores] é a de que os livros que leiam sejam bastante bons para manterem a ideia de que vale a pena fazê-lo [ler]."[49]. E conclui com um alerta: *"Há um tempo – pouco mais de dez anos – e um número de obras – calculemos umas quinhentas – para que os pequenos percorram este itinerário. É, pois, necessário escolher muito bem os livros e pensar em boas maneiras de acompanhar as novas gerações na viagem que a literatura lhes abre e oferece «a partir do lar até ao mundo»*" (p. 207). Não se pense que é impossível ler 50 obras por ano! Se o clima de sala de aula for estimulante (ver abaixo *Efeito Iogurte*), há quem leia este número de títulos e quem o ultrapasse!

Adequar a selecção aos potenciais leitores

---

[42] http://ibby.org
[43] http://www.ricochet-jeunes.org
[44] http://www.sol-e.com
[45] http://www.bancodellibro.org.ve/portal/
[46] Imaginária– http://imaginaria.com.ar; Cuatrogatos. http://www.cuatrogatos.org
[47] http://bnf.fr /
[48] http://www.cervantesvirtual.com/portal/Platero/
[49] Tradução livre.

Para mediar, é necessário conhecer bem as duas margens unidas por uma ponte. Neste caso, as obras e os leitores que apenas separamos em dois pontos para facilitar a leitura. No ponto anterior ocupámo-nos das obras. Neste, ocupar-nos-emos dos leitores.

No caso de leitores iniciais, importa oferecer livros de descodificação simples – contendo repetições, textos previamente conhecidos, escritos em tipos de maior dimensão, com ilustrações abundantes – para leitura autónoma, ao mesmo tempo que livros mais complexos para serem lidos pelos mediadores.

Passada a fase da apropriação do código escrito, e alcançada a automatização dos mecanismos de leitura, estes cuidados são dispensáveis. O problema consiste, exactamente, em conhecer o estádio de desenvolvimento do leitor…

Quanto a esta matéria, não podemos ignorar os múltiplos contributos da psicologia, da sociologia, da antropologia, da psicanálise, da linguística, da pedagogia, para o conhecimento da criança e do jovem e dos seus contextos de vida. Não sendo possível determo-nos neste assunto, deixamos, no entanto, algumas sugestões que reputamos da maior utilidade: a leitura de Kieran Egan, que se ocupou da construção de estádios de desenvolvimento educacional[50], dos guias publicados pelo Banco del Libro, (Venezuela)[51] e das orientações da Pedagogia Waldorf[52], para a escolha de obras adequadas aos diferentes momentos da evolução de uma criança, rasgando horizontes sobre a literatura universal. Diversas instituições universitárias que ensinam literatura para crianças dispõem, também, de observatórios e disponibilizam informação neste domínio.

Organizar o acervo em espiral

Esta forma de organização integra sempre obras destinadas a faixas etárias e níveis de competência literácita mais baixos e mais elevados, permitindo, assim, a adequação a diferentes estádios de desenvolvimento, no

---

[50] A obra *Desenvolvimento Educacional* foi traduzida em Portugal por iniciativa do Instituto de Inovação Educacional, em parceria com uma editora

[51] www.bancodellibro.org.ve/portal/

[52] Intervenção de Pereira, L. (2002) O Gosto de Ouvir Contar e de Ler, no Painel *Cânon de Autores, Sim ou Não?* (p.138) *In* H. Cidade Moura (Org.), *Actas do 2.° Encontro Internacional O Desafio de Ler e Escrever – Leitura e Coesão Social* (pp.127-138). Lisboa: Civitas – Associação para a Defesa e Promoção dos Direitos dos Cidadãos.

seio de um mesmo grupo. Permite, ainda, o reencontro com obras conhecidas e o reatar de laços afectivos, porventura construídos, com alguns textos. Idêntico cuidado deverá existir em relação a obras mais complexas, que podem ser lidas autonomamente pelas crianças e pelos adolescentes com um passado de forte estimulação linguística. As listagens construídas pelo Centro de Estudos e Recursos de Literatura & Literacia reflectem esta orientação.

Ainda que existam poucos meios seguros de determinar os níveis de competência leitora, em Portugal, muitos professores e bibliotecários são sensíveis a este aspecto, no momento de aconselharem os alunos/leitores. Quando o leque é aberto, numa organização em espiral, há maiores possibilidades de auto-regulação, uma vez que o próprio leitor ajuda a encontrar o nível de dificuldade adequado às suas competências.

a) Avaliar o grau de interculturalidade

Trate-se ou não de um grupo culturalmente heterogéneo, o grau de interculturalidade de um texto é muito importante na criação de mentalidades cosmopolitas. Com efeito, os textos que damos a ler aos alunos estão marcados pela época da sua produção, transmitindo, assim, os respectivos valores e preconceitos.

Atentos à necessidade premente das sociedades actuais aprenderem a "conviver", um dos critérios que marca as escolhas, na oferta para seres em "formação inicial", é justamente o da interculturalidade.

Na selecção do acervo enviado às escolas da rede do projecto *Literatura & Literacia*, a coordenação contou com o apoio esclarecido da equipa do Secretariado Entreculturas que, então, funcionava no Instituto de Inovação Educacional. Desde Março 2004, a equipa integra o Alto Comissariado para a Imigração e o Diálogo Intercultural, continuando a disponibilizar, em linha, o seu vasto conhecimento na matéria. Com efeito, através do portal de educação intercultural – Aula Intercultural [53] pode aceder-se a um manancial de informação da maior pertinência para a organização de bibliotecas "inclusivas".

[53] http://www.aulaintercultural.org/

b) Formar "Constelações de textos"[54]

O projecto *Literatura & Literacia* propôs-se, desde a sua primeira edição, em 1997, organizar constelações de textos (terminologia também adoptada pelo *Observatoire Nationale de Lecture*, em França) que permitissem o diálogo intertextual.

O texto disponibilizado pelo ONL reflecte sobre a construção de constelações de textos e imagens pertencendo a géneros diversos mas centrados na apresentação de uma mesma noção, de um processo ou de um estado. De acordo com este documento *"as constelações são da maior importância como instrumento didáctico de entrada nas culturas escritas, susceptíveis de formar um leitor polivalente e esclarecido (...) porque potenciam outras maneiras de ler por si e na comunidade de leitores."* O objectivo essencial de uma leitura deste tipo, em meio escolar, é o de fazer descobrir aos alunos "*a natureza dialógica da linguagem (...) e o papel do intertexto na interpretação do texto e das imagens.*" Se levarmos os alunos a adoptarem a perspectiva de autores, eles poderão passar a escrever numa constelação, "a fim de praticarem os processos que descobriram como leitores."

Disponibilizar, nas salas de aula, livros para leitura recreativa

É hoje possível reduzir encargos com o tratamento documental, importando conteúdos via *internet*. Além disso, as Bibliotecas Escolares são uma realidade, os professores estão mais tempo na escola e existem professores-bibliotecários. Parecem, pois, reunidas condições para acelerar a reconversão das Bibliotecas Escolares em espaços verdadeiramente funcionais. No entanto, mesmo existindo bibliotecas de escola, a prática de numerosos professores nacionais e estrangeiros tem demonstrado que as Bibliotecas de Sala de Aula não são um excesso[55]. Um fundo documental,

---

[54] O *Observatoire Nationale de Lecture* explicita esta expressão do seguinte modo: "Uma constelação é, por definição, um «grupo de estrelas que forma uma figura». Mas designa também por analogia «um conjunto de coisas abstractas ligadas entre elas» (Dictionnaire historique de la langue française *Le Robert*, de Alain Rey). Utilizamos o termo constelação, distinguindo-o de rede, a fim de circunscrever esta noção ao acto de relacionar obras que respondem a "um problema de compreensão ou de interpretação". O texto original, cujo excerto traduzimos livremente, pode ser consultado em: (http://onl.inrp.fr/ONL/travauxthematiques/livresdejeunesse/constellations).

[55] Apesar da relutância de alguns especialistas que as consideram redundantes.

sempre à mão[56], torna o livro familiar às crianças, encorajando o seu contacto àquelas em cujas famílias tal artefacto cultural continua sem estatuto.

A mediação, na escola, é indispensável para a larga maioria dos alunos que carecem do incentivo constante do professor, nesta tarefa de envolvimento com a leitura.

Reflectindo sobre a polémica entre defensores de Bibliotecas de Sala e de Escola, o *Servicio de Orientación de Lectura* (SOL)[57], no seu *Proyecto de Lectura para Centros Escolares* (PLEC), julga-a inútil e contrapõe a sua complementaridade, comparando a respectiva especificidade: "*Apoiando-se num clima afectuoso e confiante que cresce mais fácil e firmemente num grupo humano que convive diariamente, o professor poderá compartilhar a sua própria paixão pela leitura e, dar a ler e deslumbrar-se com as leituras dos estudantes. Tornará presente a dita leitura de proximidade, essa " leitura de regaço" na qual desempenham um papel imprescindível os sentimentos.*

(...) Quando o estudante dá o salto para a biblioteca escolar, abre-se diante dele um inabarcável mundo de novas fontes de informação, conhecimento e liberdade, simplesmente porque tem a possibilidade de escolher. Esta imersão deve ser progressiva e cuidadosamente mediada para que a criança não se sinta perdida e não caia no desânimo que é produzido por uma oferta incomensurável. Por isso é tão importante desenhar um plano rigoroso e progressivo de formação de utilizadores, a partir do qual se possa orientar a criança e dotá-la, pouco a pouco, de estratégias intelectuais, práticas e didácticas necessárias para que se torne, pouco a pouco, senhor da sua aprendizagem e da sua experiência leitora e cultural".

Só quem não tenha experimentado dispor pelas mesas da sala de aula um lote de livros atraentes de literatura infanto-juvenil[58], persistirá na afir-

---

[56] Para não desfalcar os fundos da biblioteca escolar, não serão em grande número. No entanto, os usuais e os preferidos da turma/grupo devem estar por perto, prontos para serem consultados ou relidos, nos momentos previstos e imprevistos da programação.

[57] http://www.plec.es

[58] A proposta da *International Reading Association* (IRA) (www.reading.org) é de 7 livros por aluno numa biblioteca de sala de aula, e de 20, numa biblioteca de escola. Para cumprirem as funções fixadas no Manifesto da Unesco (http://archive.ifla.org/VII/s8/unesco/port.htm) preparado pela Federação Internacional das Associações de Bibliotecários e Bibliotecas – IFLA (www.ifla.org), requer-se a existência de documentos sempre acessíveis.

mação de que os alunos não gostam de ler. Além disso, os livros são preciosos aliados da disciplina, nos momentos de transição de tarefas. Enquanto uns as terminam, outros folheiam ou relêem um volume da biblioteca de turma. Por todas as razões aduzidas, os centros de recursos não podem ser entendidos como os espaços exclusivos, nas escolas, onde se concentram os recursos em vários suportes. A familiaridade e o envolvimento advêm da proximidade e muitos dos serviços culturais, apesar de gratuitos, não são usados por numerosos alunos.

As escolas devem, portanto, encorajar as crianças a ler na sala de aula, por simples prazer, sob o olhar do professor. Ler pelo menos 30 minutos por dia, por gosto, faz a diferença, afirma o relatório PISA 2000 (p. 116). Cada sala de aula deve poder funcionar como uma extensão do Centro de Recursos, especialmente se levarmos a sério o papel crucial do professor enquanto mediador[59] e a exigência de uma pedagogia diferenciada. Como poderão os professores promover determinadas competências, sem outros livros por perto que não apenas os manuais?

Será correcto continuar a formar "leitores de página única"[60], ou seja, aqueles que lêem curtos excertos em manuais e usam compêndios que poupam o esforço de consulta de outros documentos? Tal exiguidade de meios, compreensível em sociedades de poucos recursos, é muito redutora nas sociedades onde o escrito abunda. É estranho, até, quando se reivindica a liberdade de pensar, de aprender, de ensinar, que os alunos sejam colocados perante um único manual, repetido tantas vezes quantas o número de elementos por turma! Ao contrário, deveria pedir-se aos professores que, no âmbito das matérias ou áreas que leccionam, ensinassem técnicas de recolha, tratamento e restituição da (muita) informação disponível... Aliás, o conhecimento que os professores constroem sobre os interesses e as necessidades dos alunos pode torná-los mediadores exímios.

Pela nossa experiência, podemos afirmar que a conjugação de factores adversos, na família e na escola, tende a dificultar a superação do problema de aprendizagem/desenvolvimento da competência leitora/escritora. No entanto, com metodologias adaptadas individualmente, ou a

[59] Não basta ter livre acesso à Biblioteca e ao Centro de Recursos, para querer ler e aprender a fazê-lo fluentemente.

[60] Expressão usada por Margarida Leão, co-autora dos Programas de Língua Portuguesa do 2.° Ciclo, 1991.

pequenos grupos, a esmagadora maioria das situações pôde ser desbloqueada, quaisquer que fossem as causas.

O desbloqueio é o primeiro passo, que precisa de um clima securizante e de tempo para o gerar. Um ambiente de diálogo é, com efeito, um factor comprovado pelo PISA 2000 e que influencia o desempenho em leitura (p. 196).

Importa salientar que a presença de uma segunda pessoa dentro da própria sala de aula (professor, funcionário de apoio educativo, psicólogo, um aluno mais velho....), constitui um forte apoio à prevenção de comportamentos disruptivos por parte dos "maus leitores"/"maus escreventes".

Participar na programação de sequências de aprendizagem significativas para todos

Muito se discute acerca da possibilidade de tornar significativas as aprendizagens de cada aluno, no seio de um grupo... Como fazer progredir todos os alunos, sabendo-se que chegam à Escola com percursos muito diversos e, por vezes, com necessidades muito fundas?

Esse é, por certo, o problema mais complexo com que se defrontam os professores. Haverá solução?

Sem podermos alongar-nos, como o tema exigiria, apontamos algumas estratégias de diferenciação pedagógica que permitem, por um lado, envolver os alunos nas tarefas e, por outro, libertar o professor para o atendimento individualizado, prevenindo algumas situações de risco.

a) Promover o efeito iogurte

Josette Jolibert (1989) fala deste efeito em relação à produção de textos pelos alunos, estimulada pelo contacto com produções de outros alunos. Por analogia, podemos referir-nos a este efeito, em relação à leitura. De facto, uma das consequências de uma leitura apreciada é o despertar do interesse pelo conhecimento de outras obras do mesmo autor ou sobre a mesma temática. É o caso típico das colecções. Também o desejo de partilhar as descobertas com outros companheiros ou com o professor, fazendo publicidade ao livro lido, desencadeia o desejo de outros o lerem.

Porque os pedidos dos professores são recorrentes, em torno de alguns temas, foram organizadas pelo projecto *Literatura & Literacia* listagens de obras, quer de ficção quer documentais, que dialogam entre si. O Plano Nacional de Leitura usa a mesma metodologia.

b) Treinar condutas autónomas

O debate político e a pesquisa complementar sobre o ensino da autonomia são fortemente encorajados pelo PISA 2000 quando refere que, no final da escolaridade obrigatória, "*os alunos devem estar preparados para aprender mais (...), devem tomar em mãos a sua própria aprendizagem (...), fixar objectivos (...), avaliar os seus progressos (...) e ultrapassar as dificuldades*" (p. 106).

Tendo em conta a experiência de treino quotidiano de condutas autónomas de trabalho e estudo, dos nossos alunos, designadamente na disciplina de Língua Portuguesa, subscrevemos totalmente esta recomendação. Na verdade, ligamos indissoluvelmente o interesse dos alunos pelas actividades escolares ao facto de colocarmos como primeira prioridade esse treino. Esta prática envolve os alunos, sistematicamente, em tarefas de programação e avaliação geralmente desempenhadas, em exclusivo, por professores.

Para a construção desta autonomia muito concorrem a motivação e desinibição na escrita e o desenvolvimento da competência em leitura: à medida que lêem e escrevem melhor, mais os alunos se centram e concentram nas tarefas, podendo ficar entregues ao seu trabalho autónomo, enquanto o professor atende necessidades individuais em leitura, escrita e reflexão sobre o funcionamento da língua. Sem autonomia dos alunos, o próprio trabalho do professor fica altamente condicionado.

c) Cuidar do género masculino

Nos últimos anos, têm-se multiplicado os estudos sobre a aprendizagem escolar, por géneros, como forma de justificar a diferença de desempenho entre rapazes e raparigas. O próprio PISA 2000 demonstrou que as raparigas apresentam desempenhos superiores em leitura. Esta vantagem é mais nítida nuns países do que noutros, sendo a superioridade do sexo feminino em compreensão do escrito particularmente pronunciada nas tarefas que exigem reflexão e avaliação (p. 135). Embora sem dados empíricos, a convicção que temos, baseada apenas na nossa experiência pessoal, é a de que é mais fácil envolver as raparigas (a partir dos 10 anos) do que os rapazes na leitura, na escrita e nas recriações dos textos noutras linguagens. No entanto, as diferenças de desempenho entre países e os numerosos rapazes que aderem às actividades de leitura e escrita levam-nos a hipotetizar diferentes tipos de factores que ajudam a explicar estas diferenças, uns mais ligados à família, outros mais ligados à escola, tais como: i) Ausência do progenitor do género masculino, com consequente ausência de modelos de leitura masculino; ii) Interesses muito limitados (preferência exclusiva por determinadas tipologias de textos, suportes ou temáticas – só BD, só informática, só carros de corrida...) que colidem com o predomínio de textos de narrativa ficcional nos manuais escolares e originam desinvestimento; iii) Baixo autocontrolo.

Pensamos, assim, que uma correcta sensibilização dos pais (homens) para a importância do seu papel na identificação dos filhos (rapazes) com a leitura, e uma maior atenção, por parte da Escola aos interesses específicos dos leitores do género masculino, podem ajudar a minimizar o problema[61].

Aumentar o "tempo na tarefa"

Para trabalhar em todas as "frentes" previstas nos Programas de Língua Portuguesa/Português, o tempo necessário tem sido (quase) sempre superior ao disponível! A listagem é longa e não exaustiva: apresentação e "tradução dos programas" em linguagem de aluno, explicitação das regras básicas de convívio, negociação de regras específicas de funcionamento nas diferentes actividades, levantamento de interesses e expectativas, diagnóstico de competências comunicativas orais e escritas, exercícios de dinâmica de grupo, para promover a coesão, negociação de um "contrato" (de trabalho individual) de modo a que cada um possa colmatar as falhas diagnosticadas, afectação de alguns tempos para trabalho autónomo... Se a esta listagem juntarmos a complexidade e morosidade do ensino da escrita... entenderemos, facilmente, que se trata de uma "missão impossível"... Não poderemos, pois, com honestidade, culpar a Escola e os professores pelo mau desempenho de numerosos alunos portugueses...

No entanto, se tivermos em conta a centralidade da aprendizagem da língua na qual são feitas todas as aprendizagens, facilmente concluiremos que esta mesma centralidade terá de repercutir-se na carga horária.

Capacitar pais e encarregados de educação

Os alunos cuja mãe não concluiu nove anos de escolaridade são particularmente vulneráveis. Em todos os países da OCDE, os alunos desta categoria apresentam, nos três domínios de avaliação, resultados inferiores,

---

[61] O *National Literacy Trust* (http://www.literacytrust.org/uk) apresenta numerosas sugestões de motivação dos rapazes para a leitura. A identificação com vedetas do mundo do desporto é uma delas.

em cerca de 45 pontos, àqueles cujas mães terminaram esses estudos (PISA 2000, p. 162). Encorajar a subida de nível de formação dos encarregados de educação, sobretudo das mães é, portanto, uma medida que aumenta a auto-estima e as possibilidades de sucesso dos educandos, favorecendo, a longo prazo, a própria produtividade laboral.

Num país com os índices de iliteracia do nosso, com a população infantil em decréscimo, o pessoal docente excedentário poderia, eventualmente, ser encaminhado para a formação de adultos, num sistema de permuta com os professores em exercício: dedicar-se-iam aos mais jovens aqueles que maior apetência revelassem pela docência nessa faixa etária.

Em 2001, Márcia Trigo[62] apresentou *Dez Argumentos em Favor do Investimento na Educação e Formação de Adultos*, que valeria a pena revisitar. Retomamos apenas um, dado enquadrar-se exactamente neste ponto: "*Ultrapassar a exclusão escolar dos jovens, graças à aprendizagem dos adultos. Todas as sociedades, famílias, grupos e comunidades sabem que quanto maior é o nível de educação e formação da sua população, maiores são os índices de escolarização e de qualificação e menores os índices de insucesso e de exclusão escolar (...). Aprende e desenvolve-se mais e melhor quem mais sabe e mais desenvolvido é*" (p. 94).

E a autora conclui: "*Estas ideias configuram, claramente, um novo e inovador modelo de Escola-Comunidade ou da Escola como Centro de Proximidade para toda a população e não apenas para a população dita escolar, ou em idade escolar. É por isso incontornável a abertura das escolas e centros de formação, públicos ou privados, a todos os adultos, não como um favor, mas como um direito. É também uma questão de inteligência das escolas e suas administrações*" (p. 94).

O retorno da actividade com adultos pode ser visível em muito pouco tempo. Desse assunto nos falaram os técnicos do *Plan Nacional de Lectura da Argentina,* que elegeu como alvo estratégico de formação a terceira idade, para que garantisse a narração oral e a leitura em voz alta junto de crianças (Bombini & Salvi, 2002).

Finalmente gostaríamos de sugerir uma outra forma de alertar os adultos para a necessidade de criar o gosto e os hábitos de leitura junto das crianças: a inclusão de um módulo literacia em todas as acções de formação de adultos. Não é difícil, nem demasiado oneroso. Essa foi uma

[62] À data Directora da Agência Nacional de Educação e Formação de Adultos.

experiência que empreendemos no âmbito do Projecto *Oriana*, de formação profissional de mulheres, na área do apoio a idosos. Todas elas foram recrutadas entre mães de crianças muito novas. Dela deu testemunho, no mesmo Encontro Internacional, a gestora do Projecto[63]:

> "*Com as 15 mulheres que integraram o Grupo de Formação do Projecto Oriana, desenvolvido no âmbito da Medida 1 do Sub – Programa Integrar, foi possível desenvolver experiências gratificantes de Encontros e Reencontros com a Vida com os prazeres de ser Mulher, Mãe e Profissional.*
> *(...)*
> *A obra de Sophia de Mello Breyner, A Fada Oriana*[64]*, deu o mote, provocou outras leituras, foi passada à cena em Teatro de Fantoches especialmente preparado para ser apresentado no final do Curso na creche que acolheu os filhos das 15 mulheres, desempregadas de longa duração. (...) As "manchas" internas residuais das alegrias vividas ao longo de um Projecto (...) deixam indubitavelmente terreno para a vontade de fazer novas descobertas, de revisitar prazeres já saboreados*" (Pinto, 2002, pp. 54-55).

A leitura de literatura é ainda mais importante pela sua função ética do que pela função estética. A superioridade do papel da literatura em educação deriva da possibilidade de observação de condutas humanas incarnadas, do apelo ao juízo crítico indispensável ao exercício do poder democrático e do incentivo à coesão social, em sociedades multiculturais, cada vez mais fragmentadas. (Sallenave, 1997; Baudelot *et al.*, 1999).

Conclusão

"Criar hábitos de leitura através de laços afectivos e sociais com o acto de ler" era um objectivo dos Programas de Língua Portuguesa do 2.° Ciclo de 1991, que o projecto *Literatura & Literacia* justamente visava, a partir de uma intervenção iniciada ainda mais precocemente. Se, nesse

---

[63] Glória Pinto, Directora do Gabinete de Formação e Projectos da Ajuda.

[64] Nesta conhecida obra de Sophia de Mello Breyner Andresen, a Fada Oriana cuida de uma velha, já cega, provendo ao seu sustento e ao acompanhamento nas deslocações, por um caminho à beira de um precipício.

nível de escolaridade, é relativamente fácil permitir o desabrochar do gosto e da competência daqueles que teceram anteriormente algum laço com a leitura, o mesmo não acontece com quem não chegou a criar elos com as palavras escritas.

Atentemos na experiência de aprendizagem do André, referida no início deste capítulo, e na dos seus companheiros de escola:

> André, de dez anos à saída do 1.° Ciclo, lia regularmente, sem, no entanto, ser um leitor apaixonado. Ao entrar na Escola do 2.° Ciclo ficou integrado numa turma do projecto *Literatura & Literacia*. No final de Janeiro, no seu texto semanal de tema livre, escrevia aquelas palavras que transcrevemos em epígrafe. Como o André, outras crianças davam testemunho do que ler significava nessa altura para elas. O Tiago, no 6.° ano, confidenciava: "(...) agarro-me de tal maneira à leitura que levanto voo e entro nesse fantástico mundo. Podem passar horas e horas que eu não dou por isso". O Diogo dizia que "Ler é esperar o momento de virar a página, imaginando o que pode acontecer a seguir." Por seu turno, a Nicole, também no 6.° ano, escrevia: "Ler é descobrir maravilhas. Navegar pelos livros sem fim. Ir ao encontro do terror, do *suspense*, do amor, da aventura." (Rolo, 1998, p. 7).

Estes testemunhos, emitidos por crianças que da leitura "por obrigação" escolar passaram à leitura feita por "devoção", são um forte estímulo para a continuação do trabalho desenvolvido desde 1997, por uma rede de educadores e de professores no âmbito do projecto *Literatura & Literacia* – Um Percurso do Pré-Escolar ao 6.° Ano de Escolaridade[65].

Como assume o Plan Nacional de Lectura da Argentina (2000)[66], **a criança que escolhe ler, podendo desenvolver outras actividades, é o verdadeiro leitor.**

Formar os professores em Ciências da Leitura, tornar a biblioteca "a alma da escola" na expressão de Olga Pombo (2004)[67], ter livros de acesso

---

[65] O projecto *Literatura & Literacia* pode consultar-se na página do Centro de Estudos e Recursos de Literatura e Literacia Eça de Queiroz em www.leituras.net.

[66] Esta ideia foi divulgada junto da comunidade de professores, pais e encarregados de educação, bibliotecários e animadores envolvidos num programa sugestivamente chamado *Dame de Leer*.

[67] Expressão usada por Olga Pombo na obra *A Escola, a Recta e o Círculo* para demonstrar a centralidade da biblioteca na vida de uma escola.

fácil para leitura recreativa, nas salas de aula, aumentar a carga horária da disciplina de Língua Portuguesa/Português, reforçando o papel da Literatura desde os níveis mais elementares da escolaridade, em sequências de aprendizagem significativas para todos, são vectores centrais no quadro das alterações que se impõem.

O PISA 2000 veio comprovar que lê melhor quem lê por gosto e quem convive com a cultura clássica (p. 156). Neste estudo, a demonstração de que um melhor desempenho – geralmente excepcional – na interpretação dos documentos do quotidiano, pertence aos alunos que contactam assiduamente com a literatura, o teatro, a dança, a música... (p. 158) deveria ser tida em conta nas orientações curriculares e no momento de programar as actividades de leitura. Na sua obra mais recente, *A Arte é Mestra da Vida* (2009), Maria do Carmo Vieira mostra como concretizar esta ideia, mesmo junto de públicos muito distantes da cultura letrada.

Não seria possível terminar um capítulo sobre a formação de leitores sem evocar Daniel Pennac (1992) que, sob a forma de um romance, faz o elogio da leitura e estabelece os direitos de qualquer leitor. Em páginas repassadas de poesia, inspirou muitas das ideias que perpassam neste nosso texto: *O verbo ler não suporta o imperativo* (p. 13) (...) *E se, no lugar de exigir leitura, o professor decidisse subitamente partilhar o seu prazer de ler?* (p. 82). Daniel Pennac percorre todos os estereótipos sobre o desinteresse dos jovens pela leitura, levando-nos a concluir que *o direito de não ler* só existe mesmo para quem lê e experimentou a "alegria de ler".[68]

A nossa tarefa foi a de descobrir formas de motivar essa alegria. E a literatura é, seguramente, uma das chaves para abrir as portas ao gosto, à alegria de ler. É na literatura que a língua se realiza plenamente, buscando formas diversas de dizer, de contar, deixando entrever sentidos, por entre os jogos em que se entretece, para encantar o leitor. Guiando-o nos caminhos do sonho, da imaginação, mostra, esconde, questiona, enreda, mas não deixa escapar o viajante menino que já entrou no jogo. Mistério, poesia, cantilenas, estribilhos, *nonsense, mots-valise*, oposição, comparação, conotação, metáfora, metonímia, sinédoque, violação entre animado e inanimado, humano e não humano, trocadilho, ambiguidade, alusão, rima, paralelismo, aliteração... De tudo isto é feito o jogo literário, o jogo por excelência, que a humanidade inventou e continua a inventar

[68] *La joie de lire* – Frase de publicidade ao romance na 1.ª edição da Gallimard.

para o seu deleite. Jogar com as palavras é uma forma de evitar "que funcionem como automatismos, sem incluírem um pensamento, sem terem significado" (Yaguello, 1991, p. 32). Alimento perfeito para os homens e mais que perfeito para as crianças para quem o jogo é a forma natural de comportamento!

Referências bibliográficas

Barbacena, M. F, Lemos, M. & Galhardo, M. I. (2002). Ler e escrever para sonhar e aprender. *In* H. Cidade-Moura (Org.), *Actas do II Encontro Internacional O Desafio de Ler e Escrever – Leitura e Coesão Social* (pp. 179 -180) Lisboa: Civitas – Associação para a Defesa e Promoção dos Direitos dos Cidadãos.

Baudelot, C., Cartier, M. & Detrez, C. (1999). *Et pourtant, ils Lisent...* Paris: Le Seuil.

Baum, L. F. (1946). *O Feiticeiro de Oz*. Porto: Livraria Civilização.

Bettelheim, B. (1975). *Psicanálise dos Contos de Fadas*. Lisboa: Bertrand

Chauveau, G, & M. Rogovas-Chauveau, E. (1993). *L'Enfant apprenti lecteur*. Paris: INRP-L'Harmatan.

Cidade Moura, H. (2005). O Cidadão Eça de Queiroz e a profunda vivência da literacia. In H. Cidade-Moura (Org), *Diálogos com a Literacia* (pp. 91-99). Lisboa: Lisboa Editora.

Cidade-Moura, H.Bombini, G. & Salvi A. (2002). Plan Nacional de Lectura da Argentina. *In* H. Cidade-Moura (Org.), *Actas do II Encontro Internacional O Desafio de Ler e Escrever – Leitura e Coesão Social* (pp. 99-107). Lisboa: Civitas – Associação para a Defesa e Promoção dos Direitos dos Cidadãos.

Clark, C. & Rumbold, K. (2006) *Reading for Pleasure: A research overview. Summury*. London: National Literacy Trust. Disponível em http://www.literacytrust.org.uk/, acedido em 20-08-2008.

Coelho, A. (1883). *Os Elementos Tradicionais da Educação – Estudo Pedagógico*. Lisboa: Livraria Universal

Coelho, A. (1994). *Jogos e Rimas Infantis*. Porto: Edições ASA.

Colomer, T. (2005). *Andar entre Livros: a Leitura Literária na Escola*. S. Paulo: Global Editora.

Costa, M. J. (1992). *Um Continente Poético Esquecido – As Rimas Infantis*. Porto: Porto Editora

Deus, J. (1876). *Cartilha Maternal ou Arte de Leitura*. Porto: Typ.de António José da Silva Teixeira.

DINIZ, J. S. (2002). "A História – Realidade e Fantasia". *In* H. Cidade Moura (Org.), *Actas do II Encontro Internacional O Desafio de Ler e Escrever, Leitura e Coesão Social* (pp. 65-71). Lisboa: Civitas – Associação para a Defesa e Promoção dos Direitos dos Cidadãos.

DINIZ, M. A. (1993). *As Fadas não Foram à Escola*. Porto: ASA.

EGAN, K. (1992). *Desenvolvimento Educacional*. Lisboa: D. Quixote.

GOMES, J. A. (1991). *Literatura para Crianças e Jovens – Alguns Percursos*. Lisboa: Caminho.

JOLIBERT, J. (1989). *Former des Enfants Producteurs de Textes*. Paris: Hachette.

LEÃO, M., Rolo, M. C., Magalhães, G. & Cosme, I. (1993). Avaliação. *In* M.. L. Paixão (Org.), *Da Programação à Avaliação na Disciplina de Língua Portuguesa*. Lisboa: Ministério da Educação / Direcção-Geral dos Ensinos Básico e Secundário.

OCDE (2000). PISA – *Programme for International Student Assessement– Connaissances et compétences: des atouts pour la vie – Premiers résultats de PISA 2000*. Paris: Les Éditions de l'OCDE.

PENNAC, D. (1992). *Comme un Roman*. Paris: Gallimard.

PIAGET, J (1972). *Où va l'éducation?* Paris: Denoel/Gontier.

POMBO, O. (2004). *A Escola, a Recta e o Círculo*. Lisboa: Relógio d'Água.

RODRIGUES, M. F. (2002). Literatura & Literacia ou da Inseparabilidade do Ensino da Língua e da Literatura. *In* H. Cidade Moura (Org), *Actas do II Encontro Internacional O Desafio de Ler e Escrever – Leitura e Coesão Social* (pp: 52-58). Lisboa: Civitas – Associação para a Defesa e Promoção dos Direitos dos Cidadãos.

ROLO, I. (1998). *Literatura & Literacia*. Monografia do Curso de Estudos Superiores Especializados de Orientação e Gestão Educacional-Variante de Supervisão Pedagógica (não publicada). Lisboa: E.S.E. Maria Ulrich.

ROLO, M. C. (1994). Apresentação. *In* A. Coelho, *Jogos e Rimas Infantis* (pp. 7-10). Porto: Edições ASA.

ROLO, M. C. (2001). Ler – Magia Maior – um percurso de leitura do Pré-escolar ao final do 2.° Ciclo. *Noesis*, 57, 7-10.

ROLO, M. C., Fonseca, D. & Pires, M. J. (1994). *Rimas e Jogos Infantis*. Lisboa: Lisboa Editora

SALLENAVE, D. (1997). À Quoi sert la littérature? Paris: Textuel.

SANTOS, J. (1982). *Ensaios sobre Educação I – A Criança quem é?* Lisboa: Livros Horizonte.

SANTOS, J. (1983). *Ensaios sobre educação II – O Falar das Letras*. Lisboa: Livros Horizonte.

Sim-Sim, I., Ramos, C. & Santos, M. M. (2006). O desenvolvimento da Consciência Fonológica e a Aprendizagem da Decifração. *In* I. Sim-Sim (Org.), *Ler e Ensinar a Ler*. Porto: Edições ASA

Teberosky, A. (2002). La Lectura y la Escritura desde una Perspectiva Evolutiva. *In* H. Cidade-Moura (Org.), *Actas do 2.° Encontro Internacional O Desafio de Ler e Escrever – Leitura e Coesão Social* (pp. 29-46). Lisboa: Civitas – Associação para a Defesa e Promoção dos Direitos dos Cidadãos.

Trigo, M. (2002). *Aprender ao longo da vida*. *In* H. Cidade-Moura (Org), *Actas do II Encontro Internacional O Desafio de Ler e Escrever – Leitura e Coesão Social,* (pp. 92-98). Lisboa: Civitas – Associação para a Defesa e Promoção dos Direitos dos Cidadãos.

Viana, F. L. (1996). *Melhor Falar Para Melhor Ler.* Relatório do Projecto 36/95 (Medida 2) do Sistema de Incentivos à Qualidade da Educação. Lisboa: Instituto de Inovação Educacional.

Viana, F. L. (2002). *Da Linguagem Oral à Leitura. Construção e Validação do teste de Identificação de Competências Linguísticas*. Lisboa: Fundação Calouste Gulbenkian/ Fundação para Ciência e Tecnologia.

Vieira, M. C. (2009). *A Arte é Mestra da Vida*. Lisboa: Quimera.

Yaguello, M. (1991). *Alice no País da Linguagem*. Lisboa: Estampa.

Todos os endereços Web indicados foram acedidos a 27 de Julho de 2009, para confirmação da respectiva situação.

CAPÍTULO 5

HÁBITOS DE LEITURA DE FILHOS E DE PAIS[69]

*Iolanda Ribeiro**
*Maria José Leal***
*Marta Ribeiro***
*Ana Forte****
*Ilda Fernandes***

"Os hábitos nascem da experimentação e alimentam-se do desejo."

(Lopes, 2008, p. 201)

A leitura na sociedade contemporânea

Quer a nível internacional, quer em Portugal, multiplicam-se os estudos e conferências relacionados com a leitura e com a escrita, bem como os relatórios sobre o desempenho dos alunos em estudos internacionais e as recomendações aos governos para que assumam a promoção da leitura como uma prioridade política.

Um efectivo domínio da leitura e da escrita assume um papel incontornável na vida escolar e social e, provavelmente, representa o modo mais válido para consolidar conhecimentos, já que, pela sua própria natureza, exige uma participação activa do leitor/escritor, permitindo-lhe a reflexão,

---

[69] Projecto financiado pela Didáxis – Cooperativa de Ensino, CRL, Câmara Municipal de Vila Nova de Famalicão e Centro de Investigação em Psicologia da Universidade do Minho.

* Escola de Psicologia – Universidade do Minho.

Morada para correspondência: Escola de Psicologia, Campus de Gualtar, 4710-057, Braga. iolanda@iep.uminho.pt.

** Didáxis Cooperativa de Ensino – Vila Nova de Famalicão.

*** Agrupamento de Escolas de Vale do Este – Vila Nova de Famalicão.

o confronto, a planificação, a revisão e o repensar das posições expostas pelo autor do texto. No entanto, a aprendizagem da leitura e da escrita apresenta-se como um processo lento e complexo implicando, entre outros recursos, a utilização de conhecimentos linguísticos e recursos cognitivos, como a memória, a capacidade de análise e de síntese, o conhecimento das correspondências entre grafemas e fonemas e o conhecimento ortográfico das palavras. Por isso, exige também motivação, esforço e prática por parte do aluno e um domínio e explicitação claros e coerentes por parte de quem ensina (Sim-Sim, 2006).

Em Portugal, nas décadas de 60 e 70 do século XX as reflexões neste âmbito consideravam apenas a questão da alfabetização. Hoje em dia, na chamada sociedade do conhecimento e da informação utiliza-se, preferencialmente, o termo literacia, para salientar que a competência leitora deve permitir a todos uma utilização plena da informação escrita (Alçada, s/d.).

Os níveis de literacia têm variado ao longo do tempo e de sociedade para sociedade; contudo, a evolução da nossa sociedade, que caminha para uma época de informação tecnológica, requer cada vez mais e em todas as profissões níveis superiores de leitura, reconhecendo-se que a "incapacidade de ler bem gera, inevitavelmente, uma diminuição de oportunidades de realização pessoal e de sucesso profissional" (Anderson, Hiebert, Scott, & Wilkinson, 1985, p. 1). É ancorado nesta perspectiva que se tem vindo a proclamar gradativamente a importância dos hábitos de leitura, na medida em que eles constituem uma das pedras basilares para que se alcancem níveis de mestria, desencadeando aquilo que Stanovich (1986) apelidou de efeito de Mateus, ou seja, "os ricos ficam cada vez mais ricos e os pobres cada vez mais pobres", o que em termos de leitura significa que lê melhor quem lê mais e lê mais quem lê melhor. Esta analogia ganha consistência quando constatamos as correlações positivas encontradas, quer a nível internacional, quer nacional, entre os hábitos de leitura dos alunos e os seus desempenhos alcançados no domínio da leitura. É, portanto, primordial estimular, precocemente, o interesse e a curiosidade das crianças pelo material escrito.

Promover a motivação dos alunos para a leitura pressupõe desenvolver a inteligência, a vontade e um determinado tipo de sensibilidade. Na sociedade actual, jogar ao berlinde, premir o botão da *playstation* ou do *i-pod* ou abrir uma obra literária dependem, essencialmente, da vontade individual da criança. No entanto, há uma diferença substancial, entre as várias opções, uma vez que pegar num livro é uma opção que decorre de um gosto que precisa ser estimulado e educado o mais precocemente possível (Lopes, 2008).

A leitura é um acto complexo, muito dependente da iniciativa pessoal, que – após o esforço inerente à aprendizagem inicial – necessita de uma prática continuada para que se converta gradualmente em hábito. O desafio que se coloca aos educadores é o de "saber como ajudar a criança a ganhar essa tendência preciosa para dedicar alguns momentos do seu dia-a-dia à leitura quando tudo à sua volta rema num outro sentido e com um ritmo diferente" (Lopes, 2008, p. 197).

Uma condição essencial para cultivar na criança e no adolescente o gosto e o prazer de ler é expô-la perante uma literatura que vá ao encontro dos seus interesses. (Magalhães & Alçada, 1994). Efectivamente e "apesar da importância atribuída aos *mass media*, aos heróis e aos amigos, Pais e professores continuam a ser quem mais influência tem no ensino de atitudes e de crenças dos educandos, elas mesmas propulsoras de sucesso ou insucesso. É na família e na escola que crianças e jovens vão encontrar os modelos que mais os marcam e definem" (Marujo, Neto & Perloiro, 1999, p. 21). Esta aquisição de interesses e de hábitos de leitura consistentes desenvolve-se num processo contínuo, que se inicia em casa e deve ser reforçado na escola. Tais interesses e hábitos de leitura têm, durante o período de escolaridade, uma oportunidade única para o seu desenvolvimento e incremento, pelo que se são de extrema importância as atitudes e a acção da escola face ao livro e à leitura (Santos, 2000).

Segundo Martins e Sá (2008), para ter leitores é indispensável formá-los, não basta desejá-los. Formar leitores exige da escola e dos vários intervenientes no processo educativo atitudes que estimulem o pensamento e o sentido crítico e que respondam a desafios, apostando em objectos de leitura ricos e diversificados e numa postura de diálogo e cooperação, desde o início da escolaridade. Se desde o Ensino Básico a criança for estimulada a percorrer universos poéticos e a saborear espaços metafóricos, daí retirando prazer, mais facilmente se habituará a não prescindir deles posteriormente porque vai aprendendo (ou intuindo) que a emoção que neles colhe é diferente da proporcionada por outros entretenimentos (Lopes, 2008).

Um dos aspectos de suma importância prende-se com a relação que a escola estabelece com o livro. Apesar de todas as mudanças ocorridas recentemente na nossa sociedade, o livro continua a ser, na escola, o suporte privilegiado das aprendizagens. Por isso, a sua utilização surge associada às rotinas e à obrigação escolar, contrastando com o carácter interactivo presente nas novas tecnologias que se tornam muito mais aliciantes (Lopes, 2008). Como foi dito no primeiro Capítulo, importa reconhecer que, as novas formas de comunicação (*internet*, *chats*, fóruns, correio electrónico, *sms*, *msn*) exigem competências de leitura e de escrita diferentes das que são utilizadas em sala de aula. Deste modo, é necessário efectuar ajustes e reformulações na gestão do currículo, com vista a alcançar uma melhor adaptação à nova realidade digital. Para além disso, afigura-se como pertinente que as actividades de leitura propostas aos alunos, na escola, façam apelo às suas vivências pessoais. Esta articulação entre o contexto escolar e familiar é, não só desejável, como crucial para que os alunos possam desenvolver de forma harmoniosa as suas competências. Na realidade tem vindo a reforçar-se gradativamente a importância do papel desempenhado pela família neste processo, que aliás antecede o da escola.

Procurando clarificar os eixos de influência dos Pais[70] no desenvolvimento da literacia dos filhos, Hannon (1995) desenvolveu um modelo teórico de referência que denominou ORIM (O-Oportunidades para aprender; R-Reconhecimento das aquisições das crianças; I-Interacção em actividades de literacia; M-Modelos de literacia). Clarificando melhor as influências dos Pais nas experiências de literacia dos filhos, Hannon (1995, 1996, 1998) considera que estes podem proporcionar aos seus filhos oportunidades de aprendizagem através do contacto e do manuseamento dos materiais escritos que existem em casa e ajudando na sua interpretação; oportunidades para a leitura de histórias, revistas ou notícias dos jornais, ou mesmo idas à biblioteca. Os Pais podem e devem também incentivar e reforçar os progressos que as crianças vão fazendo através do estímulo e da valorização dos comportamentos associados à leitura. De importância capital é também a interacção entre Pais e filhos que estas situações propiciam. As orientações, explicações e apoios dos Pais são muito importantes em toda a mediação dos contactos da criança com a linguagem escrita. Por último, a forma como os Pais utilizam a linguagem escrita e a valorizam constitui um importante modelo para os filhos. Todavia, para se assumirem como modelos não é suficiente serem vistos a desenvolver determinadas actividades, já que estão subjacentes não só a funcionalidade e utilidade

[70] Dado que no estudo são tratadas as respostas de pais e de mães de modo autónomo, usamos a palavra "Pais" escrita com maiúscula quando nos reportamos a ambos.

dessas mesmas actividades, como também os afectos e sentimentos a elas associados.

Os estudos sobre práticas de literacia familiar na realidade portuguesa são escassos, e os poucos que existem foram desenvolvidos seguindo critérios muito restritivos (Mata, 2006). Assim pareceu-nos imperativo que o estudo apresentado neste capítulo incluísse como objectivo a exploração e a análise das características mais relevantes dos hábitos, práticas e atitudes dos Pais, procurando identificar não só a sua diversidade, como caracterizá-las ao nível da sua regularidade.

O Projecto *Litteratus* e a avaliação dos hábitos e práticas de leitura

O projecto *Litteratus* em curso na Didáxis – Cooperativa de Ensino de Riba de Ave e na Escola Cooperativa Vale de S. Cosme, bem como nos Jardins-de-Infância e escolas de 1.° Ciclo das freguesias das respectivas áreas de influência, é o resultado de um processo de reflexão sobre os desempenhos escolares observados ao nível da leitura e da escrita em alunos dos 2.° e 3.° Ciclos do Ensino Básico. Ambas as escolas se encontram localizadas no Concelho de Vila Nova de Famalicão. A actividade económica dominante nas suas zonas de influência está associada ao sector terciário, seguida de perto pelas empresas do sector secundário, principalmente na área têxtil. Nos 2.° e 3.° Ciclos do Ensino Básico e no Ensino Secundário, os custos são suportados pelo Estado de acordo com um "Contrato de Associação" celebrado entre o Estado e as Cooperativas. O ensino ministrado nas duas escolas é gratuito.

A preocupação com a melhoria das competências dos alunos nas áreas da leitura e da escrita conduziu à decisão de as eleger como áreas prioritárias de intervenção. Neste âmbito foi estabelecida uma parceria com investigadores do Centro de Investigação em Psicologia (CIPSI) da Universidade do Minho. A partir desta fase, e no quadro de um modelo de consultadoria colaborativa na área científica e pedagógica, foi elaborado o projecto *Litteratus*[71]. Este projecto tem como meta, a médio prazo, melhorar as competências dos alunos nas áreas de leitura e de escrita e promover o seu sucesso escolar.

---

[71] A descrição detalhada do mesmo pode ser consultada no site www.casadaleitura.org.

O projecto, além do envolvimento destas instituições, recebeu o apoio institucional da Câmara Municipal de Vila Nova de Famalicão, já que os objectivos e metas a alcançar integram as preocupações desta Câmara no âmbito do sucesso escolar.

As áreas de intervenção do projecto incluem a linguagem oral, o reconhecimento de palavras, a compreensão leitora, a criatividade, a escrita e a motivação para a leitura. As mudanças e acções a desenvolver estão suportadas na literatura da especialidade, procurando-se facilitar a transposição dos resultados da investigação para as práticas de ensino-aprendizagem. Em simultâneo tem-se procurado integrar de modo sistemático as orientações do Plano Nacional de Leitura e do Programa Nacional de Ensino do Português.

No âmbito do projecto procedeu-se à adaptação de um conjunto de materiais de avaliação da leitura. Os estudos já concluídos conduziram à realização de teses de mestrado (Franco, 2009; Mendonça, 2008). No âmbito da intervenção foram elaborados vários programas dirigidos para a promoção da compreensão em leitura (Ribeiro *et al.*, c, d, e, f), da leitura (Ribeiro *et al.*, 2008; Fernandes, 2009; Ferreira, 2008) e da escrita (Ribeiro *et al.*, a, b), os quais foram já objecto de avaliação (Leitão, 2008; Brandão, 2009). Ainda no âmbito do projecto procurou-se avaliar os hábitos e práticas de leitura dos alunos e das respectivas famílias.

Nos anos 90 do século XX emergiram os principais estudos de âmbito nacional que nos facultaram dados precisos e representativos sobre a leitura em Portugal. Estes estudos inscreveram-se numa perspectiva sociológica e tinham como objectivo estabelecer correlações entre as características inerentes aos diversos grupos sociais e os seus hábitos de leitura. Estes estudos pioneiros foram desenvolvidos em parceria com instituições e entidades nacionais ou internacionais e enquadravam-se em preocupações e necessidades políticas com vista a estabelecer a posição do país num contexto internacional o que serviria de base para decisões políticas, como o lançamento do Plano Nacional de Leitura e o Programa Nacional de Ensino do Português. O primeiro estudo nacional de literacia (Benavente, Rosa, Costa, & Ávila, 1996) foi encomendado por uma agência governamental em associação com uma fundação cultural privada. O primeiro estudo extensivo sobre hábitos de leitura da população portuguesa foi da iniciativa do Instituto Nacional do Livro e da Leitura (Freitas & Santos, 1992). Recentemente (Santos *et al.*, 1997) foi efectuado um novo estudo que abrangeu uma amostra representativa da população portuguesa de informantes, com idades iguais e superiores a 15 anos.

A investigação mais representativa de orientação psicológica no âmbito da leitura (Sim-Sim & Ramalho, 1993) foi desenvolvida no contexto dos programas de investigação do IEA *(International Association for the Evaluation of Educational Achievement)*.

Um dado comum aos diversos estudos é o de ser reconhecido que Portugal é um país em que se lê pouco. Recorrentemente, são divulgados dados sobre os diminutos hábitos de leitura dos portugueses e sobre os fracos desempenhos de leitura dos alunos. Segundo estimativas de 2000 (Barreto, Preto, Rosa, Lobo, & Chitas, 2000) existe uma taxa de analfabetismo adulto de 7%, referente apenas aos adultos que nunca aprenderam a ler por não terem frequentado a escola. Porém, se nos reportarmos ao Relatório da Avaliação Integrada das Escolas, teremos que alargar os referidos 7% para valores muito superiores, visto que 21% dos alunos que terminaram a escolaridade obrigatória nas escolas avaliadas à data não possuía o domínio das competências básicas para se exprimir oralmente e por escrito. A iliteracia, ganha, portanto, novos contornos, nomeadamente o de analfabetismo funcional (Sim-Sim, 2002b).

Quanto aos hábitos de leitura da população adulta, o estudo de 2001 da Associação Portuguesa de Editores e Livreiros revela que somente 45% dos portugueses lê livros e, desses, 55% dedica semanalmente à leitura apenas três horas ou menos. Estes valores não diferem dos dados revelados na década passada (Freitas & Santos, 1992). De facto, apesar de ter aumentado o tempo de escolaridade obrigatória e a respectiva taxa de frequência escolar, os hábitos de leitura dos portugueses não sofreram alterações. Igualmente também não melhoraram os níveis gerais de desempenho de leitura da população portuguesa adulta.

Se nos orientarmos para a população escolar (Castro & Sousa, 1996), constatamos, a partir dos estudos realizados, que há uma atitude positiva das crianças do 2.° Ciclo para com a leitura (apenas 16% dizem não gostar de ler). Contudo, à medida que se progride na escolaridade, aumenta substancialmente o desinteresse por esta actividade, havendo no Ensino Secundário 30% de jovens que refere desinteresse pela leitura, aparecendo como actividades preferidas estar com os amigos, fazer desporto, ver televisão ou realizar jogos de vídeo/computador.

Quanto ao desempenho dos alunos em leitura, a situação também não é animadora. Sempre que Portugal participa em estudos internacionais destinados a avaliar a competência de leitura da população escolar, os resultados não deixam dúvidas: os nossos alunos atingem níveis de desempenho abaixo da média e inferiores aos dos seus colegas de países com índices de desenvolvimento social e económico similar (Pinto-Ferreira *et al.*, 2006; Sim-Sim & Ramalho, 1993). Por sua vez, as provas nacionais de aferição têm vindo a reforçar a evidência de que os estudantes portugueses lêem de uma forma não eficiente. Se tivermos em atenção o facto de que, quando se é "mau" leitor durante o período escolar, se vai transportar para a vida adulta as lacunas dessa competência, concluímos que este facto acarreta limitações diversas em várias áreas de vida (Sim-Sim, 2002b).

Um olhar sobre os hábitos de leitura dos portugueses (Freitas & Santos, 1992a), revela-nos que apenas 40% da população adulta alfabetizada possui hábitos arreigados de leitura, isto é, lê, cumulativamente, livros, revistas e jornais. Em contrapartida, 15% apenas recorre à leitura para fins pragmáticos, nomeadamente, ler "marcas, preços, instruções de produtos e serviços, receitas culinárias, cartas, cabeçalhos de jornais, publicidade, legendas, etc." (p. 16). Estes dados adquirem uma dimensão educativa quando, paralelamente, nos revelam terem sido fortemente influenciados pelo convívio directo com a leitura na infância aqueles que possuem uma prática consolidada de leitura na vida adulta. Como indicadores deste convívio, os autores do estudo salientam a existência de livros em casa e os hábitos de leitura dos Pais (na presença dos filhos e directamente para eles). Deve acrescentar-se que, de acordo com o mesmo estudo, para além do reduzido contacto com material escrito nos primeiros anos de vida, o perfil dos sujeitos com hábitos pouco consistentes de leitura aponta para baixos níveis instrução e para profissões pouco qualificadas. Uma vez mais ressalta a relação entre o acesso ao discurso escrito e o sucesso individual, quer académico, quer profissional (Sim-Sim, 2002a).

No âmbito dos estudos encomendados pelo Plano Nacional de Leitura foi realizado um inquérito aos hábitos de leitura em Portugal – LP-2007 (Santos, Neves, Lima & Carvalho, 2007) – que surge na sequência de estudos anteriores de cariz sociológico realizados em 1988 (Freitas & Santos, 1991; 1992a, b; Santos, 1992) e em 1995 (Freitas, Casanova & Alves, 1997). O inquérito incluiu uma amostra composta por residentes no continente, com idade igual ou superior a quinze anos, não analfabetos e uma amostra de Pais e/ou encarregados de educação com filhos menores. O questionário usado engloba um total de 102 questões distribuídas por dez blocos temáticos: antecedentes da prática de leitura; prática de leitura do inquirido na actualidade; posse e compra de livros; práticas culturais do inquirido; representações do inquirido sobre a prática de leitura; situação quanto a filhos e educandos; posicionamento sobre as práticas de leitura dos filhos/educandos; posicionamento sobre as actividades da escola e posicionamento sobre as bibliotecas escolares e as da rede pública. Neste estudo os autores procuraram confrontar os dados com os do inquérito de 1997[72].

Os dados do estudo LP-2007 mostraram que, em Portugal, ocorreu um aumento da qualificação escolar, a qual se mantém, no entanto, inferior à dos países da OCDE e da União Europeia. Mostram, igualmente, uma baixa taxa de analfabetismo.

O aumento dos equipamentos públicos (ex: bibliotecas públicas e escolares) e do número de eventos culturais permitiu concluir que se assistiu a uma evolução da oferta cultural. Verificou-se, ainda, que muitos agregados familiares têm computadores, aumentando cada vez mais os que, em simultâneo, têm *internet*, descrevendo-se um perfil particular nos utilizadores da mesma, marcado por uma "maior incidência masculina, nos mais jovens, com níveis de escolaridade mais elevados e nos estudantes" (p. 45).

A maioria dos inquiridos aprendeu a ler entre os seis e os sete anos e a maior parte contactou com os livros e a leitura na sua infância, tendo-se observado uma relação directa entre os hábitos actuais de leitura e o capital escolar familiar consolidado. Não só contactaram com os livros como a maioria refere que foi incentivada para a leitura. Esta percepção está associada à idade dos inquiridos, quanto "mais novos maiores são as percentagens daqueles que dizem ter sido incentivados a ler" (p. 85) e com o capital escolar familiar. Os dados revelam a este propósito que enquanto "87% dos que têm capital consolidado foram incentivados, seguindo-se-lhes de perto os que têm capital recente, apenas 56% dos que têm capital precário o foram" (p.85). Os incentivos à leitura vieram sobretudo do contexto familiar e em particular das mães. Apenas uma percentagem reduzida refere que foi exclusivamente incentivada pelos seus professores. As estratégias usadas em casa para incentivar a leitura incluíram a solicitação à criança para ler em voz alta, a oferta e a leitura de livros e as conversas em torno do livro e da leitura. A maioria tinha livros em sua casa ou na dos seus familiares, apresentando-se o seu número associado ao capital fami-

[72] A recolha de dados foi efectuada em 1995 e a publicação dos mesmos em 1997.

liar escolar. Eram os inquiridos com capital social consolidado que tinham mais livros. Dos inquiridos com capital precário, apenas uma percentagem reduzida referia que tinha muitos livros.

Foi encontrada uma relação entre o gosto actual pela leitura e as experiências de leitura na infância. Registou-se uma continuidade entre quem lia e gostava de ler na infância e quem continua a gostar de ler. Um dado importante é relativo ao grupo designado por resgatados, o qual inclui os adultos que embora não tenham gostado de ler na infância, passaram a gostar de o fazer enquanto adultos.

A comparação com o inquérito realizado em 1997 permitiu verificar a ocorrência de mudanças positivas nos hábitos de leitura, registando-se um especial incremento na leitura de jornais. Apesar deste crescimento, os autores chamam a atenção para o facto de, mesmo com os aumentos verificados, os leitores portugueses permanecerem abaixo dos valores observados noutros países europeus. A tipologia de leitura permitiu identificar diferentes perfis, que se apresentam associados a variáveis sociodemográficas (sexo, escolaridade, idade, categoria socioprofissional). Os leitores cumulativos são, predominantemente, do sexo feminino, com habilitações literárias superiores, mais jovens, inseridos no grupo de estudantes, profissionais técnicos de enquadramento e empregados executantes. Os não-leitores predominam entre os operários. Considerando quem lê livros, verifica-se que o grupo que mais lê partilha das características dos leitores cumulativos: "feminizado, juvenilizado, escolarizado e com um peso muito elevado entre os estudantes" (p. 55). Os leitores de revistas apresentam, por sua vez, as mesmas características que os leitores de livros. Os leitores de jornais apresentam, por sua vez, um perfil claramente distinto. São sobretudo do sexo masculino, mais velhos (entre os 25 e os 54 anos) e com os graus de escolaridade mais baixos.

Os jornais diários são os mais lidos. A leitura *on-line* apresenta uma percentagem reduzida, sendo mais frequente para os jornais portugueses do que para os estrangeiros. A análise dos resultados em função do tipo de jornais preferidos conduziu à identificação de cinco perfis de leitores: "os quotidianos gerais, locais quotidianos, desportivos quotidianos, desportivos não quotidianos e cumulativos. Quer os desportivos quotidianos quer os desportivos não quotidianos são fortemente masculinizados, ao passo que os locais quotidianos mas sobretudo os cumulativos são vincadamente femininos" (p. 130).

A maioria dos inquiridos lê revistas e, destes, mais de metade fá-lo pelo menos uma vez por semana. Também para a leitura de revistas foram definidos grupos de leitores, constituídos a partir das suas preferências de leitura, a saber: a) o grupo de leitores cumulativos, escolarizado, jovem e em maior percentagem a estudar; b) o grupo feminino, composto por leitoras com graus de escolaridade intermédia; e c) o grupo generalista, que inclui os participantes menos escolarizados.

No que diz respeito à leitura de livros, por ordem de preferência, encontram-se os romances e os livros de grandes autores contemporâneos. A leitura de autores portugueses é mais frequente que a leitura de autores estrangeiros, mesmo que traduzidos para português. Diferenciando entre diferentes contextos de leitura, verifica-se que os de lazer se destacam por confronto com os contextos de estudo e profissional.

Independentemente do contexto de leitura, a maioria dos participantes lê entre 2 e 5 livros por ano, grupo designado de pequenos leitores. Os leitores médios, 6-20 livros, e os grandes leitores, mais de 20 livros, são vincadamente mais jovens, com peso importante entre os estudantes. A escolha dos livros reflecte o gosto pessoal dos inquiridos. Estas análises incidiram no grupo que refere ler livros, revistas ou jornais. Para os restantes sujeitos, as contas/recibos, as marcas e os preços dos produtos são os textos impressos mais lidos. O local onde os inquiridos lêem está associado ao tipo de texto. Os livros e as revistas são, preferencialmente, lidos em casa, enquanto os jornais tanto o são no café ou no restaurante quanto em casa.

A frequência de bibliotecas é limitada, sendo as mais frequentadas as municipais seguidas das escolares e das universitárias. "Não gostar" é a explicação avançada com maior frequência para não ir à biblioteca.

Quase todos os inquiridos têm livros em casa e a maioria refere ter até 50 livros, podendo os mesmos ser de lazer, de estudo ou ligados à profissão. Os livros que existem em maior quantidade são as enciclopédias/dicionários, seguindo-se os livros escolares e os de culinária, decoração, jardinagem ou *bricolage*. Relativamente à frequência com que compram livros, mais de metade dos inquiridos na amostra não comprou nenhum livro no último ano. Quem compra livros fá-lo, em primeiro lugar, em livrarias. As compras através da *internet* são pouco frequentes.

A maioria inquirida não usa computador. Os que usam, fazem-no diariamente e de forma intensiva. A utilização do computador aparece associada ao uso da *internet,* com funções de lazer, de estudo ou profissionais. A procura de indicações úteis e o contacto com familiares são os usos mais frequentes. A casa é o contexto principal onde os inquiridos acedem à *internet,* podendo, ou não, fazê-lo igualmente a partir do local onde estudam ou trabalham.

Os resultados apresentados neste capítulo descrevem os hábitos e as práticas de leitura no contexto em que decorre o projecto *Litteratus*. Os dados foram recolhidos no ano em que o mesmo teve início e que coincidiu com o do Plano Nacional de Leitura e com o Programa Nacional de Ensino do Português. Ainda integrada nos objectivos do estudo, prevê-se a replicação do estudo, em 2011, o que permitirá apreciar eventuais mudanças que tenham ocorrido num espaço temporal de cinco anos.

Método

Amostra

A avaliação dos hábitos e práticas de leitura incluiu alunos do Ensino Básico e Secundário e os respectivos Pais. Foram, igualmente, avaliados os hábitos de leitura das famílias que tinham filhos a frequentar o Jardim-de-Infância. No quadro 1 apresenta-se o número de participantes que responderam aos questionários. Os números entre parêntesis reportam-se ao número de sujeitos da população abrangida pelo estudo e à qual foram distribuídos os questionários.

QUADRO 1 – Distribuição da amostra

Nível/Ciclo		Alunos	Pai	Mãe
J. Infância		---	123 (203)	134 (203)
Ensino Básico	1.° Ciclo	489 (519)	360 (519)	386 (519)
	2.° Ciclo	294 (361)	233 (361)	226 (361)
	3.° Ciclo	546 (632)	285 (632)	272 (632)
	Secundário	341 (471)	136 (448)	146 (448)
	Total	*1670 (1983)*	*1137 (2186)*	*1164 (2186)*

A amostra é constituída por 1670 alunos, 1137 pais e 1164 mães. Relativamente ao grupo de alunos e por comparação com os inscritos as taxas de resposta foram de: 94% no 1.° Ciclo; 81% no 2.° Ciclo; 86.4% no 3.° Ciclo e 72% no Ensino Secundário. No que concerne ao grupo de pais e de mães foi de: 60 e 66% no Jardim-de-Infância; 68 e 74.4% no 1.° Ciclo; 45.1 e 43% no 3.° Ciclo; 30.4 e 32.6% no Ensino Secundário Considerando a totalidade de pais e de mães, regista-se que a percentagem de devolução de questionários é ligeiramente superior nas mães (53.8 *versus* 52.6%) embora essa diferença não seja substantiva.

Como se pode observar no quadro 2, a percentagem de alunos que responderam ao questionário é ligeiramente maior no Ensino Básico. No 1.° Ciclo, 27 alunos não identificaram o questionário pelo que não foi possível categorizá-los quanto à variável sexo.

QUADRO 2 – Distribuição da amostra em função do nível/ciclo e do sexo

Nível/Ciclo		Alunos		Alunas	
		N	%	N	%
Ensino Básico	1.° Ciclo	250	54.1	212	45.9
	2.° Ciclo	163	55.4	131	44.6
	3.° Ciclo	281	51.5	265	48.5
	Secundário	157	46.0	184	54.0
	Total	*851*	*51.8*	*792*	*48.2*

Na caracterização do grupo de Pais considerou-se o sector de actividade e as habilitações académicas dos mesmos. Os dados de caracterização são apresentados nos quadros 3 e 4. Os totais apresentados nestes quadros não coincidem com os dados do quadro 1 dado que, embora em percentagem diminuta, em alguns dos questionários não foram fornecidos os dados relativos a esta variável. A actividade profissional da maioria dos Pais concentra-se nos sectores terciário e secundário, com predominância neste último. Verifica-se, ainda, um maior número de casos de situação de desemprego nas mães do que nos pais. Salienta-se, também, que 54 mães são domésticas e um número reduzido de Pais encontra-se reformado.

QUADRO 3 – Actividade profissional dos pais e das mães

	Sector / Esc.	Primário		Secundário		Terciário		Desemprego		Reforma		Doméstica		*Total*	
		n	%	n	%	N	%	n	%	n	%	n	%	*n*	%
Pai	J. Infância	3	2.7	79	71.8	26	23.6	2	1.8	-	-	-	-	*110*	*100*
Pai	1.° Ciclo	8	2.4	218	64.1	102	30.0	11	3.2	1	0.3	-	-	*340*	*100*
Pai	2.° Ciclo	7	3.0	136	59.1	69	30.0	17	7.4	1	0.4	-	-	*230*	*100*
Pai	3.° Ciclo	2	0.7	165	59.4	94	33.8	13	4.7	4	1.4	-	-	*278*	*100*
Pai	Secundário	1	0.8	78	60.9	39	30.5	10	7.8	-	-	-	-	*128*	*100*
Pai	*Total*	*21*		*676*		*330*		*53*		*6*				*1086*	
Mãe	J. Infância	-	-	64	53.8	34	28.6	11	9.2	-	-	10	8.4	*119*	*100*
Mãe	1.° Ciclo	2	0.5	192	52.2	99	26.9	41	11.1	2	0.5	32	8.7	*368*	*100*
Mãe	2.° Ciclo	3	1.2	108	43.7	76	30.8	59	23.9	-	-	1	0.4	*247*	*100*
Mãe	3.° Ciclo	-	-	148	48.7	90	29.6	66	21.7	-	-	-	-	*304*	*100*
Mãe	Secundário	-	-	63	44.4	40	28.2	26	18.3	2	1.4	11	7.7	*142*	*100*
Mãe	*Total*	*5*		*575*		*339*		*203*		*4*		*54*		*1180*	

Analisando as habilitações literárias dos Pais em função do nível de ensino a ser frequentado pelos filhos, verificamos existir uma predominância, quer nos pais, quer nas mães, de habilitações correspondentes ao 2.° Ciclo. A seguir ao 2.° Ciclo, as habilitações literárias que concentram maior percentagem de sujeitos são o 1.° e o 3.° Ciclos. As percentagens de Pais com formação de nível secundário e superior são as mais baixas.

QUADRO 4 – Habilitações literárias dos Pais em função da escolaridade dos filhos

	Habil. / Esc.	1.º Ciclo		2.º Ciclo		3.º Ciclo		Secundário		Superior		*Total*	
		n	%	n	%	n	%	n	%	N	%	*n*	%
Pai	J. Infância	16	13	58	47.2	20	16.3	23	18.7	6	4.9	*123*	*100*
	1.º Ciclo	74	21.2	147	42.1	60	17.2	55	15.8	13	3.7	*349*	*100*
	2.º Ciclo	59	26	94	41.4	37	16.3	29	12.8	8	3.5	*227*	*100*
	3.º Ciclo	66	23.7	120	43.0	43	15.4	33	11.8	17	6.1	*279*	*100*
	Secundário	41	30.8	48	36.1	22	16.5	15	11.3	7	5.3	*133*	*100*
	Total	*256*		*467*		*182*		*155*		*51*			
Mãe	J. Infância	8	6	61	45.5	27	20.1	26	19.4	12	9.0	*134*	*100*
	1.º Ciclo	72	19.1	182	48.4	44	11.7	66	17.6	12	3.2	*376*	*100*
	2.º Ciclo	44	17.6	130	52.0	36	14.4	28	11.2	12	4.8	*250*	*100*
	3.º Ciclo	52	17.1	149	49	56	18.4	32	10.5	15	4.9	*304*	*100*
	Secundário	38	25.9	68	46.3	24	16.3	12	8.2	5	3.4	*147*	*100*
	Total	*214*		*590*		*187*		*164*		*56*		*1211*	*100*

As diferenças de habilitações entre pais e mães não são substantivas. Articulando os dados das habilitações literárias e dos sectores de actividade profissional, podemos inferir que a maioria dos pais desempenha profissões não qualificadas nas indústrias predominantes na região do Vale do Ave.

Instrumentos

O presente estudo teve lugar no ano lectivo de 2006-2007, sendo a recolha de dados anterior à publicação do estudo nacional sobre Hábitos de Leitura (Santos, Neves, Lima & Carvalho, 2007). A construção do questionário foi delineada procurando contemplar as orientações da literatura no âmbito, tendo-se para tal efectuado uma procura sistemática de estudos anteriores realizados com o mesmo objectivo (Bártolo, 2000; Castro & Sousa, 1996; Freitas, Casanova & Alves, 1997; Freitas & Santos, 1992;

Machado, 2000; Nunes, 1996; Santos, 2000; Sim-Sim & Ramalho, 1993). Foram construídos três questionários: um dirigido para os alunos do 1.° Ciclo, outro para os alunos dos 2.° e 3.° Ciclos do Ensino Básico e do Ensino Secundário e um terceiro para Pais. Vários itens do questionário são idênticos na versão de Pais e dos alunos, permitindo desta forma a comparação de padrões de resposta.

Após a selecção das dimensões principais, procedeu-se à respectiva operacionalização. A versão final de cada um dos questionários foi sujeita a análise por peritos de modo a assegurar a representatividade dos itens e a respectiva validade de conteúdo. No quadro 5 apresenta-se a sistematização das seis dimensões que foram objecto de avaliação, a respectiva operacionalização e a identificação dos itens nos questionários.

Quadro 5 – Tabela de especificação

<table>
<tr><th>Dimensão</th><th>Operacionalização</th><th>1.°</th><th>2.°/3.°</th><th>Pais</th></tr>
<tr><td>Leitura e lazer</td><td>Alternativas de ocupação dos tempos livres</td><td>1 e 2</td><td>(1)</td><td>(1)</td></tr>
<tr><td rowspan="6">Atitudes face à leitura</td><td>Gosto pela leitura</td><td>3</td><td>(2)</td><td>(2)</td></tr>
<tr><td>Razões que justificam gostar/não gostar de ler</td><td>3.1
3.2</td><td>(2.1)
(2.2)</td><td>(2.1)
(2.2)</td></tr>
<tr><td>Importância da leitura</td><td>---</td><td>---</td><td>20</td></tr>
<tr><td>Razões que justificam a importância da prática de leitura realizada pelos filhos</td><td>---</td><td>---</td><td>20.1
20.2</td></tr>
<tr><td>Expectativas face à leitura</td><td>---</td><td>21</td><td>---</td></tr>
<tr><td>Percepção dos incentivos recebidos</td><td>6</td><td>3</td><td>3</td></tr>
<tr><td rowspan="5">Incentivos à leitura</td><td>Responsáveis pelos incentivos</td><td>6.1</td><td>3.1</td><td>(3.1)</td></tr>
<tr><td>Incentivos recebidos</td><td></td><td>3.2</td><td>(3.2)</td></tr>
<tr><td>Estratégias motivacionais usadas pelos Pais na promoção da leitura</td><td>---</td><td>---</td><td>18
18.1</td></tr>
<tr><td>Percepção do papel da escola na promoção da leitura</td><td>---</td><td>16
16.1
16.2</td><td>17
17.1
17.2</td></tr>
</table>

Dimensão	Operacionalização	1.º	2.º/3.º	Pais
Acessibilidade a livros	Número de livros, não escolares, existentes em casa	7	6	---
	Aquisição de livros	8 9	7	6 7 8
	Frequência na compra de livros	---	8	9
	Locais de compra		12	13
	Recurso a bibliotecas	---	11 11.1	(12) (12.1)
	Posse dos livros	15	---	---
Práticas de leitura	Preferências na leitura	10	15	(16)
	Critérios de selecção na compra de livros	---	14	15
	Tempo semanal de leitura de livros	---	9	(10)
	Número de livros lidos por ano	---	10	(11)
	Leitura de jornais/revistas	---	4	(4)
	Frequência semanal da leitura de jornais/revistas	---	4.1	(4.1)
	Tempo semanal de leitura de jornais/revistas	---	4.2	(4.2)
	Jornais preferidos	---	5	(5)
	Locais de leitura	---	13	(14)
	Leitura com fins informativos	---	18	
	Pares e práticas de leitura	4 5	---	---
	Número de livros lidos	12 13	---	---
	Leitura por outros	11 14	---	---
Percepção de competência na compreensão de textos	Dificuldade na compreensão de textos	---	19 22	---
	Explicação das dificuldades de leitura	---	20	---

A organização dos itens no questionário não seguiu estas dimensões de modo a controlar efeitos de contaminação. Na construção do questionário destinado aos Pais, alguns dos itens avaliam as suas práticas enquanto leitores (itens entre parêntesis) e outros as práticas enquanto educadores. A primeira dimensão – *leitura e lazer* – visa descrever de que modo o livro é enquadrado nas actividades de lazer dos alunos e dos Pais. A versão para alunos e para Pais é idêntica para os 2.° e 3.° Ciclos e para o Ensino Secundário. Nestas versões são propostas sete possibilidades, uma das quais é a leitura. As actividades devem ser ordenadas por ordem crescente, tendo em conta o tempo dispensado em cada actividade.

No 1.° Ciclo, embora com objectivos idênticos, foram introduzidas alternativas diferentes que atendem a aspectos desenvolvimentais (ex: brincar com bonecas, andar de bicicleta). São colocadas duas questões: na primeira é apresentado um conjunto de 9 objectos (bola, livros, jogos...) e é solicitado à criança que escolha, entre estes, três que levaria para férias. Na segunda é pedido que especifique a frequência com que pratica um conjunto de actividades quando não está na escola ("leio", "ouço música", "ando de bicicleta"...). Para cada proposta o aluno deve responder usando uma escala tipo *Likert* de três pontos.

Na segunda dimensão – *atitudes face à leitura* – apresenta-se um conjunto de questões que, no seu todo, procuram descrever o interesse pela leitura e a compreensão dos factores que explicam essa atitude. Na versão para Pais incluiu-se uma questão específica que visa descrever as atitudes dos Pais face às práticas de leitura pelos filhos, e as razões que sustentam a sua opinião.

No questionário dos alunos foi contemplada uma questão adicional (Q21), com a qual se pretende estimar as expectativas que antecedem a leitura dos livros de leitura obrigatória, contemplados nos programas de Língua Portuguesa.

A terceira dimensão – *incentivos à leitura* – visa caracterizar a percepção de incentivos recebidos em casa e na escola e os agentes que os proporcionam. No que concerne aos Pais, distingue-se, por um lado, uma apreciação dos incentivos que eles próprios receberam na infância e daqueles que, enquanto educadores, propiciam aos seus filhos.

A quarta dimensão – *acessibilidade a livros* – procura descrever aspectos associados ao recurso a livros. Na sua operacionalização consideraram-se aspectos como a quantidade de livros disponíveis em casa, a frequência de bibliotecas, as práticas de oferta de livros, a partilha de livros e os locais de compra dos mesmos.

A quinta dimensão – *práticas de leitura* – dirige-se à avaliação de comportamentos de leitura. Foram considerados aspectos relacionados com a quantidade de tempo gasto na leitura, preferências de leitura, critérios na selecção dos livros, local de compra e contextos de leitura. Nesta dimensão o questionário do 1.° Ciclo diferencia-se dos restantes, uma vez que se procurou atender a aspectos específicos associados a este nível de escolaridade, introduzindo-se itens como se gosta que leiam para ele, se lê sozinho, que quantidade de livros lê/leu com os seus pais, que hábitos de leitura têm os amigos, e se partilha de opiniões com os amigos sobre as leituras.

A última dimensão – *percepção de competência pessoal na compreensão de textos* – foi considerada apenas no questionário dirigido aos alunos dos 2.° e 3.° Ciclos e do Ensino Secundário. Nesta pretendia-se avaliar a percepção que os alunos têm em relação a si próprios em termos de compreensão leitora e analisar a relação desta com algumas das dimensões associadas às atitudes e práticas de leitura.

Procedimentos

A aplicação dos questionários aos alunos decorreu durante o período lectivo, sendo a sua administração efectuada pelos respectivos professores, com o acompanhamento da equipa de investigação. No 1.° Ciclo as questões foram sempre lidas em voz alta pelos professores titulares de acordo com o manual de aplicação disponibilizado aos mesmos.

A entrega dos questionários aos Pais foi, igualmente, efectuada com a colaboração dos professores, ficando cada aluno responsável por entregar os questionários e os devolver ao professor. O tempo para o preenchimento dos mesmos foi de 48 horas. A utilização destes dois procedimentos – responsabilização dos filhos pela devolução dos questionários e um tempo reduzido para o respectivo preenchimento – terá contribuído para a elevada taxa de devolução.

Resultados

A apresentação dos resultados foi organizada de modo a dar resposta às dimensões estruturantes do questionário: a leitura e o lazer; os incentivos à leitura; a acessibilidade a livros; as práticas de leitura e a percepção de competência na compreensão de textos. Para cada dimensão são descritos os resultados agrupados por ciclo de ensino e pelas respostas dos Pais. São apresentadas as frequências e as percentagens de resposta, diferenciando-se as mesmas em função do ciclo e do sexo. Dada a natureza nominal das variáveis, as comparações foram efectuadas com recurso ao teste de *qui quadrado*. Para facilitar a leitura dos resultados, em cada quadro é especificada a questão que deu origem aos dados nele inseridos.

Leitura e lazer

A primeira questão dirigida a alunos e a Pais procurava avaliar de que modo os livros estão presentes nas suas actividades de lazer. No grupo de alunos dos 2.°, 3.° Ciclos, do Ensino Secundário e nos questionários aos Pais foi pedida uma ordenação de sete actividades (1 correspondia à actividade menos escolhida a 7 à mais escolhida). No 1.° Ciclo optou-se por um formato de resposta diferente, antecipando que a ordenação poderia ser difícil para estes alunos. Assim, enumeraram-se várias actividades solicitando-se a sua valoração numa escala tipo *Likert* de 3 pontos. Foi incluída também outra questão (Q1) na qual se apresentavam doze opções, tendo uma delas um conjunto de livros; pediu-se aos alunos que escolhessem as três que seleccionariam caso tivessem de ficar longe de casa.

A análise do quadro 6 mostra que apenas uma percentagem reduzida de alunos coloca os livros entre as três opções de objectos que levaria consigo. As diferenças entre alunos e alunas são estatisticamente significativas com uma percentagem superior de selecção da opção por livros no grupo de alunas. O computador/*internet* é o "objecto" mais escolhido, seguido pelo telemóvel, leitores de CD/MP3 ou ipod e por objectos multimédia. Neste grupo apenas se registam diferenças entre sexos relativamente ao telemóvel sendo esta opção superior nos alunos do sexo feminino. Observam-se diferenças significativas nas escolhas de bonecas, de lápis e papel (mais frequentes nas raparigas) e de bolas e de carros (mais frequentes nos rapazes).

QUADRO 6 – Objectos preferidos pelos alunos do 1.° Ciclo (Q1)

	Sexo	Não		Sim		χ2	gl	p
		N	%	N	%			
Telemóvel	Masc.	106	56.4	82	43.6	16.05	1	0.001
	Fem.	64	35.6	116	64.4			
Televisão	Masc.	178	94.7	10	5.3	0.11	1	0.82
	Fem.	169	93.9	11	6.1			
Bola	Masc.	95	50.5	93	49.5	44.46	1	0.001
	Fem.	150	83.3	30	16.7			
Boneca	Masc.	187	99.5	1	0.5	46.33	1	0.001
	Fem.	138	76.7	42	23.3			
Computador/*internet*	Masc.	81	43.1	107	56.9	0.02	1	0.92
	Fem.	79	43.9	101	56.1			
Consolas/jogos electrónicos	Masc.	117	62.2	71	37.8	10.55	1	0.001
	Fem.	140	77.8	40	22.2			
Livros/revistas	Masc.	167	88.8	21	11.2	10.35	1	0.001
	Fem.	137	76.1	43	23.9			
Leitor de *CD*/MP3/iPod	Masc.	115	61.2	73	38.8	0.01	1	1.00
	Fem.	111	61.7	69	38.3			
Papel/lápis para desenhar	Masc.	170	90.4	18	9.6	7.98	1	0.01
	Fem.	144	80.0	36	20.0			
Jogos de construção	Masc.	185	98.4	3	1.6	0.00	1	1.00
	Fem.	177	98.3	3	1.7			
Carros/pistas	Masc.	150	79.8	38	20.2	37.50	1	0.001
	Fem.	179	99.4	1	0.6			
Bicicleta	Masc.	141	75.0	47	25.0	0.06	1	0.81
	Fem.	133	73.9	47	26.1			

Na questão Q2 ("O que costumas fazer quando não estás na escola?") analisou-se a frequência com que a leitura é referenciada enquanto actividade de lazer (cf. Quadro 7). Mais do que obter indicadores sobre como ocupam os alunos o seu tempo pretendeu-se perceber qual o papel da leitura no âmbito das actividades de lazer. Das várias actividades, apenas em quatro se verificaram diferenças estatisticamente significativas entre sexos.

Há uma predominância por parte do sexo masculino no que se refere à prática de desporto, ver televisão e jogar no computador ou na consola; verifica-se uma predominância por parte do sexo feminino no que se refere à leitura como actividade de lazer. Em ambos os sexos a actividade mais frequente reporta-se a brincar com os amigos/irmão. Centrando-nos, especificamente, na leitura, deve ser salientada a baixa percentagem de respondentes que indicam que nunca lêem. Das actividades propostas no questionário ir ao cinema ou ao teatro é a menos frequente.

QUADRO 7 – Actividades mais frequentes de ocupação dos tempos livres dos alunos do 1.° Ciclo (Q2)

	Sexo	Nunca		Às vezes		Muitas vezes		$\chi 2$	gl	p
		N	%	N	%	N	%			
Leio	Masc. Fem.	7 4	3.7 2.2	129 103	68.6 57.2	52 73	27.7 40.6	7.09	2	0.05
Ouço música	Masc. Fem.	29 31	15.4 17.2	100 105	53.2 58.3	59 44	31.4 24.4	2.20	2	0.33
Pratico desporto	Masc. Fem.	9 13	4.8 7.2	64 93	34.0 51.7	115 74	61.2 41.1	14.81	2	0.001
Passeio com os Pais	Masc. Fem.	13 6	6.9 3.3	120 107	63.8 59.4	55 67	29.3 37.2	4.33	2	0.12
Vejo televisão	Masc. Fem.	1 3	0.5 1.7	60 84	31.9 46.7	127 93	67.6 51.7	10.09	2	0.01
Vou ao cinema/teatro	Masc. Fem.	116 115	61.7 63.9	68 62	36.2 34.4	4 3	2.1 1.7	0.25	2	0.88
Jogo no computador/ consola	Masc. Fem.	21 41	11.2 22.8	77 96	41.0 53.3	90 43	47.9 23.9	24.99	2	0.001
Ando de bicicleta	Masc. Fem.	16 16	8.5 8.9	66 83	35.1 46.1	106 81	56.4 45.0	5.11	2	0.08
Brinco com animais	Masc. Fem.	33 42	17.6 23.3	85 76	45.2 42.2	70 62	37.2 34.4	1.90	2	0.39
Brinco com amigos/ irmãos	Masc. Fem.	8 8	4.3 4.4	65 70	34.6 38.9	115 102	61.2 56.7	0.79	2	0.67
Faço jogos de construção	Masc. Fem.	87 89	46.3 49.4	82 71	39.4 35.1	19 20	10.1 11.1	0.67	2	0.72

No quadro 8 apresentam-se as percentagens de resposta dos alunos dos 2.° e 3.° Ciclos, dos alunos do Ensino Secundário e dos Pais. Em termos de apreciação e calculando o total referente aos casos em que a leitura é seleccionada nas posições ordinais 4, 6 e 7, verificamos que: para o 2.° Ciclo e diferenciando por sexo, esse valor se situa em 43.0 e 48.4% (rapazes *versus* raparigas); no 3.° Ciclo esses valores são de 31.35 e 41.5% (rapazes *versus* raparigas); no Ensino Secundário os valores situam-se em 31.9 e 40.0% (rapazes *versus* raparigas). Considerando as respostas dos Pais, os valores encontrados são de 49.1 e 54.0% (homens *versus* mulheres). Os valores são sempre mais elevados nos elementos do sexo feminino. Nos três ciclos a maior percentagem nas três posições mais elevadas é encontrada nos alunos do 2.° Ciclo. Nas restantes actividades, verifica-se uma tendência idêntica no padrão de resposta, com as opções ver televisão, usar o computador/*internet* e ouvir *CD*/MP3 como as actividades mais frequentes. Também nas respostas dos Pais aparece a televisão como a actividade mais frequente, seguindo-se, para ambos, ouvir rádio e ler. Ver vídeos e navegar na *internet* recebem uma percentagem similar de preferências e, por último, ouvir música (*CD* ou MP3). À semelhança do que se passa com os filhos, ir ao cinema e/ou ao teatro é a actividade menos referida.

QUADRO 8 – A leitura e as actividades de lazer (Q1)

Nível/Ciclo		Sexo	0		1		2		3		4		5		6		7	
			N	%	N	%	N	%	N	%	N	%	N	%	N	%	N	%
2.° Ciclo	Outro	Masc.	67	53.6	14	11.2	5	4.0	4	3.2	3	2.4	7	5.6	8	6.4	17	13.6
		Fem.	88	77.2	4	3.5	0	0	1	0.9	2	1.8	4	3.5	4	3.5	11	9.6
	Ler	Masc.	3	2.1	23	16.2	23	16.2	16	11.3	16	11.3	18	12.7	19	13.4	24	16.9
		Fem.	2	1.6	20	16.1	20	16.1	9	7.3	13	10.5	15	12.1	18	14.5	27	21.8
	Televisão	Masc.	2	1.4	15	10.6	18	12.7	7	4.9	18	12.7	16	11.3	34	23.9	32	22.5
		Fem.	1	0.8	10	8,1	13	10.5	13	10.5	11	8.9	13	10.5	26	21.0	37	29.8
	Cinema	Masc.	19	13.4	51	35.9	23	16.2	15	10.6	8	5.6	6	4.2	7	4.9	13	9.2
		Fem.	9	7.3	59	47.6	17	13.7	7	5.6	10	8.1	8	6.5	7	5.6	7	5.6
	Vídeos/DVD	Masc.	3	2.1	15	10.6	15	10.6	26	18.3	33	23.2	28	19.7	15	10.6	7	4.9
		Fem.	2	1.6	10	8.1	28	22.6	27	21.8	17	13.7	22	17.7	12	9.7	6	4.8
	Rádio	Masc.	13	9.2	19	13.4	23	16.2	28	19.7	25	17.6	18	12.7	8	5.6	8	5.6
		Fem.	3	2.4	14	11.3	19	15.3	26	21.0	22	17.7	15	12.1	17	13.7	8	6.5
	CD/MP3	Masc.	4	2.8	9	6.3	17	12.0	29	20.4	25	17.6	31	21.8	21	14.8	6	4.2
		Fem.	2	1.6	14	11.3	10	8.1	13	10.5	24	19.4	28	22.6	18	14.5	15	12.1
	Computador/ *Internet*	Masc.	7	4.9	7	4.9	15	10.6	15	10.6	13	9.2	15	10.6	25	17.6	45	31.7
		Fem.	2	1.6	12	9.7	13	10.5	19	15.3	18	14.5	13	10.5	21	16.9	26	21.0
3.°. Ciclo	Outro	Masc.	154	59.7	25	9.7	12	4.7	7	2.7	6	2.3	8	3.1	14	5.4	32	12.4
		Fem.	184	73.0	14	5.6	5	2.0	3	1.2	4	1.6	11	4.4	10	4.0	21	8.3
	Ler	Masc.	22	8.5	78	30.1	34	13.1	29	11.2	15	5.8	21	8.1	16	6.2	44	17.0
		Fem.	8	3.2	27	10.7	27	10.7	36	14.2	50	19.8	36	14.2	28	11.1	41	16.2
	Televisão	Masc.	4	1.5	27	10.4	31	11.9	31	11.9	28	10.8	28	10.8	45	17.3	66	25.4
		Fem.	3	1.2	49	19.2	24	9.4	30	11.8	23	9.0	31	12.2	26	10.2	69	27.1
	Cinema	Masc.	25	9.7	60	23.2	56	21.6	30	11.6	14	5.4	18	6.9	30	11.6	26	10.0
		Fem.	12	4.7	85	33.5	37	14.6	19	7.5	26	10.2	17	6.7	26	10.2	32	12.6
	Vídeos/DVD	Masc.	4	1.5	9	3.5	20	7.7	68	26.3	67	25.9	52	20.1	25	9.7	14	5.4
		Fem.	7	2.8	15	5.9	42	16.6	44	17.4	44	17.4	46	18.2	37	14.6	18	7.1
	Rádio	Masc.	17	6.6	24	9.3	46	17.8	35	13.6	51	19.8	30	11.6	34	13.2	21	8.1
		Fem.	13	5.1	35	13.8	40	15.8	44	17.4	33	13.0	35	13.8	30	11.9	23	9.1
	CD/MP3	Masc.	9	3.5	16	6.2	25	9.7	38	14.7	47	18.2	63	24.4	38	14.7	22	8.5
		Fem.	3	1.2	29	11.5	35	13.8	33	13.0	36	14.2	34	13.4	45	17.8	38	15.0
	Computador/ *Internet*	Masc.	9	3.5	44	16.9	26	10.0	13	5.0	22	8.5	24	9.2	49	18.8	73	28.1
		Fem.	10	3.9	39	15.4	28	11.0	30	11.8	28	11.0	32	12.6	37	14.6	50	19.7

Nível/Ciclo		Sexo	0		1		2		3		4		5		6		7	
			N	%	N	%	N	%	N	%	N	%	N	%	N	%	N	%
Secundário	Outro	Masc.	94	62.3	16	10.6	3	2.0	6	4.0	3	2.0	5	3.3	9	6.0	15	9.9
		Fem.	135	79.4	10	5.9	3	1.8	3	1.8	2	1.2	7	4.1	4	2.4	6	3.5
	Ler	Masc.	8	5.3	44	29.1	24	15.9	14	9.3	13	8.6	14	9.3	17	11.3	17	11.3
		Fem.	3	1.8	23	13.5	24	14.1	28	16.5	24	14.1	29	17.1	22	12.9	17	10.0
	Televisão	Masc.	2	1.3	15	9.9	25	16.6	16	10.6	25	16.6	24	15.9	31	20.5	13	8.6
		Fem.	1	0.6	22	12.9	18	10.6	19	11.2	22	12.9	18	10.6	29	17.1	41	24.1
	Cinema	Masc.	11	7.3	30	20.0	27	18.0	21	14.0	19	12.7	16	10.7	29	17.1	41	24.1
		Fem.	8	4.7	55	32.4	28	16.5	16	9.4	11	6.5	17	10.0	13	7.6	22	12.9
	Vídeos/DVD	Masc.	2	1.3	1	0.7	22	14.6	37	24.5	31	20.5	37	24.5	15	9.9	6	4.0
		Fem.	7	4.1	19	11.2	29	17.1	33	19.4	25	14.7	24	14.1	23	13.5	10	5.9
	Rádio	Masc.	13	8.6	11	7.3	16	10.6	30	19.9	23	15.2	25	16.6	22	14.6	11	7.3
		Fem.	8	4.7	16	9.4	22	12.9	25	14.7	39	22.9	20	11.8	18	10.6	22	12.9
	CD/MP3	Masc.	7	4.6	9	6.0	21	13.9	19	12.6	30	19.9	18	11.9	25	16.6	22	14.6
		Fem.	2	1.2	12	7.1	18	10.6	31	18.2	23	13.5	28	16.5	37	21.8	19	11.2
	Computador/ *Internet*	Masc.	14	9.3	29	19.2	10	6.6	8	5.3	4	2.6	8	5.3	26	17.2	52	34.4
		Fem.	4	2.4	21	12.4	20	11.8	9	5.3	21	12.4	26	15.3	22	12.9	47	27.6
Pais	Outro	Pai	637	89.6	26	3.3	10	1.3	8	1.0	15	1.9	13	1.6	17	2.2	64	8.1
		Mãe	685	80.1	22	2.6	15	1.8	9	1.1	18	2.1	13	1.5	15	1.8	77	9
	Ler	Pai	11	1.4	75	9.5	92	11.6	90	11.4	134	17.0	158	20	157	19.9	73	9.2
		Mãe	9	1.1	56	6.5	86	10	110	12.9	133	15.5	158	18.5	192	22.4	112	13.1
	Televisão	Pai	5	0.6	84	10.6	43	5.4	32	4.1	46	5.8	68	8.6	147	18.6	364	46.1
		Mãe	8	9	99	11.6	50	5.8	27	3.2	29	3.4	78	9.1	179	20.9	386	45.1
	Cinema	Pai	43	5.5	270	34.3	165	20.9	108	13.7	59	7.5	51	6.5	37	4.7	55	7.0
		Mãe	52	6.1	241	28.2	191	22.3	119	13.9	90	10.5	73	8.5	57	6.7	33	3.9
	Vídeos/DVD	Pai	11	1.4	39	4.9	122	15.5	182	23.1	176	22.3	143	18.1	94	11.9	21	2.7
		Mãe	16	1.9	31	3.6	140	16.4	223	26.1	195	22.8	153	17.9	78	9.1	20	2.3
	Rádio	Pai	8	1.0	35	4.4	59	7.5	111	14.1	138	17.5	167	21.2	189	24.0	82	10.4
		Mãe	12	1.4	33	3.9	84	9.8	110	12.9	155	18.1	192	22.4	181	21.1	89	10.4
	CD/MP3	Pai	14	3.3	37	8.7	108	25.3	104	24.4	67	15.7	55	12.9	29	6.8	13	3.0
		Mãe	22	2.6	90	10.5	174	20.3	184	21.5	157	18.3	116	13.6	79	9.2	34	4.0
	Computador/ *Internet*	Pai	50	6.3	190	24.1	117	14.8	79	10	79	10	85	10.8	81	10.3	108	13.7
		Mãe	55	6.4	287	33.6	114	13.3	71	8.3	76	8.9	74	8.7	73	8.5	104	12.2

Atitudes face à leitura

Atitude genérica dos alunos e dos Pais face à leitura

A atitude genérica face à leitura foi, num primeiro momento, avaliada através da inclusão, no questionário, de uma pergunta de resposta dicotómica, na qual se pedia aos participantes que indicassem se gostavam ou não de ler. No quadro 9 apresentam-se os resultados organizados em função do sexo e do ciclo/nível de ensino.

QUADRO 9 – Atitude genérica dos alunos face à leitura*

Nível/Ciclo		Sexo Masculino		Sexo Feminino		χ^2	gl	p
		N	%	N	%			
1.° Ciclo	Não	15	8.0	2	1.1	9.48	1	0.001
	Sim	173	92.0	178	98.0			
2.° Ciclo	Não	31	19.1	9	7.0	8.96	1	0.01
	Sim	131	80.9	120	93.0			
3.° Ciclo	Não	123	43.8	50	19.0	38.40	1	0.001
	Sim	158	56.2	213	81.0			
E.Secundário	Não	60	39.2	29	16.3	21.99	1	0.001
	Sim	93	60.8	149	83.7			

* 1.° Ciclo: Q3; 2.° e 3.° Ciclos e Secundário: Q2

Em todos os grupos considerados a percentagem de respostas “Sim” é muito elevada. A diferença entre sexos é, do ponto de vista estatístico, sempre significativa em todos os ciclos e nos dois níveis de ensino. Analisando as percentagens ao longo dos mesmos, verifica-se que é no 1.° Ciclo que se regista o valor mais elevado. Este valor decresce ao longo dos dois ciclos seguintes do Ensino Básico, sofrendo depois uma ligeira recuperação no Ensino Secundário. Tal recuperação pode, no entanto, resultar do facto de ser maior a probabilidade de os alunos que não prosseguem estudos serem oriundos do grupo que não gosta de ler.

No que concerne aos hábitos de leitura dos Pais regista-se, igualmente, uma percentagem elevada de respostas que indicam que gostam de ler (cf. Quadro 10), sistematicamente superior no grupo de mães. Em todos os ciclos e nos dois níveis de ensino esta diferença é estatisticamente significativa. Contrariamente ao padrão de respostas dos alunos, as dos Pais não apresentam diferenças estatisticamente significativas de hábitos de leitura em função do ciclo ou nível de ensino frequentado pelos filhos. Assim sendo, nas análises seguintes não são apresentados os resultados referentes aos pais diferenciados em função da variável ciclo ou nível de ensino frequentado pelos filhos.

QUADRO 10 – Atitude genérica dos Pais face à leitura (Q2)

Nível/Ciclo		Não		Sim		χ^2	gl	p
		N	%	N	%			
Jardim-de-Infância	Pai	23	18.7	100	81.3	31.91	1	0.001
	Mãe	18	13.4	116	86.6			
1.° Ciclo	Pai	65	18.1	295	81.9	11.17	1	0.001
	Mãe	55	14.2	331	85.8			
2.° Ciclo	Pai	50	21.5	183	78.5	4.44	1	0.05
	Mãe	31	13.7	195	86.3			
3.° Ciclo	Pai	59	20.7	226	79.3	8.99	1	0.01
	Mãe	33	12.1	238	87.5			
Secundário	Pai	36	26.5	100	73.5	10.28	1	0.001
	Mãe	26	17.8	120	82.2			

Razões apresentadas como justificação do gosto por ler

Foi elaborado um conjunto de argumentos que sustentam atitudes favoráveis e desfavoráveis em relação à leitura. No 1.° Ciclo, o número de justificações propostas foi inferior ao dos restantes grupos. As três justificações reflectiam, respectivamente, uma dimensão motivacional ("é divertido"), uma cognitiva ("para saber") e outra associada ao lazer ("ajuda a passar o tempo"). Nos restantes ciclos do Ensino Básico e no Ensino Secundário as justificações distribuem-se por uma dimensão motivacional e associada ao lazer ("diverte-me e dá-me prazer"), uma cognitiva ("para me manter a par de notícias da actualidade", "para aquisição de novos conhecimentos", "para obter informações") e uma terceira dimensão associada ao exercício da sua actividade enquanto profissional/estudante. Aos alunos foi explicado que a necessidade profissional estava relacionada com o desempenho da sua actividade enquanto alunos.

QUADRO 11 – Razões mais apontadas pelos alunos do 1.° Ciclo para justificar o gosto pela leitura (Q3.1.)

	Sexo	Não		Sim		$\chi 2$	gl	p
		N	%	N	%			
É divertido	Masc.	37	21.4	136	78.6	4.10	1	0.05
	Fem.	55	30.9	123	69.1			
Ajuda a saber mais	Masc.	13	7.5	160	92.5	2.10	1	0.17
	Fem.	7	3.9	171	96.1			
Ajuda a passar o tempo	Masc.	58	33.5	115	66.5	7.93	1	0.01
	Fem.	86	48.3	92	51.7			

A análise das respostas indica que a principal justificação está associada à aquisição de conhecimentos. Em ambos os sexos, mais de 90% dos alunos referiu gostar de ler "para saber mais". Nas outras duas alternativas apresentadas, registam-se diferenças estatisticamente significativas entre as percentagens de respostas em função do sexo dos inquiridos. O número elevado de casos encontrados em cada alternativa indica que os alunos que gostam de ler o fazem por uma combinação de várias razões e não, exclusivamente, por uma. Este padrão é similar ao reportado no LP-2007.

Nas respostas dos alunos dos 2.° e 3.° Ciclos do Ensino Básico, bem como nas dos alunos do Ensino Secundário, é de notar a quase inexistência de diferenças entre sexos nas várias razões que foram propostas (cf. Quadro 12).

QUADRO 12 – Razões invocadas pelos alunos do 2.° e 3.° Ciclos do E. Básico e pelos do Ensino Secundário para justificar gostar de ler (Q3.1.)

			Masculino		Feminino		χ^2	gl	p
			N	%	N	%			
2.° Ciclo	Notícias actualidade	Não	77	58.8	69	57.5	0.042	1	0.84
		Sim	54	41.2	51	42.5			
	Diversão/prazer	Não	39	29.8	20	16.7	5.98	1	0.05
		Sim	92	70.2	100	83.3			
	Aquisição conhecimentos	Não	22	16.8	16	13.3	0.584	1	0.45
		Sim	109	83.2	104	86.7			
	Lazer	Não	50	38.2	50	41.7	0.191	1	0.66
		Sim	81	61.8	70	58.3			
	Obter informações	Não	63	48.1	52	43.3	0.57	1	0.45
		Sim	68	51.9	68	56.7			
	Necessidade profissional	Não	100	76.3	96	80.0	0.491	1	0.48
		Sim	31	23.7	24	20.0			
	Outros	Não	130	99.2	118	1	0.005	1	0.95
		Sim	1	0.8	99.2	0.8			
3.° Ciclo	Notícias actualidade	Não	66	41.8	103	48.4	1.586	1	0.20
		Sim	92	58.2	110	51.6			
	Diversão/prazer	Não	67	42.4	49	23.0	15.89	1	0.001
		Sim	91	57.6	164	77.0			
	Aquisição conhecimentos	Não	23	14.6	32	15.0	0.02	1	0.90
		Sim	135	85.4	181	85.0			
	Lazer	Não	74	46.8	88	41.3	1.12	1	0.28
		Sim	84	53.2	125	58.7			
	Obter informações	Não	54	34.2	86	40.4	1.48	1	0.22
		Sim	104	65.8	127	59.6			
	Necessidade profissional	Não	126	79.7	178	83.6	0.89	1	0.34
		Sim	32	20.3	35	16.4			
	Outros	Não	157	99.4	210	98.6	0.51	1	0.47
		Sim	1	0.6	3	1.4			

			Masculino		Feminino		χ^2	gl	p
			N	%	N	%			
Ensino Secundário	Notícias actualidade	Não	31	33.3	48	32.2	0.03	1	0.86
		Sim	62	66.7	101	67.8			
	Diversão/prazer	Não	36	38.7	46	30.9	1.57	1	0.21
		Sim	57	61.3	103	69.1			
	Aquisição conhecimentos	Não	13	14.0	14	9.4	1.21	1	0.27
		Sim	80	86.0	135	90.6			
	Lazer	Não	38	40.9	64	43.0	0.10	1	0.75
		Sim	55	59.1	85	57.0			
	Obter informações	Não	26	28.0	59	39.6	3.41	1	0.07
		Sim	67	72.0	90	60.4			
	Necessidade profissional	Não	60	65.9	68	66.2	0.00	1	0.96
		Sim	31	34.1	50	33.8			
	Outros	Não	71	89.9	125	94.7	1.74	1	0.19
		Sim	8	10.1	7	5.3			

No 2.° Ciclo, a razão "diversão/prazer" é a única em que o teste de *qui quadrado* é estatisticamente significativo, com os alunos do sexo feminino a apresentarem uma percentagem mais elevada de respostas afirmativas. No 3.° Ciclo, a "aquisição de conhecimentos" é a alternativa que recolhe uma maior percentagem de respostas, independentemente do sexo dos respondentes. A percentagem de alunos que indicou que gosta de ler porque a leitura proporciona diversão e prazer reduz-se à medida que os alunos avançam do 2.° Ciclo até ao Ensino Secundário.

A maioria dos Pais refere ler para se manter a par das notícias da actualidade, bem como para obter informações e adquirir conhecimentos. As percentagens encontradas são superiores às observadas nas respostas dos alunos. É de salientar a percentagem reduzida de prática da leitura associada a necessidades profissionais. Este resultado é compreensível se atendermos a que a maioria dos Pais possui habilitações literárias inferiores ou iguais ao 2.° Ciclo do Ensino Básico e desenvolve a sua actividade profissional no sector secundário, executando, provavelmente trabalhos pouco qualificados e com poucas exigências de leitura.

QUADRO 13 – Razões invocadas pelos Pais para justificar não gostarem de ler (Q3.1.)

		Não		Sim		χ^2	gl	p
		N	%	N	%			
Notícias actualidade	Pai	73	8.1	831	91.9	63.90	1	0.001
	Mãe	145	14.5	855	85.6			
Diversão/prazer	Pai	477	52.8	427	47.2	98.91	1	0.001
	Mãe	462	46.2	538	53.8			
Aquisição conhecimentos	Pai	139	15.4	765	84.6	75.41	1	0.001
	Mãe	168	16.8	832	83.2			
Lazer	Pai	390	43.1	514	56.09	97.36	1	0.001
	Mãe	426	45.3	514	54.7			
Obter informações	Pai	206	22.8	698	77.2	94.76	1	0.001
	Mãe	254	27.0	686	73.0			
Necessidade profissional	Pai	631	70.0	271	30.0	64.56	1	0.001
	Mãe	800	80.1	199	19.9			
Outros	Pai	886	99.4	5	0.06	66.27	1	0.001
	Mãe	997	98.6	14	1.4			

Razão invocadas para justificar não gostar de ler

Os alunos do 1.° Ciclo do Ensino Básico apresentam argumentos para não gostar de ler que remetem para factores motivacionais, cognitivos e instrumentais ("tenho dificuldade em compreender o que leio"). Na interpretação das suas respostas é importante ter presente que o número de sujeitos em análise é muito reduzido (Apenas 15 rapazes e 2 raparigas referem não gostar de ler). Nas razões invocadas encontram-se a consideração da leitura como uma actividade aborrecida e as dificuldades em compreender.

Quadro 14 – Razões invocadas pelos alunos do 1.° Ciclo do Ensino Básico para justificar não gostarem de ler (Q3.2.)

	Sexo	Não		Sim	
		N	%	N	%
É aborrecido	Masc.	3	20.0	12	80.0
	Fem.	2	100.0	0	0
Tenho dificuldade em compreender	Masc.	3	20.0	12	80.0
	Fem.	0	0	2	100.0
Não aprendo nada de novo	Masc.	12	80.0	3	20.0
	Fem.	1	50.0	1	50.0
É muito cansativo/tenho que fazer muito esforço	Masc.	7	46.7	8	53.3
	Fem.	1	50.0	1	50.0
Não estou habituado	Masc.	6	40.0	9	60.0
	Fem.	1	50.0	1	50.0

Os alunos dos 2.° e 3.° Ciclos do Ensino Básico e os alunos do Ensino Secundário aduzem um conjunto heterogéneo de razões para justificar a falta de gosto pela leitura. Algumas encontram-se directamente associadas à actividade de leitura propriamente dita ("é aborrecido", "não proporciona conhecimentos interessantes") outras ao leitor ("dificuldades em compreender o que leio", "cansativo, exigindo muito esforço", "falta de hábito e de tempo"), como se pode verificar pela análise do quadro 15.

As percentagens encontradas nas diversas justificações não apresentam diferenças significativas em função do sexo. Tais diferenças aparecem, contudo, quando são considerados os níveis de ensino frequentados. Face aos objectivos do projecto *Litteratus,* interessava analisar em que medida o não gostar de ler estaria associado a dificuldades na compreensão do que é lido. Tendo por base as respostas dos alunos ao item 3.2, a percepção de ter dificuldade em compreender não aparece como um factor que se distingue dos restantes. O facto de a percentagem mais elevada de respostas que indicam dificuldade em compreender surgir no 2.° Ciclo, pode reflectir o confronto dos alunos com textos de maior complexidade e mais extensos. Esta hipótese justificaria aprofundamento através de outros estudos.

No que respeita aos Pais, a análise das respostas revela a existência de diferenças significativas entre as razões aduzidas pelos Pais. A falta de hábito e a falta de tempo são as principais razões invocadas para justificar a ausência de gosto pela leitura, nomeadamente por parte das mães. É possível que a falta de tempo reflicta a necessidade de articular a profissão com a realização de tarefas domésticas, o acompanhamento dos filhos ou a opção por outras formas de ocupar o tempo livre.

QUADRO 15 – Razões que explicam porque não gostam de ler os alunos dos 2.°, 3.° Ciclo e Ensino Secundário (Q3.2.) e os Pais (Q2.2)

	Ciclo/ Nível	Não		Sim		χ^2	gl	p
		N	%	N	%			
É aborrecido	2.°	11	28.2	28	71.8	11.99	2	0.01
	3.°	22	12.7	151	87.3			
	Sec.	25	29.1	61	70.9			
Tenho dificuldade em compreender	2.°	25	64.1	14	35.9	7.62	2	0.05
	3.°	140	80.9	33	19.1			
	Sec.	74	85.1	13	14.9			
Não proporciona conhecimentos interessantes	2.°	29	74.4	10	25.6	7.52	2	0.05
	3.°	120	69.4	53	39.6			
	Sec.	74	85.1	13	14.9			
É cansativo, exige muito esforço	2.°	27	69.2	12	30.8	3.86	2	0.425
	3.°	96	55.5	77	44.5			
	Sec.	56	63.6	32	36.4			
Não estou habituado	2.°	18	46.2	21	53.8	2.32	2	0.676
	3.°	64	37.0	108	63.0			
	Sec.	30	34.5	57	65.5			
Não tenho tempo	2.°	29	74.4	10	25.6	8.47	2	0.05
	3.°	114	65.9	59	34.1			
	Sec.	44	50.6	43	49.4			
Outros motivos	2.°	22	61.1	14	38.9	4.64	2	0.09
	3.°	118	69.0	53	31.0			
	Sec.	49	55.7	39	44.3			
É aborrecido	Pai	38	62.3	23	37.1	22.36	1	0.001
	Mãe	42	67.7	20	32.3			
Tenho dificuldade em compreender	Pai	51	83.6	10	16.4	11.08	1	0.001
	Mãe	47	75.8	15	24.2			

	Ciclo/ Nível	Não N	Não %	Sim N	Sim %	χ^2	gl	p
Não proporciona conhecimentos interessantes	Pai	42	68.9	19	31.1	8.96	1	0.001
	Mãe	45	72.6	17	27.4			
É cansativo, exige muito esforço	Pai	47	77.0	14	23.0	18.77	1	0.001
	Mãe	46	74.2	16	25.8			
Não estou habituado	Pai	26	42.6	35	57.4	21.56	1	0.001
	Mãe	23	37.1	39	62.9			
Não tenho tempo	Pai	23	37.1	38	62.3	18.68	1	0.001
	Mãe	21	33.9	41	66.1			
Outros motivos	Pai	48	78.7	12	21.3	22.79	1	0.001
	Mãe	48	77.4	14	22.6			

Percepção da importância da leitura para a educação dos filhos

No inquérito realizado procurou também aquilatar-se a importância da leitura percepcionada pelos Pais relativamente à educação dos filhos (Q19) e a sua justificação (Q19.1 e 19.2). Neste sentido, foi incluído, no seguimento de uma resposta afirmativa à Questão.19, um conjunto de justificações que remetiam para a ocupação de tempos livres ("é uma forma agradável de passar o tempo"), para o desenvolvimento pessoal ("permite a aquisição de conhecimentos", "contribui para o crescimento", "é importante para o desenvolvimento da inteligência"; "para tornar-se mais culto", "para aumentar o vocabulário e a capacidade de se exprimir") e para o sucesso escolar. Quando a leitura não era percepcionada, pelos Pais, como importante, apresentava-se também um conjunto de possíveis razões: de ordem motivacional ("é uma actividade aborrecida"; relativas a características pessoais dos filhos ("é muito cansativo e tem de se fazer muito esforço", não está habituado", "não tem tempo disponível") e a características associadas aos livros e à leitura ("é difícil compreender alguns assuntos", "não proporciona conhecimentos interessantes", "os livros são caros").

A maioria dos Pais (97.3% dos pais e 83.4% das mães) considerou importante que os seus filhos lessem com regularidade (cf. Quadro 16). Todas as razões apresentadas receberam uma percentagem muito elevada de respostas afirmativas, sugerindo que os Pais tendem a considerar todas as razões como relevantes. É na dimensão rendimento escolar que as diferenças entre pais e mães são mais expressivas, verificando-se da parte dos pais uma maior preocupação.

QUADRO 16 – Razões que justificam considerar importante a leitura por parte dos filhos (Q19.1)

		Não		Sim	
		N	%	N	%
Ler/passar o tempo	Pai	407	37.0	692	63.0
	Mãe	267	22.4	926	77.6
Adquirir conhecimentos	Pai	118	11.4	920	88.6
	Mãe	253	21.0	939	78.8
Crescer	Pai	313	30.2	725	69.8
	Mãe	245	20.5	948	80.3
Desenvolver a inteligência	Pai	197	17.9	902	82.1
	Mãe	235	19.7	958	80.3
Aumentar a cultura	Pai	264	24.0	834	76.0
	Mãe	215	18.0	978	82.0
Expandir o vocabulário e capacidades de expressão	Pai	173	15.7	926	84.3
	Mãe	236	20.0	943	80.0
Contribuir para o sucesso escolar	Pai	299	27.2	800	72.8
	Mãe	520	53.2	458	46.8
Outros	Pai	815	74.4	280	25.6
	Mãe	417	82.1	91	17.9

No quadro 17 apresenta-se uma síntese das justificações seleccionadas pelos pais quando não consideraram importante que os filhos lessem com regularidade. Saliente-se que o número de Pais que responderam indicando que não atribuíam importância à leitura por parte dos filhos é muito baixa (respectivamente 27 e 21%). Para além da dispersão registada quanto à selecção de razões, a percentagem elevada de selecção da alternativa "outros motivos" parece sugerir que existem outras razões que não foram apontadas no questionário.

QUADRO 17 – Razões que justificam não considerar importante a leitura por parte dos filhos (Q19.2)

		Não		Sim	
		N	%	N	%
É uma actividade aborrecida	Pai	21	77.8	6	22.2
	Mãe	13	61.9	8	38.1
É difícil compreender	Pai	19	70.4	8	29.6
	Mãe	18	81.8	4	18.2
Não dá conhecimentos interessantes	Pai	20	74.1	7	25.9
	Mãe	17	77.3	5	22.7
É muito cansativo, tem de se fazer muito esforço	Pai	17	63.0	10	37.0
	Mãe	18	94.7	1	5.3
Não está habituado/a	Pai	19	70.4	8	29.6
	Mãe	19	90.5	2	9.5
Não tem tempo disponível	Pai	20	74.1	7	25.9
	Mãe	19	100	0	0
Os livros são caros	Pai	18	66.7	9	33.3
	Mãe	16	84.2	3	15.8
Outros motivos	Pai	13	59.1	9	40.9
	Mãe	5	35.7	9	64.3

Como foi referido no primeiro Capítulo, as opiniões quanto às "leituras obrigatórias" dividem-se. Todavia, não conhecemos nenhum estudo que analise a percepção que os alunos têm quanto a este tipo de leitura. Neste estudo tentámos compreender a antecipação que os alunos do Ensino Secundário e dos 2.° e 3.° Ciclos do Ensino Básico fazem sobre o interesse das leituras de cariz obrigatório, incluindo perguntas relativas a expectativas, interesse, grau de dificuldade e tempo requerido. No 2.° Ciclo do Ensino Básico encontramos a maior percentagem de alunos a antecipar que a leitura será interessante (aproximadamente 75%). À medida que avançamos no ano de escolaridade, diminuem as expectativas positivas. Com percentagens que variam entre os 50 e os 60%, segundo o sexo, os alunos dos ciclos/níveis de ensino inquiridos sobre este aspecto, antecipam que esta leitura não será fácil. Registaram-se diferenças significativas em função do sexo dos alunos (cf. Quadro 18).

A maior parte dos alunos não tem a percepção do tempo que irá demorar a ler os livros propostos, provavelmente por falta de hábitos de leitura. Também não antecipa dificuldades de maior na sua leitura. As alternativas seleccionadas para o caso de a leitura não ser obrigatória variam com os níveis de ensino. À medida que se avança na escolaridade aumenta a percentagem de alunos que sugere que lê porque é obrigado, o que é consonante com o decréscimo do gosto pela leitura evidenciado no Quadro 9, nomeadamente nos alunos do sexo masculino.

QUADRO 18 – Expectativas em relação à leitura (Q21)

	Ciclo/ Nível	Sexo	Não		Sim		χ^2	gl	P
			N	%	N	%			
Vai ser fácil	2.°	Masc.	87	54.7	72	45.3	0.01	1	0.89
		Fem.	69	53.9	59	46.1			
	3.°	Masc.	168	61.3	106	38.7	0.526	1	0.39
		Fem.	150	57.7	110	42.3			
	Sec.	Masc.	107	69.0	48	31.0	2.87	1	0.09
		Fem.	107	60.1	71	39.9			
Vou gostar	2.°	Masc.	48	30.2	111	69.8	4.94	1	0.05
		Fem.	24	18.8	104	81.2			
	3.°	Masc.	112	40.9	162	59.1	9.05	1	0.01
		Fem.	74	28.5	186	71.5			
	Sec.	Masc.	84	53.8	72	46.2	5.49	1	0.05
		Fem.	73	41.0	105	59.0			
Vou demorar muito tempo a ler	2.°	Masc.	119	75.3	39	24.7	1.08	1	0.29
		Fem.	103	80.5	25	39.1			
	3.°	Masc.	163	59.5	111	40.5	6.45	1	0.05
		Fem.	182	70.0	78	30.0			
	Sec.	Masc.	95	60.9	61	39.1	4.54	1	0.05
		Fem.	128	71.9	50	28.1			

	Ciclo/ Nível	Sexo	Não		Sim		χ^2	gl	P
			N	%	N	%			
Não vou perceber	2.°	Masc.	132	83.0	27	17.0	3.49	1	0.06
		Fem.	116	90.6	12	9.4			
	3.°	Masc.	219	79.9	55	20.1	0.67	1	0.48
		Fem.	215	82.7	45	17.3			
	Sec.	Masc.	136	87.2	20	12.8	0.58	1	0.45
		Fem.	159	89.8	18	10.2			
Se não fosse obrigado não lia	2.°	Masc.	128	80.5	31	19.5	4.76	1	0.05
		Fem.	115	89.8	13	10.2			
	3.°	Masc.	161	58.8	113	41.2	21.96	1	0.001
		Fem.	202	77.7	58	22.3			
	Sec.	Masc.	85	54.8	70	45.2	9.08	1	0.001
		Fem.	126	70.8	52	29.2			
Antes de começar a ler não tenho nenhuma expectativa	2.°	Masc.	102	64.6	56	35.4	0.129	1	0.72
		Fem.	80	62.5	48	37.5			
	3.°	Masc.	178	65.0	96	35.0	0.131	1	0.72
		Fem.	165	63.5	95	36.5			
	Sec.	Masc.	89	57.1	67	42.9	1.60	1	0.21
		Fem.	113	63.8	64	36.2			

Incentivos à leitura na família e na escola

Percepção genérica de incentivos

A percepção de incentivos recebidos foi avaliada através das respostas à pergunta – "És incentivado a ler?" – que integrava todos os questionários dirigidos aos alunos. Nos questionários dirigidos aos Pais, a formulação da pergunta remetia para os incentivos que eles próprios, enquanto crianças, tinham recebido para que lessem. No quadro 19 apresentam-se os resultados das respostas em todos os grupos.

QUADRO 19 – Percepção de incentivos recebidos para ler*

Ciclo/Nível		Sexo	Não N	Não %	Sim N	Sim %	χ^2	gl	p
Ciclo/Nível	1.º Ciclo	Masc.	10	5.3	178	94.7	1.52	1	0.29
		Fem.	5	2.8	175	97.2			
	2.º Ciclo	Masc.	21	13.0	140	87.0	0.17	1	0.68
		Fem.	19	14.7	110	85.0			
	3.º Ciclo	Masc.	70	24.9	211	75.1	3.99	1	0.05
		Fem.	47	17.9	216	82.1			
	Secundário	Masc.	39	24.8	118	75.2	0.03	1	0.86
		Fem.	46	25.7	133	74.3			
Pais		Pai	576	50.7	560	49.3	134.71	1	0.001
		Mãe	353	44.0	450	56.0			

* 1.º Ciclo do Ensino Básico: Q6; 2.º, 3.º Ciclo do Ensino Básico, Ensino Secundário e Pais: Q3

Em todos os ciclos do Ensino Básico e no Ensino Secundário há uma forte percepção de incentivo à leitura. A percepção de incentivos recebidos decresce à medida que a escolaridade avança. É curioso verificar que uma percentagem relevante de pais incentiva os filhos a ler, embora muitos deles não tenham recebido esse incentivo na infância, o que parece apontar para uma mudança de práticas.

Agentes responsáveis pelo incentivo à leitura

Avaliada a percepção de incentivos recebidos, procurou identificar-se quem eram os agentes que proporcionavam os incentivos à leitura. Elencaram-se familiares (pai, mãe, irmãos, outros familiares), professores e amigos. No quadro 20 apresentam-se os resultados.

Professores e Pais aparecem em todos os ciclos como os principais agentes no incentivo dos alunos à leitura. Apenas no 2.º Ciclo se observam diferenças estatisticamente significativas no que concerne aos incentivos fornecidos pelas mães aos filhos do sexo feminino. À medida que se avança na escolaridade, pais e professores vão perdendo protagonismo em termos de incentivo, crescendo em proporção idêntica a influência dos amigos.

QUADRO 20 – Agentes responsáveis pelos incentivos à leitura por parte dos alunos*

Ciclo/Nível	Agentes	Sexo	Não		Sim		$\chi 2$	gl	p
			N	%	N	%			
1.° Ciclo	Pai	Masc.	54	30.3	124	69.7	0.11	1	0.82
		Fem.	56	32.0	119	68.0			
	Mãe	Masc.	26	14.6	152	85.4	0.31	1	0.64
		Fem.	22	12.6	153	87.4			
	Irmãos	Masc.	125	70.2	53	29.8	0.83	1	0.43
		Fem.	115	65.7	60	34.3			
	Outros familiares	Masc.	101	56.7	77	43.3	0.39	1	0.59
		Fem.	105	60.0	70	40.0			
	Professores	Masc.	11	6.2	167	93.8	0.45	1	0.64
		Fem.	8	4.6	167	95.4			
	Amigos	Masc.	117	65.7	61	34.3	0.32	1	0.57
		Fem.	120	68.6	55	31.4			
	Outros	Masc.	125	70.2	53	29.8	5.71	1	0.05
		Fem.	142	81.1	33	18.9			
2.° Ciclo	Pai	Masc.	51	37.0	87	63.0	.24	1	0.62
		Fem.	37	33.9	72	66.1			
	Mãe	Masc.	37	26.8	101	73.2	6.24	1	0.01
		Fem.	15	13.8	94	86.2			
	Irmãos	Masc.	102	73.9	36	26.1	0.005	1	0.94
		Fem.	81	74.3	28	25.7			
	Outros familiares	Masc.	95	68.8	42	31.2	.38	1	0.54
		Fem.	71	65.1	38	34.9			
	Professores	Masc.	19	13.8	119	86.2	.77	1	0.38
		Fem.	11	10.1	98	89.9			
	Amigos	Masc.	111	80.4	27	19.6	1.41	1	0.24
		Fem.	80	74.1	28	25.9			
	Outros	Masc.	115	89.8	13	10.2	1.56	1	0.21
		Fem.	86	84.3	16	15.7			

Ciclo/Nível	Agentes	Sexo	Não		Sim		χ2	gl	p
			N	%	N	%			
3.° Ciclo	Pai	Masc.	79	37.4	132	62.6	0.02	1	0.88
		Fem.	82	38.1	133	61.9			
	Mãe	Masc.	49	23.2	162	76.8	0.01	1	0.92
		Fem.	49	22.8	166	77.2			
	Irmãos	Masc.	151	71.6	60	28.4	0.00	1	0.99
		Fem.	154	71.6	61	28.4			
	Outros familiares	Masc.	138	65.4	73	34.6	0.07	1	0.79
		Fem.	138	64.2	77	35.8			
	Professores	Masc.	45	21.3	166	78.7	3.47	1	0.06
		Fem.	31	14.4	184	85.6			
	Amigos	Masc.	154	73.0	57	27.0	14.39	1	0.001
		Fem.	119	55.3	96	44.7			
	Outros	Masc.	179	86.5	28	13.5	.27	1	0.61
		Fem.	177	84.7	32	15.3			
Secundário	Pai	Masc.	40	34.2	77	65.8	4.46	1	0.05
		Fem.	63	47.4	70	52.6			
	Mãe	Masc.	45	38.3	71	61.2	1.42	1	0.23
		Fem.	42	31.6	91	68.4			
	Irmãos	Masc.	92	78.6	25	21.4	.00	1	0.93
		Fem.	104	78.2	29	21.8			
	Outros familiares	Masc.	78	67.2	38	32.8	0.63	1	0.43
		Fem.	83	62.4	50	37.6			
	Professores	Masc.	19	16.4	97	83.6	0.39	1	0.53
		Fem.	18	13.5	115	86.5			
	Amigos	Masc.	83	71.6	33	28.4	15.84	1	0.001
		Fem.	62	46.6	714	53.4			
	Outros	Masc.	96	82.8	20	17.2	0.22	1	0.64
		Fem.	107	80.5	26	19.5			

* 1.° Ciclo do Ensino Básico: Q6.1; 2.° e 3.° Ciclos do Ensino Básico e Ensino Secundário: Q3.1.

Os incentivos à leitura percepcionados pelo grupo de Pais apresentam um padrão similar ao dos filhos, considerando terem sido os professores os principais incentivadores à leitura, como pode ser verificado no Quadro 21.

QUADRO 21 – Agentes responsáveis pelos incentivos à leitura percepcionados pelos Pais (Q3.1)

Agentes		Não		Sim	
		N	%	N	%
Pai	Pai	222	39.7	337	60.3
	Mãe	181	43.8	232	56.2
Mãe	Pai	195	34.9	364	65.1
	Mãe	168	40.7	245	59.3
Irmãos	Pai	416	74.4	143	25.6
	Mãe	305	73.8	108	26.2
Outros familiares	Pai	438	78.4	121	21.6
	Mãe	325	78.7	88	21.3
Professores	Pai	113	20.2	446	79.8
	Mãe	92	20.4	358	79.6
Amigos	Pai	432	77.3	127	22.7
	Mãe	338	75.1	112	24.9
Outros	Pai	492	88.0	67	12.0
	Mãe	412	91.6	38	8.4

Tipo de incentivos recebidos

Nos questionários dirigidos aos Pais, aos alunos do 2.° e do 3.° Ciclos do Ensino Básico, bem como nos dirigidos aos alunos do Ensino Secundário foi incluída uma pergunta com o objectivo de identificar o tipo de incentivos recebido. Nas alternativas propostas foram contempladas estratégias que remetiam para incentivos de tipo material e social (ex: receber livros, prémios/recompensas e elogios) e estratégias que remetiam para a valorização da leitura em si mesma.

A oferta de livros e a valorização da leitura pelos pais são os dois incentivos mais referidos pelos alunos de todos os ciclos. Nos 2.° e 3.° Ciclos do Ensino Básico as diferenças entre sexos são estatisticamente significativas. Todavia, se no 2.° Ciclo se regista uma maior percentagem de respostas afirmativas nos alunos do sexo feminino, no 3.° Ciclo, a superioridade regista-se nos alunos do sexo masculino.

QUADRO 22 – Incentivos recebidos pelos alunos (Q3.2)

Ciclo/Nível		Sexo	Não		Sim		$\chi 2$	gl	p
			N	%	N	%			
2.° Ciclo	Oferta de livros	Masc.	53	35.8	95	64.2	13.51	1	.001
		Fem.	17	15.3	94	84.7			
	Elogios	Masc.	110	74.8	37	25.2	.43	1	.51
		Fem.	79	71.2	32	28.8			
	Leitura de livros	Masc.	90	60.8	58	39.2	3.26	1	.07
		Fem.	55	49.5	56	50.5			
	Atribuição de importância à leitura	Masc.	47	31.8	101	68.2	10.36	1	.001
		Fem.	16	14.4	95	85.6			
	Oferta de prémios/ recompensas	Masc.	123	83.1	25	16.9	.91	1	.34
		Fem.	97	87.4	14	12.6			
	Outros	Masc.	101	74.3	35	25.7	1.23	1	.27
		Fem.	82	80.4	20	19.6			
3.° Ciclo	Oferta de livros	Masc.	56	24.6	172	75.4	2.55	1	.11
		Fem.	42	18.4	186	81.6			
	Elogios	Masc.	170	74.6	58	25.4	3.07	1	.08
		Fem.	153	67.1	75	32.9			
	Leitura de livros	Masc.	174	76.3	54	23.7	1.90	1	.17
		Fem.	161	70.6	67	29.4			
	Atribuição de importância à leitura	Masc.	70	30.7	158	69.3	12.42	1	.001
		Fem.	38	16.7	190	83.3			
	Oferta de prémios/ recompensas	Masc.	190	83.3	38	16.7	10.17	1	0.001
		Fem.	212	93.0	16	7.0			
	Outros	Masc.	164	74.2	57	25.8	.003	1	.96
		Fem.	163	74.4	56	25.6			

Ciclo/Nível		Sexo	Não		Sim		χ2	gl	p
			N	%	N	%			
Secundário	Oferta de livros	Masc.	37	32.5	77	67.5	3.69	1	0.06
		Fem.	29	21.6	105	78.4			
	Elogios	Masc.	78	67.2	38	32.8	.02	1	.89
		Fem.	89	66.4	45	33.6			
	Leitura de livros	Masc.	95	81.9	21	18.1	.96	1	.33
		Fem.	103	76.9	31	23.1			
	Atribuição de importância à leitura	Masc.	26	22.4	90	77.6	1.44	1	.23
		Fem.	22	16.4	112	83.6			
	Oferta de prémios/ recompensas	Masc.	107	92.2	9	7.8	.29	1	.59
		Fem.	121	90.3	13	9.7			
	Outros	Masc.	90	77.6	26	22.4	.34	1	.56
		Fem.	108	80.6	26	19.4			

Quando analisamos as percepções dos Pais sobre os incentivos recebidos, verifica-se que a valorização da leitura é o tipo de incentivo que aparece mais vezes invocado, seguido da oferta de livros. Os prémios não fazem parte do repertório de incentivos referidos.

QUADRO 23 – Incentivos que os Pais receberam em crianças (Q3.2)

		Não		Sim	
		N	%	N	%
Oferta de livros	Pai	290	52.1	267	47.9
	Mãe	203	45.6	242	54.4
Elogios	Pai	374	67.1	183	32.9
	Mãe	297	66.7	148	33.3
Leitura de livros	Pai	346	62.1	211	37.9
	Mãe	262	58.9	183	41.1
Atribuição de importância à leitura	Pai	150	269	407	73.1
	Mãe	111	24.9	334	75.1
Oferta de prémios/recompensas	Pai	511	91.7	46	8.3
	Mãe	417	93.7	28	63.0
Outros	Pai	463	83.3	93	16.7
	Mãe	398	89.4	47	10.6

Incentivos proporcionados aos filhos

Além de se analisar os incentivos recebidos pelos Pais na sua infância, pretendeu-se avaliar se os mesmos incentivavam os seus filhos a ler (Q18) e, neste caso, quais as formas de incentivo que utilizavam (Q18.1). Os incentivos enumerados reportavam-se a reforços materiais e sociais (ex: "fazer elogios", "dar prémios/recompensas"), à modelagem de comportamentos (ex: "recomendar livros", "ler-lhes livros", "levá-los à biblioteca") e à valorização da leitura (ex: "falando com eles sobre a importância da leitura").

Quanto à primeira pergunta – Q18 – as respostas dos Pais não apresentam diferenças em função do sexo. Isto é, quer pais, quer mães assumem incentivar à leitura (90.6% e 79.6%, respectivamente).

A apreciação da tendência das respostas dos Pais permite destacar alguns aspectos. "Falar sobre a importância da leitura" é um incentivo mais referenciado pelos pais do que pelas mães. Estas, por sua vez, indicam com maior frequência o elogio como estratégia motivacional. A percentagem de Pais que indica oferecer prémios ou outras recompensas é reduzida, observando-se, contudo, uma maior percentagem de respostas afirmativas no grupo das mães. A leitura de livros é referida por uma percentagem inferior a 39%. Apenas uma pequena percentagem de Pais refere levar os filhos à biblioteca enquanto forma de incentivo à leitura. No que diz respeito à recomendação de livros, cerca de metade dos Pais refere o recurso a esta prática, como podemos verificar pela análise do quadro 24.

QUADRO 24 – Estratégias usadas pelos Pais como incentivo à leitura (Q18.1)

		Não		Sim	
		N	%	N	%
Recomendação de livros	Pai	518	50.4	510	49.6
	Mãe	462	52.6	416	47.4
Elogios	Pai	517	50.3	511	49.7
	Mãe	330	33.6	653	66.4
Diálogo sobre a importância da leitura	Pai	175	17.0	853	83.0
	Mãe	518	52.7	46.4	47.3
Prémios e recompensas	Pai	533	89.4	63	10.6
	Mãe	769	77.0	230	23.0
Leitura de livros	Pai	381	58.7	268	41.3
	Mãe	696	61.0	445	39.0
Visitas à biblioteca	Pai	739	80.5	179	19.5
	Mãe	907	78.5	249	21.5
Outros	Pai	783	77.8	224	22.2
	Mãe	421	35.5	766	64.5

O papel da escola no incentivo à leitura

A apreciação do papel da escola, em particular dos professores, na promoção da leitura, foi contemplada através de um grupo específico de perguntas incluído em todos os questionários, à excepção do destinado aos alunos do 1.° Ciclo. Além da apreciação do papel dos professores enquanto agentes responsáveis pelo incentivo à leitura, analisou-se de que modo a escola era percebida como um contexto promotor da leitura.

Como se depreende da análise do quadro 25, o padrão de respostas encontrado indica que, nos 2.° e 3.° Ciclos do Ensino Básico e no Ensino Secundário, a maioria dos alunos tem a percepção de que a escola favorece o gosto pela leitura. Um mesmo padrão de resposta é observado nos questionários dirigidos aos pais, com 92.8% dos pais e 83.8% das mães a considerar que a escola favorece o gosto pela leitura.

QUADRO 25 – A influência da escola na motivação para a leitura (Q16)

Ciclo	Sexo	Não		Sim		χ2	gl	P
		N	%	N	%			
2.°	Masc.	5	3.1	154	96.9	0.76	1	0.47
	Fem.	2	1.6	127	98.4			
3.°	Masc.	53	18.9	227	81.1	13.67	1	0.001
	Fem.	21	8.0	241	92.0			
Sec.	Masc.	41	26.1	116	73.9	5.62	1	0.05
	Fem.	28	15.6	151	84.4			

As estratégias usadas pela Escola para incentivar a leitura, bem como a valorização atribuída pelos alunos a cada uma delas, podem ser observadas no Quadro 26. Nos 2.° e 3.° Ciclos do Ensino Básico e no Ensino Secundário e em ambos os sexos observa-se um padrão similar de respostas, embora os alunos mais velhos (3.° Ciclo e Secundário) invoquem em maior percentagem argumentos do tipo: "chama a atenção para a importância da leitura na sociedade actual" e "dá a conhecer obras e autores importantes". A percentagem de alunos a considerar que a Escola ensina estratégias eficazes de leitura situa-se nos 50%. Nos "outros factores", cuja especificação não foi pedida, e que recebe cerca de 35% das respostas, poderão estar incluídos os amigos e os professores.

QUADRO 26 – Factores que explicam como a escola, segundo os alunos, favorece a motivação para a leitura (Q16.1)

	Nível/ Ciclo	Sexo	Não		Sim		χ2	gl	p
			N	%	N	%			
Dá a conhecer obras/ autores importantes	2.°	Masc.	46	29.9	108	70.1	15.93	1	0.001
		Fem.	13	10.3	114	89.7			
	3.°	Masc.	23	10.2	203	89.8	0.05	1	0.88
		Fem.	26	10.8	215	89.2			
	Sec.	Masc.	11	9.5	105	90.5	0.09	1	0.84
		Fem.	16	10.6	135	89.4			
Estimula o gosto pela leitura através do estudo	2.°	Masc.	52	33.8	102	66.2	18.20	1	0.001
		Fem.	15	11.9	111	88.1			
	3.°	Masc.	58	25.6	169	74.4	0.48	1	0.52
		Fem.	55	22.8	186	77.2			
	Sec.	Masc.	38	32.8	78	67.2	1.86	1	0.22
		Fem.	38	25.2	113	74.8			
Alerta para a crescente necessidade de ler na sociedade actual	2.°	Masc.	66	42.9	88	57.1	1.83	1	0.18
		Fem.	44	34.9	82	65.1			
	3.°	Masc.	72	31.7	155	68.3	0.53	1	0.48
		Fem.	69	28.6	172	71.4			
	Sec.	Masc.	34	29.3	82	70.7	3.21	1	0.08
		Fem.	30	19.9	121	80.1			
Ensina estratégias eficazes de leitura	2.°	Masc.	70	45.5	84	54.5	0.70	1	0.47
		Fem.	51	40.5	75	59.5			
	3.°	Masc.	99	43.6	128	56.4	0.04	1	0.85
		Fem.	103	42.7	138	57.3			
	Sec.	Masc.	59	51.3	56	48.7	0.00	1	1.00
		Fem.	78	51.7	73	48.3			
Outros	2.°	Masc.	92	66.7	46	33.3	1.66	1	0.23
		Fem.	64	58.7	45	41.3			
	3.°	Masc.	154	68.4	71	31.6	0.12	1	0.77
		Fem.	156	67.0	77	33.0			
	Sec.	Masc.	74	64.9	40	35.1	1.74	1	0.23
		Fem.	108	72.5	41	27.5			

Os Pais consideram também que a escola favorece o gosto pela leitura, invocando maioritariamente as seguintes razões: o estudo estimula o gosto pela leitura; a escola dá a conhecer obras e autores importantes; a Escola alerta para a crescente necessidade de ler na sociedade actual (Quadro 27).

QUADRO 27 – Factores que explicam, segundo os Pais, a motivação para a leitura por parte da Escola (Q16.1)

		Não		Sim	
		N	%	N	%
Dá a conhecer obras/autores importantes	Pai	358	34.9	668	65.1
	Mãe	348	30.2	803	69.8
O estudo estimula o gosto pela leitura	Pai	210	20.2	831	79.8
	Mãe	246	21.4	905	78.6
Alerta para a crescente necessidade de ler na sociedade actual	Pai	280	26.9	761	73.1
	Mãe	469	40.7	682	59.3
Ensina estratégias eficazes de leitura	Pai	501	48.2	539	51.8
	Mãe	715	64.9	387	35.1
Outras razões	Pai	762	73.4	274	26.4
	Mãe	400	80.3	98	19.7

Atendendo ao número reduzido de alunos do 2.° Ciclo a responder que a escola não promove o gosto pela leitura (N=7) não se analisaram os seus resultados. Quanto aos alunos do 3.° Ciclo e do Ensino Secundário, o argumento mais escolhido foi o da falta de interesse das obras (65.3% e 69.1% respectivamente) seguido da não promoção de outras leituras, para além das obrigatórias (56.9% e 56.5%, respectivamente).

QUADRO 28 – Factores que, segundo os alunos, explicam a não motivação para a leitura por parte da Escola (Q16.2)

	Nível/ Ciclo	Sexo	Não		Sim		χ^2	gl	p
			N	%	N	%			
Selecciona obras pouco interessantes	2.°	Masc.	2	40.0	3	60.0	1.12	1	1.00
		Fem.	0	0	2	100			
	3.°	Masc.	20	39.2	31	60.8	1.56	1	0.28
		Fem.	5	23.8	16	76.2			
	Sec.	Masc.	12	30.0	28	70.0	0.04	1	1.00
		Fem.	9	32.0	19	67.9			
Não incentiva os alunos para outras leituras	2.°	Masc.	1	20.0	4	80.0	3.73	1	0.14
		Fem.	2	100	0	0			
	3.°	Masc.	23	45.1	28	54.9	0.30	1	0.61
		Fem.	8	38.1	13	61.9			
	Sec.	Masc.	19	46.3	22	53.7	0.34	1	0.63
		Fem.	11	39.3	17	60.7			
Só promove a leitura de livros de estudo	2.°	Masc.	2	40.0	3	60.0	2.10	1	0.43
		Fem.	2	100	0	0			
	3.°	Masc.	36	70.6	15	29.4	0.01	1	1.00
		Fem.	15	71.4	6	28.6			
	Sec.	Masc.	22	53.7	19	46.3	0.34	1	0.63
		Fem.	17	60.7	11	39.3			
Outros motivos	2.°	Masc.	3	60.0	2	40.0	0.06	1	1.00
		Fem.	1	50.0	1	50.0			
	3.°	Masc.	27	52.9	24	47.1	1.31	1	0.31
		Fem.	8	38.1	13	61.9			
	Sec.	Masc.	22	53.7	19	46.3	0.35	1	0.63
		Fem.	13	46.4	15	53.6			

Também cerca de metade dos Pais considera que, a escola selecciona obras, pouco interessantes e não promove outras leituras (para além das obrigatórias e de estudo).

QUADRO 29 – Factores que, segundo os pais, explicam, a não motivação para a leitura por parte da Escola (Q17.2)

		Não		Sim	
		N	%	N	%
Selecciona obras pouco interessantes	Pai	40	49.3	38	50.7
	Mãe	24	64.9	13	35.1
Não incentiva os alunos para outras leituras	Pai	40	53.3	35	46.7
	Mãe	21	56.8	16	43.2
Só promove a leitura de livros de estudo	Pai	36	48.0	39	52.0
	Mãe	15	40.5	22	59.5
Outros motivos	Pai	44	58.1	31	41.9
	Mãe	32	86.5	5	13.5

Acessibilidade a livros

Livros não escolares existentes em casa

Para a apreciação desta variável, optámos, para o 1.° Ciclo, por uma pergunta a ser respondida através da valoração de uma escala tipo *Likert* de 3 (Q7). Nos restantes ciclos foram propostos intervalos quantitativos de livros (Q6). No 1.° Ciclo a maioria dos alunos (81.6%) refere ter "muitos livros", sendo reduzida a percentagem dos que referem não ter nenhum (1.9%). Nos restantes ciclos de ensino, a distribuição é menos polarizada, como se pode verificar no Quadro 30). À medida que a escolaridade avança, aumenta o número de livros referido, o que pode indicar que, via leitura dos pais, ou via leitura dos filhos, o acervo doméstico vai aumentando. Cerca de 50% dos alunos dos 2.° e 3.° Ciclos possui menos de 21 livros, valor manifestamente baixo se atendermos a que a frequência de Bibliotecas e a requisição de livros para leitura domiciliária registam ainda taxas muito baixas.

QUADRO 30 – Livros não escolares existentes em casa (Q6)

Nível/ Ciclo	Sexo	0-9		10-20		21-40		> 40		χ2	gl	p
		N	%	N	%	N	%	N	%			
2.°	Masc.	36	22.4	41	25.5	41	25.5	43	26.7	2.05	3	0.56
	Fem.	26	20.2	42	32.6	27	20.9	34	26.4			
3.°	Masc.	63	22.5	70	25.0	53	18.9	94	33.6	7.03	3	0.07
	Fem.	39	14.8	70	26.6	67	25.5	87	33.1			
Sec.	Masc.	20	12.7	25	15.9	36	22.9	76	48.4	9.07	3	0.05
	Fem.	19	10.6	53	29.6	38	21.2	69	38.5			

Aquisição de livros

Para a avaliação desta variável, no questionário destinado ao 1.° Ciclo foram incluídas duas perguntas: "os teus pais compram-te livros?" (Q8) e "costumas receber livros como prenda?" (Q9). Nos outros ciclos do Ensino Básico e no Ensino Secundário os alunos foram inquiridos sobre se compravam livros para si (Q7).

No questionário destinado aos pais foram introduzidas três perguntas. Uma primeira, mais genérica, sobre a compra ou não de livros (Q6) e outras duas em que, havendo resposta afirmativa à primeira, eram identificados os destinatários dos livros (eles próprios ou os filhos – Q7 e Q8).

Como podemos verificar através da análise do Quadro 31, a maioria dos alunos do 1.° Ciclo refere que os pais lhe compram livros e que recebe livros como prenda, o que mostra a valorização do objecto livro enquanto bem de consumo.

QUADRO 31 – Hábitos de compra/ Oferta de livros a alunos do 1.° Ciclo

	Sexo	Não		Sim		χ2	gl	p
		N	%	N	%			
Compra de livros pelos pais (Q8)	Masc.	35	18.6	153	81.4	17.90	1	0.001
	Fem.	8	4.4	172	95.6			
Obtenção de livros como prenda (Q9)	Masc.	47	25.0	141	75.0	5.72	1	0.05
	Fem.	27	15.0	153	85.0			

A análise do quadro 32 mostra que são os alunos do 2.° Ciclo quem compra mais livros, reduzindo-se essa percentagem até ao Ensino Secundário. Em todos os ciclos do Ensino Básico e no Ensino Secundário as raparigas compram mais livros que os rapazes, sendo a diferença sempre estatisticamente significativa.

QUADRO 32 – Hábitos de compra de livros por parte dos alunos do 2.° e do 3.° Ciclos do Ensino Básico e do Ensino Secundário (Q7)

Nível/ Ciclo	Sexo	Não		Sim		χ^2	gl	p
		N	%	N	%			
2.°	Masc.	69	43.4	90	56.6	9.88	1	0.001
	Fem.	33	25.6	96	74.4			
3.°	Masc.	170	60.7	110	39.3	46.33	1	0.001
	Fem.	83	31.6	180	68.4			
Sec.	Masc.	100	63.7	57	36.3	21.16	1	0.001
	Fem.	69	38.5	110	61.5			

No que concerne à compra de livros por parte dos Pais, verifica-se que 54% deles refere não comprar livros. Quando a compra acontece, esta é efectuada maioritariamente pelas mães, tendo os filhos como destinatários (cf. Quadros 33 e 34). Note-se que cerca de 25% dos Pais refere ter a compra de livros uma periodicidade mensal, periodicidade que consideramos bastante elevada tendo em conta o meio social em que o estudo se desenvolveu.

QUADRO 33 – Hábitos de compra de livros por parte dos pais e das mães

		Não		Sim	
		N	%	N	%
Comprar livros habitualmente (Q6)	Pai	442	39.0	690	61.0
	Mãe	432	35.2	796	64.8
Compra livros para si (Q7)	Pai	848	75.0	283	25.0
	Mãe	771	62.7	458	37.3
Compra livros para os filhos (Q8)	Pai	303	268	828	73.2
	Mãe	226	18.4	1001	81.6

Hábitos na aquisição de livros

Além de se procurar saber se os participantes compravam livros, foi incluída uma questão que precisasse a frequência com que o faziam. A percentagem de alunos que refere comprar livros "todos os meses" é pequena, diminuindo ao longo do 2.° e 3.° Ciclos do Ensino Básico e do Ensino Secundário. Os alunos do 2.° Ciclo são os que, em maior percentagem, referem comprar livros "todos os meses". No 3.° Ciclo e no Ensino Secundário uma percentagem considerável de alunos afirma que "nunca" compra livros. Esta resposta é mais frequente nos alunos do sexo masculino, verificando-se que a diferença é estatisticamente significativa.

Cerca de metade dos pais (53%) e das mães (55.3%) refere que "nunca" compra livros. Os que compram, 22.7% e 23%, respectivamente, indicam comprar "várias vezes por ano". Aproximadamente um quarto dos pais (24.1%) e das mães (28.4%) afirma comprar livros "todos os meses".

QUADRO 34 – Frequência com que os alunos compram livros (Q8)

Nível/ Ciclo	Sexo	Todos os meses		Várias vezes por ano		Raramente		$\chi 2$	gl	p
		N	%	N	%	N	%			
2.°	Masc.	35	21.7	89	55.3	37	23.0	3.42	2	0.18
	Fem.	18	14.0	83	64.3	28	21.7			
3.°	Masc.	32	11.6	125	45.1	120	43.3	16.55	2	0.001
	Fem.	41	15.6	152	57.8	70	26.6			
Sec.	Masc.	16	10.3	66	42.3	74	47.4	7.49	2	0.05
	Fem.	9	5.0	100	55.9	70	39.1			

Locais de compra de livros, revistas ou jornais

Elencaram-se vários contextos de aquisição de livros (Q13-Pais; Q12-restantes). Os locais mais frequentes são as livrarias, as papelarias e os hipermercados. Com excepção dos alunos do 2.° Ciclo, as diferenças entre sexos no que respeita aos locais de aquisição de livros são sempre estatisticamente significativas (cf. Quadro 35).

QUADRO 35 – Locais de compra dos alunos (Q12)

	Nível/ Ciclo	Sexo	Não		Sim		χ2	gl	p
			N	%	N	%			
Livrarias	2.°	Masc.	55	34.6	104	65.4	1.73	1	0.20
		Fem.	35	27.3	93	72.7			
	3.°	Masc.	107	38.4	172	61.6	46.08	1	0.001
		Fem.	33	12.7	227	87.3			
	Sec.	Masc.	64	41.0	92	59.0	14.49	1	0.001
		Fem.	39	21.8	140	78.2			
Bombas de gasolina	2.°	Masc.	131	82.4	28	17.6	3.22	1	0.09
		Fem.	115	89.8	13	10.2			
	3.°	Masc.	211	75.6	68	24.4	5.05	1	0.05
		Fem.	217	83.5	43	16.5			
	Sec.	Masc.	104	66.7	52	33.3	18.87	1	0.001
		Fem.	155	86.6	24	13.4			
Papelarias	2.°	Masc.	93	58.5	66	41.5	10.71	1	0.001
		Fem.	50	39.1	78	60.9			
	3.°	Masc.	145	52.0	134	48.0	26.79	1	0.001
		Fem.	78	30	182	70			
	Sec.	Masc.	74	47.4	82	52.6	4.25	1	0.05
		Fem.	65	36.3	114	63.7			
Cafés	2.°	Masc.	127	79.9	32	20.1	0.69	1	0.41
		Fem.	97	75.8	31	24.2			
	3.°	Masc.	195	69.9	84	30.1	5.64	1	0.05
		Fem.	205	78.8	55	21.2			
	Sec.	Masc.	109	69.9	47	30.1	2.63	1	0.13
		Fem.	139	77.7	40	22.3			
Hipermercados	2.°	Masc.	98	61.6	61	38.4	2.94	1	0.09
		Fem.	66	51.6	62	48.4			
	3.°	Masc.	166	59.5	113	40.5	22.96	1	0.001
		Fem.	101	38.8	159	61.2			
	Sec.	Masc.	86	55.1	70	44.9	14.99	1	0.001
		Fem.	61	34.1	118	65.9			

	Nível/ Ciclo	Sexo	Não		Sim		$\chi 2$	gl	p
			N	%	N	%			
Outros	2.°	Masc.	104	70.7	43	29.3	0.01	1	1.00
		Fem.	79	71.2	32	28.8			
	3.°	Masc.	193	71.0	79	29.0	0.34	1	0.63
		Fem.	186	73.2	68	26.8			
	Sec.	Masc.	114	73.1	42	26.9	0.24	1	0.70
		Fem.	135	75.4	44	24.6			

Verifica-se também que um número considerável de participantes compra livros e outros materiais de leitura em cafés e postos de abastecimento de combustíveis, sendo os alunos do sexo masculino e os do 3.° Ciclo e os do Ensino Secundário aqueles que manifestam uma preferência mais marcada por estes contextos de aquisição.

Uma vez que esta questão incluía a aquisição de livros e de revistas, não é possível saber se existe uma relação entre o tipo de suporte e o local onde se efectua a compra. Em estudos posteriores seria interessante separar a compra de livros da aquisição de revistas/jornais. O mesmo padrão se observa nas respostas dos pais e das mães, sendo os locais onde fazem preferencialmente as suas compras as livrarias (45 e 53.8% respectivamente), as papelarias (41.1 e 46.3%) e os hipermercados (46 e 62.2%).

Requisição de livros em bibliotecas

Dada a existência de Bibliotecas Escolares e Públicas na área de influência das Escolas onde o estudo se desenvolveu, interessava-nos considerar também como indicador de hábitos de leitura a requisição de livros em Bibliotecas. Assim sendo, nos inquéritos destinados aos Pais e nos destinados aos alunos dos 2.° e 3.° Ciclos do Ensino Básico e aos do Ensino Secundário foram incluídas perguntas nesse sentido (Q11 e Q11.1 para os alunos e Q12 e Q12.1 para os Pais).

No que concerne aos alunos, são os mais novos e os do sexo feminino os que apresentam as taxas de requisição mais elevadas (cf. Quadros 36 e 37). Em qualquer dos níveis de ensino analisados, a taxa de requisição dos alunos é muito superior à dos Pais, cuja média não ultrapassa os 11%.

QUADRO 36 – Requisição de livros em bibliotecas (Q11)

Nível/ Ciclo	Sexo	Não		Sim		χ2	gl	p
		N	%	N	%			
2.°	Masc.	58	36.0	103	64.0	16.66	1	0.001
	Fem.	19	14.7	110	85.3			
3.°	Masc.	158	56.4	122	43.6	12.53	1	0.001
	Fem.	108	41.2	154	58.8			
Sec.	Masc.	96	61.1	61	38.9	18.96	1	0.001
	Fem.	66	37.3	111	62.7			

QUADRO 37 – Frequência na requisição de livros (Q11.1)

Nível/ Ciclo	Sexo	Todas as semanas		Todos os meses		Várias vezes por ano		Raramente		χ2	gl	p
		N	%	N	%	N	%	N	%			
2.°	Masc.	11	10.5	28	26.7	45	42.9	21	20.0	7.01	3	0.07
	Fem.	21	19.1	37	33.6	40	36.4	12	10.9			
3.°	Masc.	7	5.6	27	21.8	67	54.0	23	18.5	4.73	3	0.19
	Fem.	13	8.3	41	26.1	87	55.4	16	10.2			
Sec.	Masc.	3	4.8	13	21.0	32	51.6	14	22.6	3.07	3	0.38
	Fem.	4	3.5	21	18.4	73	64.0	16	14.0			

A quem pertencem os livros que são lidos

Os dados registados nos quadros anteriores são compatíveis com os encontrados quando se analisa a pertença dos livros que os alunos referem ler. Os alunos foram ainda questionados sobre a proveniência dos livros que liam (cf. Quadro 38). Deste modo, indirectamente, procurou-se verificar se a leitura de livros de bibliotecas tinha uma percentagem expressiva. Das alternativas propostas, verifica-se que a maioria dos livros que as crianças lêem é sua, seguindo-se os da escola, de uma biblioteca e de irmãos. Este dado é compatível com a socialização da leitura referida por Delcours e descrita no primeiro capítulo deste livro. A percentagem de livros que pertencem a amigos é consideravelmente elevada.

QUADRO 38 – Proveniência dos livros lidos (Q15)

	Sexo	Não		Sim		$\chi 2$	gl	p
		N	%	N	%			
Meus	Masc.	12	6.4	176	93.6	0.67	1	0.49
	Fem.	8	4.4	172	95.6			
De amigos	Masc.	128	68.1	60	31.9	0.08	1	0.82
	Fem.	120	66.7	60	33.3			
De irmãos	Masc.	108	57.4	80	42.6	0.63	1	0.46
	Fem.	96	53.3	84	46.7			
Da escola	Masc.	75	39.9	113	60.1	0.94	1	0.39
	Fem.	63	35.0	117	65.0			
De uma biblioteca	Masc.	109	58.0	79	42.0	0.22	1	0.67
	Fem.	100	55.6	80	44.4			

Práticas de leitura

Preferências de leitura

Nas práticas de leitura foram apreciados diferentes aspectos. Um primeiro prendeu-se com as preferências de leitura. No 1.° Ciclo apresentou-se uma listagem mais reduzida de alternativas. Nos restantes ciclos do Ensino Básico e no Ensino Secundário a formulação foi idêntica, procurando-se apresentar vários tipos de textos.

A percentagem de respostas afirmativas (cf. Quadro 39) indica que os alunos do 1.° Ciclo tendem a apreciar diferentes tipos de textos. A poesia e os textos de ficção científica são os menos escolhidos. Verificam-se diferenças entre sexos, com as alunas a manifestarem um maior interesse pela narrativa, pela poesia e pela banda desenhada. Nas restantes categorias não existem diferenças. Poesia e ficção científica são os textos que recebem menos escolhas. Registe-se a elevada percentagem de livros de aventuras e de divulgação com cariz informativo, os quais, paradoxalmente, aparecem muito pouco representados nos manuais escolares.

QUADRO 39 -Preferências de leitura no 1.° Ciclo (Q10)

	Sexo	Não		Sim		χ2	gl	p
		N	%	N	%			
Narrativas	Masc. Fem.	46 25	24.5 13.9	142 155	75.5 86.1	6.61	1	0.01
Poesia	Masc. Fem.	105 71	55.9 39.4	83 109	44.1 60.6	9.92	1	0.001
Livros de aventura	Masc. Fem.	34 30	18.1 16.7	154 150	81.9 83.3	0.13	1	0.78
Ficção científica	Masc. Fem.	108 135	57.4 75.0	80 45	42.6 25.0	12.63	1	0.001
Banda desenhada	Masc. Fem.	53 33	28.2 18.3	135 147	71.8 81.7	4.99	1	0.05
Livros de divulgação	Masc. Fem.	36 38	19.1 21.1	152 142	80.9 78.9	0.22	1	0.70

Como poderemos verificar através do quadro 40, a partir do 2.° Ciclo, os interesses dos alunos quanto aos diferentes géneros textuais distribuem-se do seguinte modo:

- Os livros de aventuras são os que geram as maiores taxas de preferência.
- A preferência por romances aumenta ao longo dos 2.° e 3.° Ciclos do Ensino Básico e do Ensino Secundário, nomeadamente nos leitores do sexo feminino.
- Os ensaios, as biografias e as fotonovelas constituem os grupos de textos onde se registam as preferências mais baixas em todos os ciclos e níveis de ensino considerados. A narrativa policial recebe a preferência de cerca de 50% dos inquiridos, com predomínio dos leitores do sexo masculino.
- No que concerne à poesia verifica-se nos ciclos e níveis de ensino em apreço, uma diferença clara em função do sexo dos inquiridos, com clara superioridade dos leitores do sexo feminino.
- Os livros de ficção e os livros científicos e técnicos são referidos por uma percentagem elevada de alunos, aumentando a preferência por estes textos ao longo da escolaridade.
- A preferência pela banda desenhada diminui à medida que se avança na escolaridade. No 3.° Ciclo e no Ensino Secundário registam-se

diferenças estatisticamente significativas a favor dos leitores do sexo masculino.

– A leitura de jornais e de revistas integra o repertório de leituras de uma elevada percentagem de inquiridos, sendo na leitura de revistas que os leitores do sexo feminino se distanciam de forma estatisticamente significativa dos leitores do sexo masculino.

Quadro 40 – Preferências de leitura nos 2.° e 3.° Ciclos do Ensino Básico e no Ensino Secundário (Q15)

	Nível/ Ciclo	Sexo	Não		Sim		χ^2	gl	p
			N	%	N	%			
Romances	2.°	Masc.	142	89.3	17	10.7	30.03	1	0.001
		Fem.	80	62.0	49	38.0			
	3.°	Masc.	221	79.2	58	20.8	92.78	1	0.001
		Fem.	100	38.5	160	61.5			
	Sec.	Masc.	98	62.4	59	37.6	80.22	1	0.001
		Fem.	27	15.1	152	84.9			
Ensaios	2.°	Masc.	155	96.9	5	3.1	3.98	1	0.07
		Fem.	118	91.5	11	8.5			
	3.°	Masc.	269	95.7	12	4.3	3.93	1	0.05
		Fem.	240	91.6	22	8.4			
	Sec.	Masc.	143	91.1	14	8.9	2.70	1	0.12
		Fem.	171	95.5	8	4.5			
Policiais	2.°	Masc.	70	43.8	90	56.3	12.15	1	0.001
		Fem.	83	64.3	46	35.7			
	3.°	Masc.	118	42.0	163	58.0	12.63	1	0.00
		Fem.	150	57.3	112	42.7			
	Sec.	Masc.	68	43.9	87	56.1	0.66	1	0.44
		Fem.	86	48.3	92	51.7			
Biografias	2.°	Masc.	143	89.4	17	10.6	6.67	1	0.01
		Fem.	101	78.3	28	21.7			
	3.°	Masc.	258	91.8	23	8.2	3.31	1	0.07
		Fem.	228	87.0	34	13.0			
	Sec.	Masc.	128	82.1	28	17.9	0.32	1	0.57
		Fem.	151	84.4	28	15.6			

	Nível/ Ciclo	Sexo	Não		Sim		$\chi 2$	gl	p
			N	%	N	%			
Poesia	2.°	Masc.	114	71.3	46	28.8	30.72	1	0.001
		Fem.	50	38.8	79	61.2			
	3.°	Masc.	227	80.8	54	19.2	36.41	1	0.001
		Fem.	149	56.9	113	43.1			
	Sec.	Masc.	127	81.4	29	18.6	36.55	1	0.001
		Fem.	89	49.7	90	50.3			
Aventura	2.°	Masc.	34	21.3	126	78.8	8.79	1	0.001
		Fem.	11	8.5	118	91.5			
	3.°	Masc.	68	24.2	213	75.8	2.09	1	0.18
		Fem.	50	19.1	212	80.9			
	Sec.	Masc.	62	39.5	95	60.5	2.47	1	0.14
		Fem.	56	31.3	123	68.7			
Ficção científica	2.°	Masc.	105	65.6	55	34.4	3.11	1	0.09
		Fem.	97	75.2	32	24.8			
	3.°	Masc.	141	50.2	140	49.8	3.03	1	0.09
		Fem.	151	57.6	111	42.4			
	Sec.	Masc.	75	48.1	81	51.9	3.00	1	0.10
		Fem.	103	57.5	76	42.5			
Banda Desenhada	2.°	Masc.	60	37.5	100	62.5	0.00	1	1.00
		Fem.	48	37.2	81	62.8			
	3.°	Masc.	119	42.3	162	57.7	19.02	1	0.001
		Fem.	160	61.1	102	38.9			
	Sec.	Masc.	83	52.9	74	47.1	12.98	1	0.001
		Fem.	128	71.9	50	28.1			
Fotonovelas	2.°	Masc.	144	90	16	10.0	37.97	1	0.001
		Fem.	76	58.9	53	41.1			
	3.°	Masc.	247	87.9	34	12.1	37.01	1	0.001
		Fem.	173	66.0	89	34.0			
	Sec.	Masc.	143	91.1	14	8.9	30.54	1	0.001
		Fem.	118	65.9	61	34.1			

	Nível/ Ciclo	Sexo	Não		Sim		χ2	gl	p
			N	%	N	%			
Textos científicos/ técnicos	2.°	Masc.	128	80.0	32	20.0	1.83	1	0.18
		Fem.	111	86.0	18	14.0			
	3.°	Masc.	196	69.8	85	30.2	11.93	1	0.001
		Fem.	216	82.4	46	17.6			
	Sec.	Masc.	104	66.2	53	33.8	1.61	1	0.20
		Fem.	130	72.6	49	27.4			
Jornais	2.°	Masc.	75	46.9	85	53.1	0.04	1	0.91
		Fem.	59	45.7	70	54.3			
	3.°	Masc.	84	29.9	197	70.1	5.33	1	0.05
		Fem.	103	39.3	159	60.7			
	Sec.	Masc.	42	26.8	115	73.2	2.11	1	0.16
		Fem.	61	34.1	118	65.9			
Revistas	2.°	Masc.	65	40.6	95	59.4	23.23	1	0.001
		Fem.	19	14.7	110	85.3			
	3.°	Masc.	77	27.4	204	72.6	17.35	1	0.001
		Fem.	34	13.0	228	87.0			
	Sec.	Masc.	37	23.6	120	76.4	11.15	1	0.001
		Fem.	18	10.1	161	89.9			
Outros	2.°	Masc.	110	75.3	36	24.7	0.56	1	0.48
		Fem.	79	71.2	32	28.8			
	3.°	Masc.	216	77.4	63	22.6	0.12	1	0.76
		Fem.	195	76.2	61	23.8			
	Sec.	Masc.	109	69.4	48	30.6	1.82	1	0.22
		Fem.	136	76.0	43	24.0			

No que diz respeito aos Pais, os padrões de interesse são diferentes dos filhos, com as preferências de leitura claramente dirigidas para os jornais e as revistas. Relativamente a ambos os suportes os pais lêem-nos mais do que as mães. No entanto, a percentagem de mães com respostas afirmativas na categoria "outros", pode sugerir a presença de outros tipos de textos não contemplados nas alternativas fornecidas no questionário.

QUADRO 41 – Preferências de leitura dos Pais dos alunos dos 2.° e 3.° Ciclos do Ensino Básico e do Ensino Secundário (Q16)

		Não		Sim	
		N	%	N	%
Romances	Pai	833	74.2	289	25.8
	Mãe	734	69.0	329	31.0
Ensaios	Pai	875	78.8	235	21.2
	Mãe	938	88.2	125	11.8
Policiais	Pai	867	78.2	242	21.8
	Mãe	857	80.6	206	19.4
Biografias	Pai	949	85.5	161	14.5
	Mãe	830	71.3	334	28.7
Poesia	Pai	877	79.0	233	21.0
	Mãe	775	66.6	389	33.4
Livros de aventura	Pai	760	67.7	362	32.3
	Mãe	858	73.6	307	26.4
Ficção científica	Pai	1001	89.3	120	10.7
	Mãe	980	82.3	211	17.7
Banda desenhada	Pai	851	75.9	270	24.1
	Mãe	818	67.6	392	32.4
Fotonovelas	Pai	1015	90.6	105	9.4
	Mãe	969	80.1	241	19.9
Textos científicos/técnicos	Pai	800	71.4	321	28.6
	Mãe	646	527	579	47.3
Jornais	Pai	143	12.8	978	87.2
	Mãe	266	21.7	959	78.3
Revistas	Pai	353	31.5	768	68.5
	Mãe	620	50.6	605	49.4
Outros	Pai	909	81.1	212	18.9
	Mãe	469	38.4	742	61.6

Critérios de selecção na compra de livros

Uma vez analisadas as preferências por diferentes tipos de textos, procurou-se especificar também quais os critérios que influenciam a aquisição de livros. Estes critérios reportam-se a factores de natureza interpessoal, incluindo-se, aqui, a escolha como resultado da influência de outros ("amigo", "familiar"), aspectos relacionados com as características do livro (título, autor, atribuição de um prémio literário, integração na lista dos mais vendidos, preço e tamanho) e ausência de critérios.

Factores como "acaso", "tamanho", "preço", "autor premiado" ou "integração em listas dos mais vendidos" não constituem critérios de compra para cerca de 70% dos inquiridos. O título do livro é o critério em que a percentagem de respostas afirmativas é mais elevada. À semelhança dos resultados encontrados noutros estudos, descritos no primeiro capítulo deste livro, a sugestão de leitura recebida de amigos ou familiares é um dos critérios que recebe também elevada percentagem de respostas afirmativas.

QUADRO 42 – Critérios usados pelos alunos na compra de livros (Q 14)

	Nível/ Ciclo	Sexo	Não		Sim		χ^2	gl	p
			N	%	N	%			
Ao acaso	2.°	Masc.	131	81.9	29	18.1	0.12	1	0.76
		Fem.	106	83.5	21	16.5			
	3.°	Masc.	230	82.4	49	17.6	2.48	1	0.12
		Fem.	227	87.3	33	12.7			
	Sec.	Masc.	127	81.4	29	18.6	0.03	1	0.89
		Fem.	147	82.1	32	17.9			
Pelo autor	2.°	Masc.	117	73.1	43	26.9	4.46	1	0.05
		Fem.	78	61.4	49	38.6			
	3.°	Masc.	185	66.1	95	33.9	19.00	1	0.001
		Fem.	124	47.5	137	52.5			
	Sec.	Masc.	93	59.6	63	40.4	14.82	1	0.001
		Fem.	69	38.5	110	61.5			

	Nível/ Ciclo	Sexo	Não		Sim		$\chi 2$	gl	p
			N	%	N	%			
Por indicação de um amigo	2.°	Masc.	115	71.9	45	28.1	7.19	1	0.01
		Fem.	72	56.7	55	43.3			
	3.°	Masc.	132	47.1	148	52.9	23.85	1	0.001
		Fem.	70	26.8	191	73.2			
	Sec.	Masc	72	46.2	84	53.8	23.48	1	0.001
		Fem.	38	21.2	141	78.8			
Por indicação de um familiar	2.°	Masc.	110	68.8	50	31.3	6.27	1	0.01
		Fem.	69	54.3	58	45.7			
	3.°	Masc.	154	55.0	126	45.0	15.10	1	0.001
		Fem.	100	38.3	161	61.7			
	Sec.	Masc.	89	57.1	67	42.9	5.24	1	0.05
		Fem.	79	44.4	99	55.6			
Pelo título	2.°	Masc.	66	41.3	94	58.8	5.15	1	0.05
		Fem.	36	28.3	91	71.7			
	3.°	Masc.	116	41.4	164	58.6	20.93	1	0.001
		Fem.	60	23.0	201	77.0			
	Sec.	Masc.	75	48.1	81	51.9	28.13	1	0.001
		Fem.	37	20.7	142	79.3			
Pelo tamanho	2.°	Masc.	134	83.8	26	16.3	3.63	1	0.08
		Fem.	116	91.3	11	8.7			
	3.°	Masc.	211	75.4	69	24.6	2.30	1	0.15
		Fem.	210	80.8	50	19.2			
	Sec.	Masc.	121	77.6	35	22.4	0.24	1	0.69
		Fem.	142	79.8	36	20.2			
Pelo preço	2.°	Masc.	129	80.6	31	19.4	4.31	1	0.05
		Fem.	89	70.1	38	29.9			
	3.°	Masc.	209	74.6	71	25.4	0.00	1	0.99
		Fem.	195	74.7	66	25.3			
	Sec.	Masc.	114	73.1	42	26.9	0.14	1	0.71
		Fem.	134	74.9	45	25.1			

	Nível/ Ciclo	Sexo	Não		Sim		χ2	gl	p
			N	%	N	%			
Pela atribuição de prémio literário	2.º	Masc.	137	85.6	23	14.4	0.71	1	0.48
		Fem.	113	89.0	14	11.0			
	3.º	Masc.	243	86.8	37	13.2	0.22	1	0.70
		Fem.	230	88.1	31	11.9			
	Sec.	Masc.	130	83.3	26	16.7	0.29	1	0.65
		Fem.	153	85.5	26	14.5			
Por estar na lista dos mais vendidos	2.º	Masc.	132	82.5	28	17.5	0.33	1	0.63
		Fem.	108	85.0	19	15.0			
	3.º	Masc.	217	77.5	63	22.5	0.31	1	0.61
		Fem.	197	75.5	64	24.5			
	Sec.	Masc.	116	74.4	40	25.6	2.82	1	0.10
		Fem.	118	65.9	61	34.1			
Outros	2.º	Masc.	107	72.8	40	27.2	0.92	1	0.34
		Fem.	74	67.3	36	32.7			
	3.º	Masc.	199	71.8	78	28.2	0.26	1	0.63
		Fem.	176	69.8	76	30.2			
	Sec.	Masc.	112	71.8	44	28.2	0.16	1	0.69
		Fem.	125	69.8	54	30.2			

Os critérios mais referenciados pelos Pais para a compra de livros incluem os títulos dos mesmos e o seu preço. Em ambos os casos, a percentagem de respostas afirmativas é superior por parte das mães. Os critérios menos escolhidos são, à semelhança do padrão registado nas respostas dos filhos, o facto do autor ter recebido um prémio literário, o tamanho e integração na lista dos mais vendidos.

QUADRO 43 – Critérios para a compra de livros por parte dos pais (Q15)

		Não		Sim	
		N	%	N	%
Ao acaso	Pai	843	76.1	265	23.9
	Mãe	930	76.6	284	23.4
Pelo autor	Pai	745	67.2	363	32.8
	Mãe	767	63.2	447	36.8
Por indicação de um amigo	Pai	833	75.2	275	24.8
	Mãe	820	67.5	394	32.5
Por indicação de familiares	Pai	801	72.4	307	27.7
	Mãe	825	68	389	32.0
Pelo título	Pai	677	61.1	431	38.9
	Mãe	634	52.3	579	47.7
Pelo tamanho	Pai	1032	93.1	76	6.9
	Mãe	1139	93.9	74	6.1
Pelo preço	Pai	760	68.6	348	31.4
	Mãe	722	59.5	491	40.5
Pela atribuição de prémio literário	Pai	1004	90.7	103	9.3
	Mãe	1095	90.3	118	9.7
Por estar na lista dos maisvendidos	Pai	979	88.4	129	11.6
	Mãe	886	84.0	169	16.0
Outros	Pai	869	78.4	239	21.6
	Mãe	629	59.0	434	40.8

Tempo de leitura de livros durante a semana

O tempo médio de leitura de livros foi outra das variáveis usadas para caracterizar as práticas de leitura dos Pais e dos alunos a partir do 2.° Ciclo.

A apreciação dos tempos médios de leitura semanal por parte dos alunos revela a existência de diferenças entre sexos. De destacar a elevada percentagem de alunos do sexo masculino (51.6%) que integra o intervalo mais baixo de tempo de leitura (entre 0 e 30' por semana), percentagem que aumenta ao longo da escolaridade, revelando que o tempo de leitura decresce à medida que a escolaridade aumenta. Nos inquiridos do sexo feminino a percentagem é substantivamente inferior, mantendo-se estável nos dois ciclos do Ensino Básico e no Ensino Secundário. Já no intervalo entre os 30 a 120 minutos, as maiores percentagens são observadas nos leitores do sexo masculino aumentando este valor do 2.° Ciclo até ao Ensino Secundário.

Só uma percentagem reduzida de alunos refere hábitos de leitura superiores a 4 horas semanais, percentagem liderada pelos alunos do sexo feminino, e que também sofre um decréscimo ao longo da escolaridade.

QUADRO 44 – Tempo dispendido pelos alunos
na leiturade livros numa semana (Q9)

Nível/ Ciclo	Sexo	0-30'		30-120'		120-240'		>240'		$\chi 2$	gl	p
		N	%	N	%	N	%	N	%			
2.°	Masc.	82	51.6	55	34.6	13	8.2	9	5.7	8.16	3	0.05
	Fem.	47	36.4	51	39.5	19	14.7	12	9.3			
3.°	Masc.	179	64.6	69	24.9	20	7.2	9	3.2	41.44	3	0.001
	Fem.	98	37.8	118	45.6	21	8.1	22	8.5			
Sec.	Masc.	105	68.6	32	20.9	10	6.5	6	3.9	36.25	3	0.001
	Fem.	64	35.8	84	46.9	20	11.2	11	6.1			

No que concerne aos Pais, os tempos de leitura semanais situam-se maioritariamente no intervalo ente os 0 e os 30 minutos, sendo também reduzida a percentagem de Pais que, semanalmente, dedica à leitura mais de 4 horas.

QUADRO 45 – Tempo dispendido pelos Pais
na leitura de livros numa semana (Q10)

	Pai		Mãe	
	N	%	N	%
0 a 30'	736	67.0	744	62.3
30 a 120'	271	24.7	330	27.6
120 a 240'	54	4.9	72	6.0
> 240'	37	3.4	49	4.1

Número de livros lidos por ano

No quadro 46 podemos observar os dados relativos ao número de livros lidas anualmente pelos alunos a partir do 2.° Ciclo. A percentagem de alunos que refere ler entre 0 e 2 livros por ano é muito reduzida. É no 2.° Ciclo que encontramos a maior percentagem de leitores que afirma ler mais de 12 livros por ano, registando-se um decréscimo muito acentuado (cerca de 50%) na transição para o 3.° Ciclo.

QUADRO 46 – Número médio de livros lidos pelos alunos durante um ano (Q10)

Nível/ Ciclo	Sexo	0-2		3-6		7-12		>12		χ2	gl	p
		N	%	N	%	N	%	N	%			
2.°	Masc.	4	3.1	44	33.6	55	42.0	28	21.4	2.36	3	0.50
	Fem.	3	3.1	24	25.0	49	51.0	20	20.8			
3.°	Masc.	23	9.1	100	39.5	100	39.5	30	11.9	26.98	3	0.001
	Fem.	7	3.0	56	24.0	120	51.5	50	21.5			
Sec.	Masc.	24	15.9	59	39.1	54	35.8	14	9.3	25.96	3	0.001
	Fem.	8	4.7	40	23.5	97	57.1	25	14.7			

Uma percentagem elevada de Pais refere ler apenas até dois livros por ano, sendo muito reduzido o número dos que lê mais de 12 livros por ano.

QUADRO 47 – Número de livros lidos pelos pais e pelas mães durante um ano (Q11)

	Pai		Mãe	
	N	%	N	%
0-2	752	63.7	792	65.1
3 a 6	167	16.4	272	22.3
7 a 12	58	5.7	83	6.8
> 12	44	4.3	71	5.8

A leitura de jornais e de revistas

Para a caracterização do padrão de leitura de jornais e de revistas, começou-se por apresentar uma pergunta genérica em que era solicitado aos participantes que indicassem se liam jornais e revistas e que os identificassem. No caso da resposta a esta pergunta ser afirmativa, seguiam-se duas outras que remetiam para a frequência e duração de leitura no período de uma semana.

Verifica-se uma percentagem elevada de alunos que lê jornais e revistas (cf. Quadro 48), que aumenta em função dos níveis de escolaridade frequentados, confirmando a tendência geral demonstrada no estudo LP-2007. No Ensino Secundário, a percentagem de alunos que não lê jornais é praticamente residual.

No que respeita aos Pais o padrão de resposta é similar ao observado nos alunos, recolhendo este tipo de suporte cerca de 95% de escolhas.

QUADRO 48 – Leitura de jornais e revistas pelos alunos (Q4)

Nível/Ciclo	Sexo	Não		Sim		χ^2	gl	p
		N	%	N	%			
2.°	Masc.	23	14.2	139	85.8	14.63	1	0.001
	Fem.	2	1.6	127	98.4			
3.°	Masc.	25	8.9	255	91.1	9.6	1	0.001
	Fem.	7	2.7	256	97.3			
Sec.	Masc.	1	0.6	156	99.4	1.66	2	0.44
	Fem.	3	1.7	175	97.8			

Frequência semanal de leitura de jornais/revistas

Nos ciclos e níveis de ensino em análise, a maioria dos alunos assinala a opção "várias vezes por semana". No que concerne à leitura diária, a percentagem de alunos que adopta este padrão de leitura aumenta ao longo da escolaridade.

QUADRO 49 – Frequência semanal da leitura de jornais e revistas pelos alunos (Q4.1)

Ciclo	Sexo	Todos os dias		Algumas vezes na semana		Fim-de-semana		Raramente		χ2	gl	p
		N	%	N	%	N	%	N	%			
2.°	Masc.	22	15.9	65	47.1	40	29.0	11	8.0	9.21	3	0.05
	Fem.	12	9.4	69	54.3	25	19.7	21	16.5			
3.°	Masc.	42	16.6	128	50.6	57	22.5	26	10.3	4.57	3	0.21
	Fem.	26	10.2	139	54.5	60	23.5	30	11.8			
Sec.	Masc.	54	34.8	72	46.5	22	14.2	7	4.5	23.46	3	0.001
	Fem.	23	13.1	102	58.0	33	18.8	18	10.2			

Quanto aos Pais, a leitura de jornais e revistas é efectuada sobretudo ao fim de semana (cf. Quadro 50).

QUADRO 50 – Frequência semanal na leitura de jornais e revistas pelos pais e mães (Q4.1)

	Pai		Mãe	
	N	%	N	%
Todos os dias	417	38.7	207	19.4
Algumas vezes na semana	444	41.2	552	51.7
Fim-de-semana	196	18.2	262	24.6
Raramente	21	1.9	46	4.3

Tempo semanal despendido na leitura de jornais/revistas

Quanto ao tempo despendido na leitura de jornais e de revistas, a maioria dos alunos indica que lê até 30 minutos por semana, em média, o que se traduz em cerca de 5 minutos diários. Na categoria seguinte que inclui entre 30 e 120 minutos encontramos, igualmente, uma percentagem considerável de alunos. Este grupo lerá, em média, entre 5 e 17 minutos por dia.

Apenas no 3.° Ciclo existem diferenças significativas entre sexos. Contudo, registam-se mudanças em função do ano de escolaridade sendo estas estatisticamente significativas (χ^2=23.79, gl=1; p <0.001).

QUADRO 51 – Tempo semanal dedicado à leitura de jornais/ revistas pelos alunos (Q4.2)

Nível/ Ciclo	Sexo	<30'		30'-120'		120-240'		240'		χ2	gl	p
		N	%	N	%	N	%	N	%			
2.°	Masc.	87	62.6	40	28.8	9	6.5	3	2.2	5.59	3	0.13
	Fem.	62	49.2	45	35.7	13	10.3	6	4.8			
3.°	Masc.	147	57.9	76	29.9	13	5.1	18	7.1	8.68	3	0.03
	Fem.	142	55.5	99	38.7	6	2.3	9	3.5			
Sec.	Masc.	70	45.2	69	44.5	12	7.7	4	2.6	5.90	3	0.12
	Fem.	89	50.9	79	45.1	4	2.3	3	1.7			

O tempo que os Pais dedicam, semanalmente, à leitura de jornais/ revistas (cf. Quadro 52) é, maioritariamente, inferior a 30 minutos por semana, seguindo-se uma maior percentagem de Pais cujos hábitos se situam no intervalo entre 30 e 120 minutos. Estes resultados sugerem um padrão semelhante ao observado nos alunos, com o intervalo "Acima de 120 minutos por semana" a receber menos escolhas.

QUADRO 52 – Tempo semanal dedicado à leitura de jornais/revistas pelos Pais (Q4.2)

Tempo	Pai		Mãe	
	N	%	N	%
<30'	481	44.9	560	52.4
30'-120'	387	36.1	398	37.3
120'-240'	124	11.6	63	5.9
>240'	79	7.4	47	4.4

Jornais e revistas preferidas

A fim de identificar as preferências dos inquiridos sobre o tipo de jornais e de revistas lidos, foi pedido aos inquiridos que assinalassem o nome dos das revistas que liam com mais frequência. Esta questão foi, posteriormente, recodificada, tendo-se agrupado as respostas em função da categoria de publicação.

Os jornais menos lidos pelos alunos (cf. Quadro 53) são os jornais de inspiração religiosa, os escolares, os semanários e os jornais locais. Nestas categorias não se observam, na generalidade, diferenças entre sexos. A única excepção reside na leitura de jornais locais por parte dos inquiridos do sexo feminino a frequentar o Ensino Secundário. A leitura de jornais e de revistas desportivos é marcadamente masculinizada, registando um aumento em função do nível de escolaridade, num padrão semelhante ao observado no estudo LP-2007.

Também a leitura de jornais diários aumenta ao longo da escolaridade, só se observando diferenças estatisticamente significativas entre sexos no Ensino Secundário, com predomínio dos leitores do sexo feminino. A leitura de imprensa habitualmente denominada "cor-de-rosa" é referida pela maioria dos inquiridos. A percentagem aumenta em função do nível de ensino frequentado, mas só a partir do 3.° Ciclo é estatisticamente significativa a superioridade dos leitores do sexo feminino.

Quanto à leitura de jornais e de revistas de cariz informativo observa-se, igualmente, um padrão de mudança em função do ciclo/nível de ensino e do sexo, verificando-se um aumento da frequência de leitura em função do ano escolar frequentado. A leitura de revistas juvenis decresce em função dos ciclos/nível de ensino, registando-se sempre diferenças estatisticamente significativas entre sexos, sempre com superioridade dos leitores do sexo feminino.

Quadro 53 – Preferências de leitura de jornais e revistas por parte dos alunos (Q5)

	Nível/ Ciclo	Sexo	Não		Sim		χ2	gl	p
			N	%	N	%			
Jornais/revistas desportivos	2.°	Masc. Fem.	58 99	41.7 78.0	81 28	58.3 22.0	36.01	1	0.001
	3.°	Masc. Fem.	67 213	26.3 83.2	188 43	73.7 16.8	167.15	1	0.001
	Sec.	Masc. Fem.	34 116	22.1 66.3	120 59	77.9 33.7	64.54	1	0.001
Semanários	2.°	Masc. Fem.	131 120	94.2 94.5	8 7	5.8 5.5	0.01	1	1.00
	3.°	Masc. Fem.	246 248	96.5 96.9	9 8	3.5 3.1	0.07	1	0.81
	Sec.	Masc. Fem.	137 166	89.0 95.4	17 8	11.0 4.6	4.81	1	0.03
Jornais diários	2.°	Masc. Fem.	85 68	61.2 53.5	54 59	38.8 46.5	1.57	1	0.21
	3.°	Masc. Fem.	134 131	52.5 51.2	121 125	47.5 48.8	0.09	1	0.79
	Sec.	Masc. Fem.	85 54	55.6 31.0	68 120	44.4 69.0	20.03	1	0.001
Imprensa "cor-de-rosa"	2.°	Masc. Fem.	68 58	48.9 45.7	71 69	51.1 54.3	0.28	1	0.62
	3.°	Masc. Fem.	143 93	56.1 36.3	112 163	43.9 63.7	20.05	1	0.001
	Sec.	Masc. Fem.	94 65	61.0 37.4	60 109	39.0 62.6	18.35	1	0.001
Revistas/jornais informativos	2.°	Masc. Fem.	102 113	73.4 89.0	37 14	26.6 11.0	10.42	1	0.001
	3.°	Masc. Fem.	174 201	68.2 78.5	81 55	31.8 21.5	6.91	1	0.01
	Sec.	Masc. Fem.	84 107	54.5 61.5	70 67	45.5 38.5	1.62	1	0.22

	Nível/ Ciclo	Sexo	Não		Sim		χ^2	gl	p
			N	%	N	%			
Jornais locais	2.°	Masc. Fem.	120 106	86.3 83.5	19 21	13.7 16.5	0.43	1	0.61
	3.°	Masc. Fem.	223 233	87.5 91.0	32 23	12.5 9.0	1.69	1	0.20
	Sec.	Masc. Fem.	137 134	89.0 77.0	17 40	11.0 23.0	8.13	1	0.01
Revistas juvenis	2.°	Masc. Fem.	103 33	74.1 26.0	36 74	25.9 74.0	61.49	1	0.001
	3.°	Masc. Fem.	206 79	80.8 30.9	49 177	19.2 69.1	12.09	1	0.001
	Sec.	Masc. Fem.	126 100	81.8 57.5	28 73	18.2 42.0	22.91	1	0.001
Jornais escolares	2.°	Masc. Fem.	132 114	95.0 89.8	7 13	5.0 10.2	2.58	1	0.16
	3.°	Masc. Fem.	247 246	96.9 96.1	8 10	3.1 3.9	0.22	1	0.81
	Sec.	Masc. Fem.	154 171	100 98.3	0 3	0 1.7	2.68	1	0.25
Jornais religiosos	2.°	Masc. Fem.	137 126	98.6 99.2	2 1	1.4 0.8	0.25	1	0.62
	3.°	Masc. Fem.	252 253	98.8 98.8	3 3	1.2 1.2	0.00	1	1.00
	Sec.	Masc. Fem.	153 170	99.4 98.3	1 3	0.6 1.7	0.79	1	0.63

As preferências apontadas pelos Pais são, claramente, distintas das dos filhos. Os pais preferem os jornais desportivos e as mães, as revistas da imprensa "cor-de-rosa". Ambos referem ler jornais diários, embora a percentagem de preferências seja percentualmente superior no grupo de pais. Os jornais locais ocupam o terceiro lugar nas preferências de ambos, seguindo-se, a bastante distância, as revistas informativas. Os semanários, as revistas de inspiração religiosa e os jornais gratuitos são os tipos de suportes que menos preferências registaram.

QUADRO 54 – Preferências de leitura de jornais e revistas por parte dos pais e das mães (Q5)

		Não		Sim	
		N	%	N	%
Jornais/revistas desportivas	Pai	451	42.4	613	57.6
	Mãe	996	95.5	47	4.5
Semanários	Pai	986	92.7	78	7.3
	Mãe	989	94.8	54	5.2
Jornais diários	Pai	225	21.1	839	78.9
	Mãe	295	44.2	373	55.8
Imprensa "cor-de-rosa"	Pai	844	79.3	220	20.7
	Mãe	167	25.6	485	74.4
Revistas/jornais informativos	Pai	903	84.9	161	15.1
	Mãe	603	85.3	104	14.7
Jornais locais	Pai	430	76.1	135	23.9
	Mãe	527	69.3	234	30.7
Jornais religiosos	Pai	570	97.8	13	2.2
	Mãe	1007	96.5	36	3.5
Jornais gratuitos	Pai	45	100	-	-
	Mãe	1006	96.5	37	3.5

Locais de leitura

No questionário inventariou-se, para além dos espaços "casa" e "escola", um conjunto de diferentes locais de leitura, incluindo-se alguns onde os participantes se dirigem, frequentemente, com objectivos que não são explicitamente de leitura. É o caso dos cafés, hipermercados, cabeleireiros/barbeiros e consultórios médicos.

Nos últimos anos tem-se observado que várias livrarias disponibilizam, nas suas instalações, locais onde os clientes podem sentar-se a ler. Por esta razão, foram incluídas quer as papelarias, quer as livrarias.

As livrarias, as papelarias, os hipermercados e a escola são locais que recebem uma maior percentagem de respostas afirmativas. A leitura em cafés, cabeleireiros/barbeiros e consultórios médicos é igualmente indicada por uma percentagem considerável de alunos. À medida que aumenta o nível de escolaridade frequentado pelos inquiridos, aumenta a frequência de respostas registadas nestes três locais, mas apenas no 3.° Ciclo e no Ensino Secundário se verifica um padrão de respostas diferenciado em função do sexo, com superioridade por parte dos leitores do sexo feminino.

QUADRO 55 – Locais de leitura indicados pelos alunos (Q13)

	Nível/ Ciclo	Sexo	Não		Sim		χ^2	gl	p
			N	%	N	%			
Casa	2.°	Masc.	6	3.8	154	96.3	4.94	1	0.05
		Fem.	0	0	129	100			
	3.°	Masc.	21	7.5	260	92.5	12.85	1	0.001
		Fem.	3	1.1	259	98.9			
	Sec.	Masc.	19	12.1	138	87.9	17.22	1	0.001
		Fem.	2	1.1	177	98.9			
Livrarias	2.°	Masc.	124	77.5	36	22.5	1.45	1	0.28
		Fem.	92	71.3	37	28.7			
	3.°	Masc.	242	86.1	39	13.9	8.57	1	0.001
		Fem.	200	76.3	62	23.7			
	Sec.	Masc.	138	88.5	18	11.5	1.50	1	0.22
		Fem.	150	83.8	18	16.2			
Papelarias	2.°	Masc.	145	90.6	15	9.4	16.88	1	0.001
		Fem.	93	72.1	36	27.9			
	3.°	Masc.	242	86.1	39	13.9	5.28	1	0.05
		Fem.	206	78.6	56	21.4			
	Sec.	Masc.	133	84.7	24	15.3	0.40	1	0.56
		Fem.	147	82.1	32	17.9			
Cafés	2.°	Masc.	116	72.5	44	27.5	1.83	1	0.20
		Fem.	84	65.1	45	34.9			
	3.°	Masc.	153	54.4	128	45.6	3.36	1	0.07
		Fem.	163	62.2	99	37.8			
	Sec.	Masc.	92	58.6	65	41.4	0.00	1	1.00
		Fem.	105	58.7	74	41.3			

Hipermercados	2.°	Masc.	146	91.3	14	8.8	0.15	1	0.84
		Fem.	116	89.9	13	10.1			
	3.°	Masc.	257	91.5	24	8.5	1.61	1	0.20
		Fem.	231	88.2	31	11.8			
	Sec.	Masc.	146	96.0	11	7.0	0.42	1	0.55
		Fem.	163	91.1	16	8.9			
Cabeleireiro/ Barbeiro	2.°	Masc.	128	80.0	32	20.0	26.92	1	0.001
		Fem.	66	51.2	63	48.8			
	3.°	Masc.	212	75.4	69	24.6	20.19	1	0.001
		Fem.	150	57.3	112	42.7			
	Sec.	Masc.	121	77.6	35	22.4	28.66	1	0.001
		Fem.	88	49.2	91	50.8			
Consultórios Médicos	2.°	Masc.	131	81.9	29	18.1	6.52	1	0.01
		Fem.	89	69.0	40	31.0			
	3.°	Masc.	211	75.1	70	24.9	3.77	1	0.06
		Fem.	177	67.6	85	32.4			
	Sec.	Masc.	122	77.7	35	22.3	13.85	1	0.001
		Fem.	105	58.7	74	41.3			
Escola	2.°	Masc.	132	82.5	28	17.5	1.56	1	0.21
		Fem.	98	76.6	30	23.4			
	3.°	Masc.	237	84.3	44	15.7	0.35	1	0.57
		Fem.	216	82.4	46	17.6			
	Sec.	Masc.	137	87.3	20	12.7	8.39	1	0.01
		Fem.	133	74.7	45	25.3			
Outro	2.°	Masc.	102	69.9	44	30.1	2.48	1	0.15
		Fem.	69	60.5	45	39.5			
	3.°	Masc.	200	71.9	78	28.1	0.02	1	0.92
		Fem.	187	72.5	71	27.5			
	Sec.	Masc.	112	71.3	45	28.7	0.72	1	0.41
		Fem.	120	67.0	59	33.0			

Os Pais apresentam um padrão de resposta equivalente à observada nos alunos. A casa é o local mais referido, seguindo-se o café (mais frequente para os pais), o cabeleireiro/barbeiro e os consultórios médicos (mais frequentes para as mães).

QUADRO 56 – Locais de leitura indicados pelos pais e pelas mães (Q14)

		Não		Sim	
		N	%	N	%
Casa	Pai	171	15.2	951	84.8
	Mãe	70	8.8	727	91.2
Livrarias	Pai	1045	93.1	78	6.9
	Mãe	787	92.9	60	7.1
Papelarias	Pai	1037	92.4	85	7.6
	Mãe	1078	92.5	87	7.5
Cafés	Pai	479	42.7	644	57.3
	Mãe	792	64.8	431	35.2
Hipermercados	Pai	980	87.3	143	12.7
	Mãe	1074	87.8	149	12.2
Cabeleireira/barbeiro	Pai	795	70.8	328	29.2
	Mãe	594	48.6	628	51.4
Consultórios médicos	Pai	764	68.0	359	32.0
	Mãe	622	50.9	601	49.1
Local de trabalho	Pai	853	76.0	270	24.0
	Mãe	907	74.2	316	25.8
Outros	Pai	911	81.1	212	18.9
	Mãe	1019	83.3	204	16.7

Leitura com fins informativos

A frequência de leitura com fins informativos foi avaliada apenas a partir do 2.° Ciclo do Ensino Básico. A leitura com estes objectivos é maioritariamente encetada por alunos do 3.° Ciclo. Não se registam diferenças entre sexos; porém, a análise das diferenças em função do ciclo mostra que as mesmas são estatisticamente significativas ($\chi^2 = 13.02$; gl=2; $p<0.01$).

Quadro 57 – Frequência da leitura com fins informativos (Q18)

Nível/ Ciclo	Sexo	Raramente		Às vezes		Frequentemente		χ2	gl	p
		N	%	N	%	N	%			
2.°	Masc.	27	17.6	62	40.5	64	41.8	.41	2	.81
	Fem.	23	19.0	52	43.0	46	38.0			
3.°	Masc.	60	22.6	123	46.2	83	31.2	4.13	2	.13
	Fem.	41	16.0	136	52.9	80	31.1			
Sec.	Masc.	33	21.4	82	53.2	39	25.3	3.65	2	.16
	Fem.	24	13.7	98	56.0	53	30.3			

Os pares e a leitura

Para os alunos do 1.° Ciclo foi elaborado um conjunto específico de perguntas, através das quais se pretendia conhecer o gosto pela leitura percepcionado nos amigos (Q4) e a intensidade das trocas de opiniões sobre livros lidos. (Q5). A maioria dos alunos, 69.8%, refere que os seus amigos gostam de ler, 27.4% refere não saber e apenas 2.7% refere que os amigos não gostam de ler. Falar com os amigos sobre os livros lidos é referido por 54% dos alunos do 1.° Ciclo. Não se registam diferenças estatisticamente significativas entre sexos.

Avaliou-se também a percepção dos alunos quanto ao número de livros que leram sozinhos (Q12) e quanto à quantidade dos que lhes foram lidos pelos pais (Q13). A opção “nenhum” tem uma expressão residual quanto ao número de livros lido pelo próprio. Contudo, é necessária alguma prudência na leitura destes resultados, atendendo à idade das crianças, e às dificuldades em quantificar os livros que leram ou que lhes terão lido. No entanto, cerca de 12% dos alunos refere nunca os Pais lhe terem lido (cf. Quadro 58).

QUADRO 58 – Número de livros lidos (pelos próprios ou pelos pais) – 1.° Ciclo

	Sexo	Nenhum		1-5		6-10		11-50		> 50	
		N	%	N	%	N	%	N	%	N	%
Livros lidos sozinhos (Q12)	Masc.	6	3.2	30	16.0	66	35.1	55	29.3	31	16.5
	Fem.	2	1.1	25	13.9	73	40.6	54	30.0	26	14.4
Livros lidos pelos pais (Q13)	Masc.	27	14.4	51	27.1	61	32.4	36	19.1	13	6.9
	Fem.	18	10.1	50	27.9	72	40.2	26	14.5	13	7.3

Procurou-se ainda conhecer se os alunos gostam de ouvir ler (Q11) e quem lhes lê (Q14) quando isso acontece. Cerca de 60% dos alunos indica apreciar a leitura pela voz de outros. Os Pais e os professores são os mediadores por excelência, embora se registem percentagens não despicientes que apontam para outros mediadores na família (avós, tios e primos).

QUADRO 59 – Mediadores de leitura (Q14)

	Sexo	Não		Sim		χ^2	gl	p
		N	%	N	%			
Pais	Masc.	47	25.0	141	75.0	0.78	1	0.39
	Fem.	38	21.1	142	78.9			
Avós	Masc.	132	70.2	56	29.8	0.30	1	0.64
	Fem.	131	72.8	49	27.2			
Irmãos	Masc.	134	71.3	54	28.7	9.82	1	0.001
	Fem.	100	55.6	80	44.4			
Tios	Masc.	130	69.1	58	30.9	1.56	1	0.25
	Fem.	135	75.0	45	25.0			
Primos	Masc.	117	62.2	71	37.8	1.18	1	0.29
	Fem.	102	56.7	78	43.3			
Vizinhos/ amigos	Masc.	149	79.3	39	20.7	1.20	1	0.32
	Fem.	134	74.4	46	25.6			
Professores	Masc.	31	16.5	157	83.5	5.59	1	0.05
	Fem.	15	8.3	165	91.7			

Percepção de competência na compreensão do texto

As questões incluídas nesta dimensão foram apenas colocadas aos alunos a partir do 2.° Ciclo.

Dificuldade na compreensão de textos

Para apreciar esta percepção foram introduzidas duas perguntas: uma destinada aos textos "de estudo" e outra destinada aos textos "de fruição". Em ambas se verificam respostas que remetem para a redução das dificuldades de compreensão à medida que a escolaridade avança (cf. Quadro 60). Cerca de 40% dos inquiridos refere sentir, por vezes, dificuldades de compreensão dos textos lidos, nomeadamente dos textos de estudo, percentagem que consideramos relativamente elevada, revelando alguma discrepância entre as propostas de leitura e a competência dos alunos, a qual pode facilmente conduzir à desmotivação e à desistência.

Quadro 60 – Percepção de dificuldades de compreensão

	Nível/ Ciclo	Sexo	Raramente		Às vezes		Frequentemente		$\chi 2$	gl	p
			N	%	N	%	N	%			
Dificuldade compreensão textos estudo (Q19)	2.°	Masc.	76	47.5	75	46.9	9	5.6	1.25	2	0.54
		Fem.	69	53.5	52	40.3	8	6.2			
	3.°	Masc.	167	60.5	96	34.8	13	4.7	5.62	2	0.06
		Fem.	137	52.5	116	44.4	8	3.1			
	Sec.	Masc.	98	62.4	54	34.4	5	3.2	16.34	2	0.001
		Fem.	74	41.3	101	56.4	4	2.2			
Dificuldade compreensão de textos não escolares (Q22)	2.°	Masc.	89	56.3	59	37.3	10	6.3	0.29	2	0.87
		Fem.	75	58.6	44	34.4	9	7.0			
	3.°	Masc.	183	66.8	70	25.5	21	7.7	6.98	2	0.05
		Fem.	177	68.1	76	29.2	7	2.7			
	Sec.	Masc.	115	73.7	38	24.4	3	1.9	4.60	2	0.10
		Fem.	122	69.7	53	30.3	0	0			

Explicação das dificuldades de compreensão

No grupo de alunos que respondeu afirmativamente à questão sobre dificuldades de compreensão, analisaram-se as explicações mais seleccionadas como justificação para a existência das mesmas (ex: vocabulário, extensão do texto, identificação dos aspectos mais importantes, memória, conhecimentos prévios e atenção). No quadro 61 descrevem-se os resultados obtidos.

O padrão de respostas verificado parece indicar que as dificuldades de compreensão podem resultar de um conjunto cumulativo de factores. No 2.° Ciclo, a atribuição das dificuldades orienta-se para factores relacionados com a compreensão das frases e com a memória. No Ensino Secundário as atribuições dividem-se por um conjunto mais alargado de razões, provavelmente face ao aumento de competências metacognitivas relacionadas com a idade.

QUADRO 61 – Explicação das dificuldades de compreensão leitora (Q20)[73]

	Nível/ Ciclo	Sexo	Não		Sim		$\chi 2$	gl	p
			N	%	N	%			
Vocabulário difícil	2.°	Masc.	50	60.2	33	39.8	0.41	1	0.52
		Fem.	38	65.5	20	34.5			
	3.°	Masc.	55	51.4	52	48.6	0.05	1	0.83
		Fem.	62	50.0	62	50.0			
	Sec.	Masc.	25	42.4	34	57.6	0.02	1	0.90
		Fem.	43	41.3	61	58.7			
Extensão do texto	2.°	Masc.	62	74.7	21	25.3	0.41	1	0.53
		Fem.	46	79.3	12	20.7			
	3.°	Masc.	52	48.6	55	51.4	13.95	1	0.001
		Fem.	90	72.6	34	27.4			
	Sec.	Masc.	29	49.2	30	50.8	1.11	1	0.29
		Fem.	60	57.7	44	42.3			

[73] O número de sujeitos constantes do quadro 60 é diferente dos quantificados no quadro 61; tal diferença deve-se ao facto de desconhecermos o sexo, o que reduz o seu número quando se calcula o teste de qui quadrado.

	Nível/ Ciclo	Sexo	Não		Sim		χ2	gl	p
			N	%	N	%			
Compreensão de frases	2.°	Masc.	43	51.8	40	48.2	1.04	1	0.31
		Fem.	25	43.1	33	56.9			
	3.°	Masc.	66	61.7	41	38.3	2.01	1	0.16
		Fem.	65	52.4	59	47.6			
	Sec.	Masc.	29	49.2	30	50.8	3.17	1	0.08
		Fem.	66	63.5	38	36.5			
Identificação dos aspectos mais importantes	2.°	Masc.	43	51.8	40	48.2	1.99	1	0.16
		Fem.	37	63.8	21	36.2			
	3.°	Masc.	60	56.1	47	43.9	1.36	1	0.24
		Fem.	60	48.4	64	51.6			
	Sec.	Masc.	28	47.5	31	52.5	0.19	1	0.67
		Fem.	53	51.0	51	49.0			
Memorização	2.°	Masc.	49	59.0	34	41.0	0.74	1	0.39
		Fem.	30	51.7	28	48.3			
	3.°	Masc.	74	69.2	33	30.8	0.13	1	0.72
		Fem.	83	66.9	41	33.1			
	Sec.	Masc.	42	71.2	17	28.8	0.28	1	0.60
		Fem.	78	75.0	26	25.0			
Desconhecimento	2.°	Masc.	61	73.5	22	26.5	0.31	1	0.58
		Fem.	45	77.6	13	22.4			
	3.°	Masc.	67	62.6	40	37.4	0.03	1	0.86
		Fem.	79	63.7	45	36.3			
	Sec.	Masc.	30	50.8	29	49.2	0.06	1	0.80
		Fem.	55	52.9	49	47.1			
Distracção frequente	2.°	Masc.	42	50.6	41	49.4	0.54	1	0.46
		Fem.	33	56.9	25	43.1			
	3.°	Masc.	45	42.1	62	57.9	6.50	1	0.01
		Fem.	73	58.9	51	41.1			
	Sec.	Masc.	23	39.0	36	61.0	2.17	1	0.14
		Fem.	53	51.0	51	49.0			

	Nível/ Ciclo	Sexo	Não		Sim		χ2	gl	p
			N	%	N	%			
Outros	2.°	Masc.	58	81.7	13	18.3	0.49	1	0.48
		Fem.	39	76.5	12	23.5			
	3.°	Masc.	87	81.3	20	18.7	0.68	1	0.41
		Fem.	93	76.9	28	23.1			
	Sec.	Masc.	41	69.5	18	30.5	4.48	1	0.05
		Fem.	87	83.7	17	16.3			

Que hábitos e que práticas de leitura? Uma reflexão a partir dos dados

O estudo apresentado neste capítulo está associado a um projecto de investigação, constituindo uma das suas linhas de acção. Com ele pretendia-se, especificamente, efectuar a caracterização dos hábitos e das práticas de leitura de uma comunidade que incluía crianças e jovens escolarizados desde o 1.° Ciclo do Ensino Básico até ao Ensino Secundário e respectivos Pais (ou Encarregados de Educação). A representatividade da amostra foi estabelecida por referência a esta comunidade e não à generalidade da população portuguesa. Importa, por conseguinte, ter presente este facto na leitura dos dados, uma vez que descrevemos e reflectimos sobre hábitos e práticas de leitura de agregados familiares com crianças a frequentar os Ensinos Básico e Secundário, cujos Pais são, maioritariamente, trabalhadores não qualificados e com habilitações literárias que não ultrapassam o 2.° Ciclo do Ensino Básico.

Leitura e lazer

Uma das questões para a qual se pretendia obter resposta com o presente estudo relaciona-se com o modo como a leitura é integrada no conjunto de actividades de ocupação dos tempos livres de alunos e de Pais.

No 1.° Ciclo do Ensino Básico verifica-se que, em termos de ocupação de tempos livres, a actividade mais frequente é a de brincar com amigos ou irmãos, seguida de uso de objectos tecnológicos para jogar (ex: computador, telemóvel *playstation*) e ouvir música (MP3, iPod) em detrimento dos livros e dos brinquedos e jogos mais tradicionais.

Embora a leitura não seja a actividade preferida, a percentagem de alunos que refere que nunca lê, é praticamente marginal. Como é óbvio, e face às representações sobre a importância da leitura, é de esperar algum viés nestas respostas. Aliás, como foi dito no primeiro capítulo, dificilmente, hoje em dia, qualquer estudante poderá dizer que "nunca lê". No Ensino Básico começam a registar-se diferenças entre os hábitos e práticas de leitura em função do sexo, com as raparigas a apresentarem índices superiores de leitura não escolar. O facto de esta diferença ser já encontrada no 1.° Ciclo merece, como refere Rolo no capítulo anterior, que seja dada especial atenção aos leitores do sexo masculino aquando do planeamento das acções de promoção da leitura.

A leitura não é apontada como actividade preferencial pelos alunos do 2.° e do 3.° Ciclos do Ensino Básico e pelos do Ensino Secundário, embora se registe uma percentagem elevada dos que a colocam nos três lugares cimeiros em termos de preferências pessoais. Nestes ciclos/níveis de escolaridade verificam-se diferenças em função do ciclo e do sexo – são os alunos do 2.° Ciclo e do sexo feminino os que em maior percentagem referem a leitura como actividade de ocupação de tempos livres.

Nos alunos do 2.° e do 3.° Ciclos do Ensino Básico e nos do Ensino Secundário observa-se um padrão diferente. Em primeiro lugar surge, para todos, a utilização do computador em associação com a *internet*. Já as preferências seguintes variam com os ciclos. No 2.° Ciclo a ordem é ouvir música, seguida da televisão e da leitura, e estas com um peso aproximado. No 3.° Ciclo a ordenação é similar, sendo, no entanto, a leitura menos escolhida. Por último, no Ensino Secundário ouvir música, ver televisão e ir ao cinema apresentam valores próximos. Os pais e as mães têm como segunda actividade mais frequente ouvir rádio, e os seus filhos ouvir música no leitor de CD ou no MP3. Desta análise não se pode inferir que partilhem, necessariamente, interesses similares, uma vez que a rádio permite a audição de diferentes tipos de programas e não apenas de música.

No que concerne aos Pais, ver televisão é a actividade mais frequente para ocupação dos tempos livres, seguida da audição de rádio, dados semelhantes aos encontrados no estudo LP-2007. A leitura de jornais e de revistas parece ocupar uma posição elevada enquanto actividade de ocupação dos tempos livres, embora apenas 12% dos participantes refiram despender mais de uma hora por dia a ler. "Navegar na *internet*" é uma actividade referida por 21% dos Pais inquiridos. Apesar dos níveis de escolaridade dos inquiridos neste estudo serem inferiores aos da amostra de referência do estudo LP-2007, os dados parecem apontar para taxas superiores de leitura e de utilização da *internet*, o que nos pode levar a hipotetizar se esta não contribui para conquistar leitores. Esta comparação requer, no entanto, alguma prudência, uma vez que a formulação das questões não foi idêntica nos dois estudos.

Atitudes face à leitura

Como vimos, a maioria dos inquiridos, sejam alunos ou Pais, afirma que gosta de ler. As razões invocadas para justificar este gosto são várias sugerindo que é uma constelação de razões (e não uma única razão) que justifica as suas atitudes face à leitura.

Diversão/prazer é razão mais invocada pelos inquiridos do sexo feminino dos 1.° e 2.° Ciclos do Ensino Básico.

Os Pais que não gostam de ler apontam, entre outras razões, não estarem habituados e não terem tempo. A interpretação destes dados merece alguma reflexão, uma vez que mais do que uma explicação para não gostar de ler pode constituir uma justificação para não ler. A diferenciação entre os dois aspectos merece um estudo mais detalhado em investigações subsequentes.

Além de gostarem de ler, os Pais consideram importante que os seus filhos leiam verificando-se consistência entre pais e mães face a esta questão. Recorrem a algumas estratégias motivacionais, sendo a mais frequente a de chamar a atenção dos filhos para a importância da leitura. Enquanto leitores, também os pais e as mães consideram que foram incentivados a ler.

Os alunos indicam, maioritariamente, que foram incentivados a ler, embora as percentagens sejam inferiores nos alunos do 3.° Ciclo e do Ensino Secundário. Esta redução pode reflectir um efeito geracional, bem como o impacto do Plano Nacional de Leitura. A leitura no Jardim-de-Infância e no 1.° e 2.° Ciclos do Ensino Básico constitui uma prioridade, pelo que se estará a observar um maior impacto nestes grupos.

A percentagem de alunos que diz ter sido incentivada a ler é superior à dos pais e das mães que indicam terem sido incentivados à leitura na infância. Esta diferença pode traduzir uma mudança no tempo quanto à importância que tem sido dada à leitura e aos incentivos à mesma. Pode também indiciar que os pais, no que diz respeito à leitura, não perpetuam nos seus filhos os padrões que tiveram enquanto crianças.

Os incentivos à leitura foram sobretudo proporcionados pelas mães e pelos professores, o que reflecte um padrão consistente nos alunos dos vários ciclos e nos respectivos Pais. O papel atribuído aos professores salienta a importância da escola na promoção de hábitos de leitura, podendo assumir um papel compensatório em relação ao contexto familiar.

Embora todos os alunos, e em percentagens muito elevadas, refiram que a escola promove o gosto pela leitura, encontraram-se diferenças em função dos sexos, com as alunas a terem uma perspectiva mais positiva sobre a influência da escola.

Acessibilidade a livros

Aproximadamente metade da amostra de mães e de pais refere nunca comprar livros. Dos que compram, são as mães mais do que os pais que o efectuam. Sendo apontado pelos alunos do 1.° e 2.° Ciclos que os pais lhes compram livros é possível que a maior parte dos livros comprados pelas mães sejam para os respectivos filhos.

A maioria dos participantes indica a livraria como o local privilegiado de compra. Verifica-se, no entanto, que outros locais menos tradicionais são igualmente referenciados em percentagens elevadas. Este facto merece que em outros estudos se contemplem outros locais tais como correio, feiras do livro, lojas económicas[74], a escola, bem como a aquisição através da *internet*. Os dados apresentados no estudo nacional são similares. Mais de metade dos participantes que foram questionados não comprou qualquer livro no último ano. Dos que compraram a maior percentagem eram mulheres. As livrarias, localizadas ou não em centros comerciais, aparecem como o local de eleição. Com percentagens próximas, e seguindo-se às livrarias encontram-se os super ou hipermercados, as feiras do livros, e os quiosques/tabacarias.

A percentagem de Pais que leva os filhos à biblioteca é reduzida. Porém, quando se analisa a frequência com que os alunos requisitam livros em bibliotecas, verifica-se que esta é substancialmente superior à indicada pelos respectivos Pais. É provável que os alunos se refiram à biblioteca da escola. A confirmar-se esta hipótese, ela ilustra, por um lado, a importância das bibliotecas escolares e, por outro, a necessidade de articulação destas com as municipais de modo a que seja possível generalizar este comportamento, assegurando a sua continuidade. Outro dado a destacar prende-se com a diferença de comportamentos em função do sexo e do ciclo/nível de

[74] Referimo-nos concretamente às lojas que ficaram conhecidas como "lojas dos 300".

ensino. As alunas requisitam mais livros na biblioteca que os alunos em todos os ciclos/níveis reduzindo-se a percentagem de requisição à medida que se avança em termos de escolaridade. Um dado importante foi a verificação de que quando se selecciona a amostra de alunos de ambos os sexos que referem requisitar livros em bibliotecas, neste subgrupo as diferenças entre sexos não se mostraram estatisticamente significativas.

No 1.° Ciclo verifica-se que a maior parte dos livros lidos pelas crianças são pessoais, seguindo-se os livros da escola e da biblioteca. Este facto ilustra, mais uma vez, a relevância do contexto escolar na promoção da leitura, além do incentivo proporcionado. A facilitação do acesso ao livro é igualmente de relevar. Os livros da escola a que os alunos fazem referência, poderão dizer respeito aos livros que estão dentro da sala de aula, e que podem ser da escola, como aos dos próprios alunos que os trazem de casa, partilhando-os com os seus colegas. Nos últimos anos, em vários agrupamentos e também naquele em que decorreu o estudo, as escolas organizam "cestos" com livros que circulam pelas salas de 1.° Ciclo, os quais não só são lidos na sala como podem ser levados para leitura domiciliária. O impacto que estas iniciativas poderão ter na formação de leitores é uma área de investigação a aprofundar.

Práticas de leitura

As preferências de leitura variam, igualmente, em função do ciclo e do sexo. No 1.° Ciclo verifica-se que as raparigas já apresentam um leque mais diversificado de interesses por leituras de diferentes tipos. Porém, importa salientar que a percentagem de respostas afirmativas nos rapazes é igualmente elevada. Os alunos de todos os ciclos/níveis de ensino apresentam interesse por mais do que um tipo de texto.

Os critérios que são usados na selecção de livros sugerem que o título é o factor que exerce maior atracção, observando-se também nesta variável diferenças entre sexos. Além das razões sugeridas, é de considerar, em estudos posteriores, a criação de uma listagem mais exaustiva. Variáveis como indicação dos professores, associação com a escola e com o currículo das disciplinas, bem como as recomendações do Plano Nacional de Leitura deverão ser contempladas.

A análise dos dados parece apontar para mudanças decorrentes da idade na escolha de livros no que concerne às variáveis que influenciam a compra destes. A identificação, descrição e explicação dessas mudanças é uma questão em aberto.

A percentagem elevada de respostas na opção "outros" sugere que, no caso dos pais e das mães, os critérios propostos não parecem ter correspondido às razões que justificam a compra de livros. Da análise das respostas às questões sete e oito, constata-se que os pais compram, sobretudo, livros para os filhos. Assim, as razões da escolha dos livros que os pais compram poderão corresponder aos pedidos dos filhos, bem como a recomendações ou prescrições da escola.

No 2.° Ciclo não se registam diferenças entre sexos quanto ao número de livros lidos, invertendo-se este padrão a partir do 3.° Ciclo com as alunas a indicarem que lêem mais livros. Apreciando o tempo semanal de leitura verifica-se, igualmente, que as alunas ocupam mais tempo a ler e aumentam o seu tempo de leitura desde o 2.° Ciclo até ao Ensino Secundário. Não obstante, do 2.° Ciclo para o Ensino Secundário parece registar-se uma redução no número de livros lidos e no tempo de leitura. Inversamente, regista-se um aumento da leitura de revistas e de jornais. Todavia, a análise do tempo semanal dedicado à leitura de jornais e de revistas indica que, embora, os alunos refiram que lêem revistas e jornais, o tempo que passam a ler não é, para a maioria, muito prolongado. Além disso, observa-se que as preferências pelas revistas variam em função do ciclo e do sexo.

São os mais velhos que revelam maior preferência pela leitura de jornais/revistas. É possível que este facto se relacione com o número reduzido de revistas dirigidas aos alunos dos 1.° e 2.° Ciclos do Ensino Básico.

No 1.° Ciclo os alunos mostram preferências por mais do que um tipo de livros. Nos 2.°, 3.° Ciclos e no Ensino Secundário, além dos jornais e das revistas que recolhem as percentagens mais elevadas, seguem-se os livros de aventuras e os policiais. Os alunos do Ensino Secundário apresentam um padrão de preferências diferenciado relativamente aos dos alunos do Ensino Básico. No estudo LP-2007 os textos mais referidos são os romances de autores contemporâneos, seguindo-se, com valores próximos, os livros policiais, de espionagem e de ficção científica. Os menos referidos são os livros de poesia, seguidos dos livros infantis/juvenis e, por último, os livros de arte/fotografia.

No questionário, procurou-se avaliar a leitura com fins informativos. Contrariamente a outras variáveis, não se observam diferenças entre sexos, mas registam-se diferenças em função do ciclo. Se esta procura corresponde a um interesse pessoal ou se está associada a tarefas escolares não é possível concluir através deste estudo. Considerando a acessibilidade da *internet*, quer em casa quer na escola, interessa em estudos posteriores proceder a análises sobre a pesquisa e a leitura com fins informativos em formato digital.

De um modo geral, observam-se mudanças em função do ciclo nas preferências dos alunos pelos vários tipos de textos, a que se acrescenta uma mudança igualmente em função do sexo. Dada a natureza nominal dos dados não é possível o estudo dos efeitos de interacção entre as duas variáveis.

Os pais e as mães revelam gosto pela leitura, porém lêem poucos livros, recaindo as suas preferências de leitura, especialmente, nas revistas e nos jornais. Não obstante, verifica-se que, apesar de a maioria dos Pais referir que lê jornais e revistas, o tempo despendido nesta actividade é relativamente baixo. Os seus padrões de interesses são, igualmente, distintos preferindo os pais a leitura de jornais desportivos e as mães da imprensa "cor-de-rosa". Estes resultados apontam no mesmo sentido dos obtidos no estudo "A leitura em Portugal". Os jornais apresentam-se como o suporte mais lido seguido das revistas e muito distanciado dos livros. O perfil de leitor de jornais é, marcadamente, masculino e o do leitor de revistas, feminino. As preferências vão, neste estudo, para os jornais diários de informação, seguindo-se os jornais locais e em terceiro lugar os desportivos. No que diz respeito às revistas mais lidas, em primeiro lugar encontram-se as femininas, seguidas das de informação geral e das de vida social.

A casa aparece como o local privilegiado para a leitura em todos os grupos, embora se verifique que outros locais (por exemplo, o café) são igualmente referidos. No estudo "A leitura em Portugal" a maioria dos inquiridos lê os livros em casa. Porém, a leitura de jornais tanto é realizada em casa como em cafés/restaurantes.

A apreciação dos dados relativos aos alunos do 1.° Ciclo sugere que estes gostam de ler e gostam que lhes leiam, apresentando-se os pais e os professores como as pessoas que mais lhes lêem. Estes alunos têm, ainda, a percepção de que a maioria dos seus amigos gosta de ler. Em grande parte das variáveis consideradas não se registaram diferenças entre sexos.

A síntese e a reflexão sobre os dados contribuíram para a descrição e para a caracterização de hábitos e práticas de leitura, mas suscitaram várias interrogações que merecem ser respondidas noutros estudos e que fizemos notar ao longo desta discussão.

A integração dos dados recolhidos sugere a ausência de um perfil único de aluno-leitor, estável no tempo e invariante em função do sexo. Esta conclusão é compatível com os dados do estudo nacional de 2007, no qual foram diferenciados, numa população com idades diferentes, vários perfis de leitores.

O reconhecimento da importância da escola enquanto contexto que incentiva os alunos à leitura emerge de forma óbvia, quer neste estudo, quer no LP-2007. Permanece como questão de investigação futura, explicar como tal influência ocorre. Além da importância da biblioteca escolar, é de investigar como e quem são os professores que na escola têm uma influência marcante no incentivo à leitura. São os professores de Língua Portuguesa? São todos os professores? Qual o papel das leituras obrigatórias no gosto pela leitura?

As diferenças em função dos ciclos são frequentes na maioria das variáveis analisadas, podendo supor-se que existem mudanças desenvolvimentais nos interesses, nos hábitos e nas práticas de leitura. A descrição e o esclarecimento destas mudanças requerem necessariamente o recurso a uma metodologia longitudinal. É de sublinhar, por fim, que estes resultados se apresentam relevantes no delineamento de projectos que visem promover a motivação para a leitura.

Referências bibliográficas

Alçada, I. (s.d). *Leitura, literacia e bibliotecas escolares*. Acedido a 15 de Julho, 2009, de creazeitao.googlepages.com/isabelalcada.pdf.

Anderson, R., Hiebert, E., Scott, J., & Wilkinson, I. (1985). *Becoming a nation of readers*. Washington, D. C.: National Institute of Education.

Barreto, A., Preto, C., Rosa, M. J., Lobo, M., & Chitas, P. (2000). *A situação social em Portugal e na União Europeia*. Lisboa: Imprensa de Ciências Sociais, ICL.

Bártolo, V. (2000). *Estudo da motivação para a leitura em alunos do ensino básico*. Dissertação de mestrado não publicada. Braga: Universidade do Minho.

Benavente, A., Rosa, A., Costa, A., & Ávila, P. (1996). *A literacia em Portugal – resultados de uma pesquisa extensiva e monográfica*. Lisboa: Fundação Calouste Gulbenkian/Conselho Nacional de Educação.

Brandão, S. (2009). *Aprender a compreender torna mais fácil o saber: Conceptualização e avaliação das trajectórias de compreensão leitora*. Dissertação de mestrado não publicada. Braga: Universidade do Minho.

Castro, R., & Sousa, M. L. (1996). Hábitos e atitudes de leitura dos estudantes portugueses. *FORUM, 20*, 111-132.

Fernandes, I. (2009). *Padrinhos da leitura: Avaliação de um programa de desenvolvimento da leitura*. Dissertação de mestrado não publicada. Braga: Universidade do Minho.

Ferreira, A. (2008). *Ler a par o conhecimento vai aumentar: Construção e avaliação do programa*. Dissertação de mestrado não publicada. Braga: Universidade Católica Portuguesa.

Franco, A. (2009). *Penso, logo compreendo. Consciência metacognitiva de estratégias de leitura e compreensão de textos*. Dissertação de mestrado não publicada. Braga: Universidade do Minho.

Freitas, E. S., & Santos, M. L. (1991). Inquérito aos hábitos de leitura I. *Sociologia, Problemas e Práticas,* 10, 67-89.

Freitas, E. S., & Santos, M. L. (1992a). *Hábitos de leitura em Portugal: Inquérito Sociológico*. Lisboa: Publicações Dom Quixote.

Freitas, E. S., & Santos, M. L. (1992b). Leitura e leitores II: Reflexões finais em torno dos resultados de um inquérito. *Sociologia, Problemas e Práticas,* 11, 79-87.

Freitas, E., Casanova, J., & Alves, N. (1997). *Hábitos de leitura. Um inquérito à população portuguesa*. Lisboa: Publicações Dom Quixote.

Leitão, C. (2008). *Construção e aperfeiçoamento de textos no 4.°* ano de escolaridade. Avaliação de um programa de intervenção. Dissertação de mestrado não publicada. Braga: Universidade do Minho.

Lopes, M. V. (2008). Brinca brincando, vai-se lendo a sério... *Saber Educar*, 13, 197-201.

Machado, B. (2000). *A família e a leitura dos livros*. Dissertação de Mestrado não publicada. Braga: Universidade do Minho.

Magalhães, A. M., & Alçada, I. (1994). *Os jovens e a leitura nas vésperas do século XXI*. Lisboa: Instituto de Inovação Educacional, Escola Superior de Educação de Lisboa, Caminho.

Martins, M. E., & Sá, C. M. (2008). Ser leitor no século XXI – Importância da compreensão na leitura para o exercício pleno de uma cidadania responsável e activa. *Saber Educar*, 13, 235-245.

Marujo, H. A., Neto, L. M., & Perloiro, M. F. (1999). *Educar para o optimismo*. Lisboa: Editorial Presença.

Mata, L. (2006). *Literacia familiar, ambiente familiar e descoberta da linguagem escrita*. Porto: Porto Editora.

Mendonça, S. (2008). *Provas de avaliação da compreensão leitora: Estudos de validação*. Dissertação de mestrado não publicada. Braga: Universidade do Minho.

Nunes, H. B. (1996). *Da biblioteca ao leitor*. Braga: Autores de Braga.

Pinto-Ferreira, C., Serrão, A. & Padinha, L. (2006). *PISA 2006 – Competências Científicas dos alunos portugueses*. Disponível em: http://www.gave.min-edu.pt/np3content/?newsId=156&fileName=relatorioPISA2006_versao1_rec.pdf.

Ribeiro, I. S., Ferreira., A., Fernandes, I., Leitão, C., Mendonça, L., Gomes, S., & Pereira, L. (2008). *Ler a par o conhecimento vai aumentar*. Vila Nova de Famalicão: Didáxis-Cooperativa de Ensino. (Manuscrito não publicado)

Ribeiro, I. S., Viana, F., Fernandes, I., Ferreira, A., Leitão, C., Mendonça, L., Gomes, S., & Pereira, L., (no prelo, a). *Planear e escrever torna mais fácil o saber – 4*.

Ribeiro, I. S., Viana, F., Fernandes, I., Ferreira; A., Leitão, C., Mendonça, L., Gomes, S., & Pereira, L., (no prelo, b). *Planear e escrever torna mais fácil o saber – 6*.

Ribeiro, I. S., Viana, F., Fernandes, I., Ferreira; A., Leitão, C., Mendonça, L., Gomes, S., & Pereira, L., (no prelo, c). *Aprender a compreender torna mais fácil o saber* – 6.

Ribeiro, I. S., Viana, F., Fernandes, I., Ferreira; A., Leitão, C., Mendonça, L., Gomes, S., & Pereira, L., (no prelo, d). *Aprender a compreender torna mais fácil o saber* – 4.

Ribeiro, I. S., Viana, F., Fernandes, I., Ferreira; A., Leitão, C., Mendonça, L., Gomes, S., & Pereira, L., (no prelo, e). *Compreensão da leitura: Dos modelos teóricos ao ensino explícito, 4*.

Ribeiro, I. S., Viana, F., Fernandes, I., Ferreira; A., Leitão, C., Mendonça, L., Gomes, S., & Pereira, L., (no prelo, f). *Compreensão da leitura: Dos modelos teóricos ao ensino explícito, 6*.

Santos, E. M. (2000). *Hábitos de leitura em crianças e adolescentes*. Coimbra: Quarteto.

Santos, M. L. (1992). O público-leitor e a apropriação do texto escrito. *In* I. Conde (coord.). *Percepção estética e públicos da cultura: Compilação das comunicações apresentadas no colóquio realizado em 11 e 12 de Outubro de 1991*. Lisboa: Acarte/Fundação Calouste Gulbenkian.

Santos, M. L., Neves, J. S., Lima, M. J., & Carvalho, M. (2007). *A leitura em Portugal*. Lisboa: Ministério da Educação – Gabinete de Estatística e Planeamento da Educação (GEPE).

SIM-SIM, I. (2002a). Desenvolver a linguagem, aprender a língua. *In* Adalberto Dias de Carvalho (Org.), *Novas Metodologias em Educação* (pp. 198-226). Porto: Porto Editora.

SIM-SIM, I. (2002b). Formar leitores: A inversão do círculo. *In* F. Viana, M. Martins & E. Coquet (Org.). *Leitura, literatura infantil e ilustração. Investigação e prática docente, vol. 3*. Braga: Centro de Estudos da Criança da Universidade do Minho.

SIM-SIM, I. (2006). *Ler e ensinar a le*r. Porto: Edições ASA.

SIM-SIM, I., & Ramalho, G. (1993). *Como lêem as nossas crianças?* Lisboa: Ministério da Educação – GEP.

STANOVICH, K. E. (1986). Matthew effects in reading: Some consequences of individual differences in the acquisition of literacy. *Reading Research Quarterly*, 21, 360-407.